공관복음서 연구의 새로운 동향 1992-2000
- 방법론, 주제, 마태복음 -

공관복음서 연구의 새로운 동향 1992-2000
- 방법론, 주제, 마태복음 -

* 옮긴이 주임

** 저자 주임

*** 이 원전은 Mohr Siebeck Tübingen에 있습니다.

공관복음서 연구의 새로운 동향 1992-2000
- 방법론, 주제, 마태복음 -

Literatur zu den Synoptischen Evangelien
- 1992-2000 -

저자 안드레아스 린데만

옮긴이 김영인

서울신학대학교출판부

- 이 책은 2016년도 서울신학대학교 교내연구비 지원으로 출판되었습니다 -

목 차

Ⅰ. 방법론과 주요 주제에 대한 설명

공관복음서를 학문적으로 연구한 분량은 지난 수년간 다시 한 번 크게 증가했다. 따라서 지난 연구를 2000년까지로 한정하고 5개의 종합적인 연구동향을[1] 정리하는 것은 큰 의미가 있다. 비록 2000년이라는 숫자가 "신비적"으로 보이지만, 그렇다고 그것이 공관복음 연구사에서 어떤 중대한 시기였음을 의미하지는 않는다.

---

1) 이전의 연구보고를 참고. 한스 콘첼만, Literaturbericht zu den Synoptischen Evangelien, ThR 37(1972) 220-272, 또한 콘첼만, Literaturbericht zu den Synoptischen Evangelien, ThR 43(1978) 3-51.321-327; 그리고 안드레아스 린데만, Literaturbericht zu den Synoptischen Evangelien 1979-1983, ThR 49 (1984) 223-276.311-371[박경미 옮김, 공관복음서 연구의 새로운 동향, 한국신학연구소, 1987] 그리고 또한 린데만, Literaturbericht zu den Synoptischen Evangelien 1984-1991, ThR 59(1994) 41-100.113-185.252-284.

1. 방법론에 대한 물음

SAMUEL BYRSKOG, Story as History - History as Story. The Gospel Tradition in the Context of Ancient Oral History(WUNT 123). Mohr Siebeck, Tübingen 2000, XIX+386 S. - CAMILLE FOCANT(ed.), The Synoptic Gospels. Source Criticism and the New Literary Criticism(BEThL 110). Peeters - Univetsity Press, Leuven 1993, XXXIX+670 S. - ALAN MILLARD, Reading and Writing in the Time of Jesus(The Biblical Seminar 69). Sheffield Academic Press, Sheffield 2000, 288 S. - SILVIA PELLEGRINI, Elija - Wegbreiter des Gottessohnes. Eine textsemiotische Untersuchung im Markusevangelium(HBS 26). Herder, Freiburg u.a. 2000, XII+445 S.

공관복음서를 해석하기 위한 - 각각의 복음서 혹은 개별 주제에 대한 연구범위 안에서 - 적절한 방법론이 무엇인가에 관한 토론은 여전히 줄어들지 않고 있다. 여기에서는 기본적으로 방법론에 대한 토론을 기술한 3권의 책이 소개될 수 있다. 그 중 한 권이 방법론에 대한 연구를 주제별로 자세히 소개하고 있다.

포캉(Camille Focant)은 1992년 뤼뱅(Leuven)에서 개최된 연구보고를 편집하여 논문집으로 발간했다. 29개의 연구보고는 복음서를 문학적으로 분석하기 위해서 어디까지 질문의 폭을 넓혀야 하는가를 질분하고 그 대답을 시도하고 있다. 포캉은 이 연구결과를 요약하다. 공시적(synchron) 방법론과 통시적(diachron) 방법론을 서로 결합하려는 경향이 강하게 대두되었다. 이것은 전혀 예상치 못한 결과처럼 보인다. 왜냐하면 지금까지의 방법론은 언제나 "최종

본문"(final text)을 위한 해석을 목표로 삼고 있었는데, 이제는 "편집비평"(Redaktionskritik)과 "신문학비평"(new literary criticism)을 대변하는 연구자들이 대체로 유사한 관심을 가진 것처럼 보였기 때문이다. 즉, "독자가 달라지면 본문의 의미가 달라질 수 있다고 연구하는 내러티브 기법이나 그런 관점에서 본문의 의도를 탐구하는 학자들에게도 본문의 생성기원(genesis of texts)에 대한 관심이 중요성을 획득하였기 때문이다."(8)

나이링크(F. Neirynck)는 "문학비평의 옛 것과 새 것"이라는 단원에서 문학비평(Literary Criticism)에 관한 연구를 개괄한다.(11-38) - 포캉(Focant) [39-75]은 내러티브 분석 방법으로 마가복음 7:24-31과 마태복음 15:21-29을 공관 비교한다. 거기에서 그는 편집사와 문학비평이 각기 다른 시도를 하고 있지만 서로 대화를 나누고 있음을 강조한다(V). 푸스코(F. Fusco)도 누가복음 21:5-36과 마가복음 13:1-37을 유사한 방법으로 비교한다.(311-355). - 브레이튼바흐(C. Breytenbach)는 1980년대에 행해진 마가복음 연구에 대한 비판적 질문을 개진한다.(77-110) 그는 에코(U. Eco)의 이론을 따라 본문의 문학적 의미를 파악하려는 시도는 본문의 의도와 그 본문의 독자를 구별하는 것이라고 주장한다. 작품의 의도(intentio operis)에 대한 추측의 정확성은 본문을 결집된 하나의 전체로 연구할 때에 밝혀지고, 그런 의미에서 포퍼(K. Popper)와 함께 주장하기를 "비록 어떤 해석이 가장 최선인지 우리에게 말할 수 있는 규칙은 없더라도, 어떤 해석이 그 본문에 적합하지 않은가를 보여줄 규칙은 있을 것이다."(100f.) 이 문제들은 두 본문의 예(마가복음 9:9-11과 마가복음 6:1-6a)에서 구체적으로 드러난다.(101-110) - 로빈스(V. K. Robbins)는 "수사학 학교의 작문(Progymnastic Rhetorical Composition)과 복음서 이전 전승(Pre-Gospel Traditions)"을 연구한다.(111-147) 그는 강조하기를 크레이아(Chreiai [*양식사 연구의 새로운 학술용어 종종 아포프테그마(Apoph-thegma)와 대치되며 보다 수사학적 용어이다.])의 전승 속에서도 등장인물(복음서의 경우에는: 예수)이 전개되는 사건에서 근본적인 역할을 하고 있다. 왜냐하면 그곳에서 사회적, 문화적 컨텍스트가 정확하게 드러날 수 있기 때문이다. - 툭켓(Chr. Tuckett)은 마가와 Q의 관계에서 둘 사이에 분명히 서로 독립적이지만 공통적으로 전승된 것이 있다는 결과를 보여준다.(149-175) - 메어쯔(C.-P. März)는 누가복음 12:35-13:35 혹은 12:35-14:24에 있는 Q-수용(Rezeption)을 연구한다.(177-208) - 메어클라인(H. Merklein)은 마가복음 16:1-8이 마가복음의 결론이라는 것을(209-238) 8절에서 보여주는 중요성을 가지고 연구한다. "실제로 복음서 저자는 여자들의 침묵과 함께 독자들을 빈 무덤으로부터 바로 케류그마로 돌아가게 한다"(233)는 것이 마가의 결론이라고 이해한다.(209-238) - D. 마쥬렛(D. Marguerat)은 마가와 마태의 본문을 갖고 다양한 "읽기 구조"(construction du lecteur)를 설명한다.(239-262) - 킹스베리(J. D. Kinsbury)[263-279]는 마태복음의 "플롯"(plot) 안에 있는 예수 십자가의 의미를 묘사한다. - 프랑크묄러(H. Frankmölle) [281-310]는 전승사로 치우쳐 원자료(Quellen)에 고정된 '문학비평'(Literakritik)과 공시적(synchron)으로 이해되는 '문학비평'(Literakritik/Literary Criticism)의 대안은 "작위적"(künstlich)이어서 "마태복음처럼 전승으로 가득 찬 본문을 잘못된 방향으로 이끌 것"이라고 지적한다.(306) 마태의 텍스트는 "상황 속에 있는 본문(Text-in-Situation)으로 어떤 특정한 기능과 연결된 사건을 통해서 이해되어야 한다." 마태는 그의 저작도 또한 "성서(heilige Schriften)로서 옛 계약인 성서(heilige Schriften [*구약성경])와의 연장선 속에 놓여 있는 것으로 이해"하고 있다. [하지만] 지금까지의 주석은 "그것이 그리스도교 내부의 관점에서 바라보는 것에 너무 집착해서 … 아직도 그것을 진지하게 받아들이지 않고 있다는

것"이다.(309) - 드노(A. Denaux)는 누가복음을 위한 새로운 문단구
조를 제공한다: 9:51-19:44의 여행기사는 지금까지 알고 있듯이
누가복음을 삼등분하는 두 번째 부분이 아니고, 두 번째 부분을 감
싸는 9:51-24:53 속에 구성되어 있는 세 개의 하위 문단 중 첫번
째 부분일 것이라고 추정한다(357f.; 누가의 다양한 개요에 대한 제안들을
참조하라. (389-392) 그는 본문 분석은(369-388) 편집비평적으로 본문
에 접근하는 통로로서 "공시적 읽기"의 통합으로 이해한다. 그래
서 주석이라는 것은 이 통로를 연결하는 작업이고, 모든 역사적 연
구방법이 강조하는 근본적인 출발점을 따르기 보다는 어떤 사건
(혹은 사람)이 유래한 실제적 조건과 그 발전과정을 이해하는 것이
라고 본다.(388f.) - 보퐁(F.Bovon)은 누가복음의 수난기사에 대한 특
수성을 묘사한다.(393-423) - 이 논문집에 나오는 소논문들은 방법
론적 질문들을 다루면서, 동시에 각각의 본문도 다루고 있다. 또한
뤼어만(D. Lührmann)이 소개하는 베드로 복음(EvPetr)의 새로운 단편
들(Fragments)도 포함하고 있다.(579-581)

다음에 설명하는 책들은 2000년에 간행된 것들이다. 유대주의
학자 밀라드(Alan Millard)는 헤롯시대에 이미 다양한 저술기법들이
널리 퍼져 있었음을 설명하려고 한다. 작문은 그리스의 교육과목
이었고 공적인 정보전달의 한 종류였으며, 이것은 팔레스틴에서도
마찬가지였을 것이라는 것이다. 왜 밀라드가 여기서 게하르트손(B.
Gehardsson)을 따르는지 알 수 없다.(204) 그러나 주후 2세기 전 그리
스에는 단편작품들이 존재하지 않았다고 한다.(175f.) 이 책의 마지
막 장은 제목이 없고 많은 첨부사진만 "쓰기와 복음"(Writing and the
Gospels)이라는 항목에 실려 있다.(210-229) 그러나 밀라드는 작문형
식과 복음서에 관한 일반적인 설명을 하기에 앞서 쿰란(Qumran)을
그 중심에 먼저 배치한다.(212-221) "만일 문서자료가 복음서의 배

후에 놓여있다는 것이 허용된다면, 예수의 생애에 관한 이야기를 연결하여 짜맞추려고 할 때 그것들 중 어떤 것이 연결되다가 복사되었을 가능성이 있다"는 것이다. (227; 결론에서도 그렇게 228f.)

바이르스콕(Samuel Byrskog)은 "구전역사"(oral history)의 의미에서 역사와 구전전승과의 관계를 먼저 역사학의 일반적인 영역에서 그리고 신약성서와 특히 예수전승에 관하여 질문한다. 2장에서 그는 먼저 증인됨의 의미를 고대 역사기술 속에서 강조한다. 또한 그에 따르면 역사가들은 과거를 위한 생생한 통로를 찾기 위해 노력한다. "그들은 이전에 어떤 일이 일어났는지를 찾아내고 기록하는 것에 지대한 관심을 가지고 있었던 사람들을 조사하기 위해서 필요한 것들을 요약한다."(65) 바이르스콕은 원시기독교의 관점에서 명시적으로 예수의 증인(막 15:41f에서의 여인들) 혹은 가족이 언급되어 있는 본문을 관찰한다.(가령 막 3:31f) 그들이 복음서 전승의 전달자로서 유효한지 아닌지와 무관하게 이 사람들에 대한 언급과 관련된 생각이 중요하다고 본다. "즉, 고대의 저자들이 뭔가 이야기 했다고 하는 것은 그들에게 그것은 인생의 경험 속에서 뿌리내린 역사이며 – 역사로서의 이야기인 것이다(story as history)." 이런 관점에서 꾸밈의 정도와 무관하게 "실제적 내러티브"가 논의될 수 있다는 것이다.(91) 바이르스콕은 3장에서 구전과정과 문서화과정의 관계를 묻는다. 양자는 서로 배타적인 선택의 문제가 아니라고 한다. 왜냐하면 "다시 구전화하는 과정에서 기록된 자료와 구전된 자료들이 끊임없는 상호작용을"하기 때문이며, "그것이 형성되는 모든 단계의 과정 속에" 복음서 전승의 통합적인 근본 요소가 들어있기 때문이다.(143)

바이르스콕은 4장에서 해석자로서 증인들이 갖는 기능을 질문한다. 여기에서 놀랍게도 야고보서의 진정성을 묻는 질문이 "아주 간단한 용어들"을 관찰하면 해결될 수 있다는 자신의 논지와 연결하여 증인들에 의한 텍스트로 이해한다.(170) 만일 야고보서 5:12이 산상수훈(마 5:34-37)에 있는 예수의 진술과 일치한다고 명시적으로 언급되지 않았다면, 야고보는 전승에 뿌리를 확고히 내린 교사(Lehrer)로 설명할 수 있다. 야고보서 5:12는 "그가 전승 속에서 어떻게 살았으며, 또 그가 그것을 어떻게 내면화하여 자기 것으로 만들었는지 보여준다." 그래서 그는 자신의 증인됨이 발전되어 가는 복음서 전승과 가능하면 비판적으로 연결되지 않게 하려는 의도를 갖고 있다는 것이다.("그는 마치 그 발전에 스스로 어떤 영향력을 발휘하려고 하는 것처럼 모든 것을 수용했다." 175) 이러한 가정은 방법론적으로 진의를 파악할 수 없다. 또한 여기에는 문제성이 농후하다. 바이르스콕은 주로 관찰하는 방법을 취하는데, 그것은 그의 논지가 소극적이라는 것을 암시한다.(야고보는 주의 형제로 소급될 수 있을 것이다) 그런데 그는 그런 가정을 이미 확인된 사실처럼 논증한다. 야고보는 예수전승의 관점에서 그 어디에서도 증인으로 확인될 수 없다. 저자가 침묵한다고 해서 그것이 전승에 확고히 정착한 교사라는 설명은 전혀 납득할 수 없는 것으로 보인다. - 바이르스콕에 따르면 빈무덤에 있었던 여인들에 관한 전승만 있었던 것이 아니라, 그들의 증거를 받아들이지 않는 또 다른 증인도 있었다는 사실을 짐작할 수 있다.(190-198)

바이르스콕은 5장에서 고대 역사이야기 속에 있는 증인들의 보고를 설명한다. 그는 먼저 비기독교적 문헌들을 장황하게 소개한 뒤,(199-223) 고린도전서 9:1과 갈라디아서 1:16에 있는 바울의 진술을 거론한다.(224-228) 이어서 그는 "누가의 관점에 그것은 저자가 사용 가능했던 전승은 그 사건의 현장에 있었던 한 개인의 구전역사에 뿌리를 두고 있음이 분명하다"는 것을 누가복음 1:1-4

가 정확하게 지적하고 있다고 본다.(232; 행 1:21f, 10:39a, 41이 그런 효력을 갖는 관점이다) 바이르스콕은 베드로후서 1:16에서 가명이 가지는 합법성의 한 예를 말한다. 이런 증인들을 초대교회문학이 굳이 증명도 설명도 하지 않았다고 한다. 바이르스콕은 그래서 그런 것은 전혀 큰 비중을 차지하지 않는다고 말한다. ─ 이런 증거들이 일치한다고 해서 단순히 변증으로 치부해서는 안 된다는 증거라는 것이다.(248) 6장에서 바이르스콕은 순전히 역사적인 사건들을 수집한 것과 실제는 이야기였던 것을 특히 투키디데스(Thukydiedes)와 폴리비우스(Polybius)의 관점에서 비교 설명한다. 그는 이렇게 요약한다. "연구와 해석과정의 상호작용은 결집력 있는, 즉 저자의 고유한 개념적인 윤곽을 보여주는 이야기(story)로 내러티브화되어 그 정점인 역사(history)에 도달했다." 그리고 바로 이런 의미에서 "그가 쓴 이야기(story)는 실제로 '그(his)'의 이야기(story)인 것이다."(265) 바이르스콕은 분명하게 "역사적인"(historisch) 것과 "이야기적인"(geschichtlich)[영어 텍스트에 들어 있는 독일어 개념] 것을 거부한다. 그래서 구전역사(oral history)로부터 양자의 사건이 가지는 의미가 역사적인 요소라는 것을 배워야만 한다는 것이다.(266) 따라서 누가복음 1-2의 어느 정도는 "부분적으로 마리아의 구전역사를 기초하여 형성되고 발전되었다는 것과 혹은 적어도 그것의 어느 정도는 그 원형이 가족전승"이었다는 진술들이 전혀 배제될 수 없고, 아마도 누가는 그것에 대한 직접적인 경로를 알지 못했을 것이라고 본다. 그러나 그 전체에 대한 설명이 불확실해도 "예수의 어머니에 대한 구전역사가 간접적으로 불명확하게 전달되었다"는 것은 말할 수 있어야 한다고 주장한다.(267과 268) 마가복음 고난이야기에서 바이르스콕은 많은 부분이 베드로에게로 소급될 수 있는, 주후 37년경에 기록된 원자료(270f.; 바이르스콕은 특히 유세비우스(Eusebius) [h.e. III 39,15]에서 전승된 파피아스 [Papias]

의 언급을 증거로 든다)가 8:27절과 함께 삽입되어 있다는 페쉬(R. Pesch)의 논지를 비판 없이 수용한다. 복음서 저자는 그의 이야기 속에 베드로의 구전전승(oral tradition)을 통합시켰고, 동시에 다른 목격자들의 증거들을 기존의 원자료에 그것과 함께 결합했다는 것이다. 그래서 "마침내 그의 실재적인 존재가 역사적인 묘사를 통해서 이야기로 내러티브화되었다."(292) 중요한 것은 복음서 전승의 후기 발전단계에 목격자들이 영향을 끼쳤다는 확실한 비평기준이 없는 것이다.(297) 그러나 고대문학자료는 처음부터 그런 비교를 통하여 영향을 받았을 가능성이 있다.(299)

전체적으로 바이르스쿡이 선택한 방법론적 시도는 명확하지 못하다. 그는 고대 역사가들의 작품 속에는 "구전자료"와 목격자들의 증언과 연관이 있는 명시적 증거들이 나타난다고 강조한다. 반면에 복음서에는 그런 증거가 누가복음 1:1-4 와 요한복음 21:24f.에서야 비로소, 말하자면 비교적 후기에 나타나기 때문에 - 예를 들면 마가복음에서는 더욱더 그 증거들을 찾을 가능성이 없어 보인다고 말할 수는 없다.

펠레그리네(Silvia Pellegrine)는 마가에 광범위하게 나오는 엘리야에 관한 텍스트를 이해하기 위한 기호학적 연구에 한 장(Kapitel)을 할애한다. 여기에서 펠레그리네는 서론을 전개하면서 연구의 경향을 비평하고, 방법론적인 물음을 그 중심에 위치시킨다. 주석학적 연구는 점점 더 "새로운 방법론을 보여주고, 응용하고 실험한다. 방법론 자체가 분석의 목적이 되었다." 펠레그리네 자신도 "해석한다는 것이 하나의 의도적인 활동"이라는 확신에서 출발한다. 즉, "읽는다는 것이 기본적인 해석행위로서 하나의 기술이며 그것에 의해서 텍스트가 의도하는 곳으로 향하고 그래서 텍스트의 의미

관계를 재구성하는 목적에 이른다"는 것이다. 해석이 의미하는 것은 "내부의 주체적 통제 메카니즘(intersubjektive Kontrollmechanismen)을 통해서 텍스트의 의도된 공간에 참여하는 것"이라고 한다.(XI) 펠레그리네는 에코(U. Eco)의 "모델-독자-이론"(Modell-Leser-Theorie)에 따라 "이론"과 "방법론"의 구별을 강조한다.(118-122)

2. 문학적 가퉁(Gattung)으로서 "복음서" 연구

DIRK FRICKENSCHMIDT, Evangelium al Biographie. Die vier Evangelien im Rahmen antiker Erzählkunst(TANZ 22). Francke Verlag, Tübingen 1997, XV+549 S. - TAKASI ONUKI, Sammelbericht als Kommunikation. Studien zur Erzählkunst der Evangelien(WMANT 73). Neukirchner Verlag, Neukirchen-Vluyn 1997, XIII+170 S.

1997년에 출판된 두 단행본은 고대 문학자료를 포함해서 복음서의 가퉁(쟝르)을 정리하는 문제를 다룬다. 프리켄쉬미트(Dirk Frickenschmidt)가 하이델베르크 대학에 박사학위로 제출한 논문은 이 주제에 관한 계몽주의 이후의 연구사로부터 출발한다. 특히 어떻게 복음서가 고대 전기문학(antiker Biographie)의 기준에서 그 형식에 일치되게 읽혀지는가를 서술한다.(3-68) 그 분류에 반대되는 이유들도 열거된다.(69-76) 프리켄쉬미트에 따르면 자신이 비교하려는 142종의 고대 전기문학을 열거한다. (76-80) 물론 중요한 것은 "문학적 연관성"에서가 아니라 "가퉁"이라는 협의의 개념에서 해결해야 한다. "가퉁의 협의의 개념"은 이미 그 시대에 인정되고 어느 정도 지속적으로 그 정형화가 이루어져 있는 텍스트들에 한정

되어야 하며, 텍스트에 대한 정의를 내리거나 윤곽을 잡을 수 있는 것이 존재해야만 한다.(85)

이런 바탕에서 프리켄쉬미트는 3장에서 "개인에 관련된 서사 문학"과 "전기적 서정문학-칭송문학"(biograohische Prosa-Enkomion) 과 같은 내러티브 텍스트를 소개한다. 특히 크세노폰(Xenophon) 의 글 속에는 "황제시대의 전기문학 초기에 형성된 엔코미온(En-komion) [아게실라오스(Agesilaos)가 거기에 해당한다]만이 포함된 다양한 전기문학의 형태에 이미 분리가 나타나는 것"을 알 수 있 다고 한다. 왜냐하면 거기에는 아게실라오스의 행위가 시간의 경 과에 따라 "그의 용맹한 덕이 조직적으로 발전하는 모습"이 나오 기 때문이다.(114와 112) - 4장의 제목은 "역사적 작품 속에 있는 전 기문학"이다. 동시에 프리켄쉬미트는 먼저 구약의 전승들에 시선 을 돌린다.(118-134) 특히 모세와 여호수아 그리고 삼손(사사기 13-16)을 다루고 이어서 헤로도트(Herodot)가 묘사한 페르시아 지배 자의 상(像)과 더 나아가 폴리비우스(Polibius)와 알렉산더의 문학 (Alexanderliteratur)과 같은 그리스의 역사서술방식을 설명한다.(136-144) 로마문학에서는 벨레이우스 파테르쿨루스(Velleius Paterculus)의 Historia Romana가 티베리우스(Tiberius)의 전기일 수 있다는 증거 를 보여준다. 즉, "헬라-로마시대의 역사적, 칭송적, 전기적 작품 들은 이 셋 중의 하나가 강하게 유행하는 경향이 있을지라도, 절대 로 서로 나누어지지는 않았다는 것"이다.(146) 헬라-로마시대의 유 대 역사작품의 경우 프리켄쉬미트는 요세푸스나 프소이도-필로 (Pseudo-Philo)[LAB 42f.]에게서 나타나는 삼손이야기의 모방을 보 여준다. 이어서 그는 주전 5세기에서 2세기에 출현한 책의 제목들 과 사본의 단편들을 언급한다.(153-160) 그는 "고대 전기문학의 전 성기는 코르넬리우스 네포스(Cornelius Nepos)라고 예를 든다. 그리고 역사와 지리가 밀접하게 연관되어 지배자를 선전하는 기능을 가지고 있는 다마스쿠스 니콜라오스(Nikolaos von Damaskus)의 작품이 승귀된 예수의 상이 나타나는 복음서와 직접적인 경쟁 속에 있다고 한다.(167) 프리켄쉬미트는 프소이도-필로의 "De Sampsone" 그리고 이솝의 생애(Vita Aesopi), 루키안(Lukian)의 "Demonax"나 디오게네스 라에티우스(Diogenes Laertius) 같은 비교적 후대에서 유래한 풍부한 자료를 제공한다.(173-191) 이 연구의 중간 결과를 "전기물은 공적으로 행동하는 사람의 모든 임의의 유형에 대해서 서술될 수" 있고, 그래서 "상황에 따라 표현된 예수 행적의 특이성 때문에 전기물과 비교할 때에 방해가 된다는 것은 … 전혀 문제가 될 수 없다"고 도출한다. 정경화된 복음서들은 분명히 "전기적 소설문학의 시대가 아니라 고대 전기물이 꽃피는 시기에 나타난다"고 한다.(191) 프리켄쉬미트는 이런 맥락에서 예수이야기의 관점에서, 즉 사도행전 10:37-41을 간략하게 3부분으로 구분하는 "전기의 기본유형"(Bais-Biographien)의 예로 설명한다.(196f.)

프리켄쉬미트는 8장(210-350)에서 특히 Proömium 혹은 고대 전기물의 서두에 대해서 설명한다. 그것은 "주인공의 출신에서 부터 공적인 영향력에 이르는 길을 다양한 방법으로 더듬어가는" 기능을 가진다는 것이고 그와 동시에 그 사람 속에 주어져 있는 특징을 "미리 증명하는 관점"이 있다는 것이다.(277) ἀκμή 속에 있는 중간부(Mittelteil)는 정점으로, 영웅의 능력이 최고조에 이른다.(오병이어의 기적이 복음서에서는 여기에 해당한다. 302f.) 결론부(Schlussabschnitte)는 종종 특별히 자세하게 묘사되는 마지막 날과 마지막 시간의 "수난이야기"로 형성되고 이어서 수에톤(Sueton)의 황제(Caesar)전기에서처럼, 승천이나 신성화로 이어진다고 한다. 이것은 복음서 저자들이 예수 죽음의 의미를 위해서 "전기이야기의 맥락 속에서 그와 일치하는 의미부여를 위한 근거를 발견"하고, 그래서 "그들이 증인들의 관점에서 경험한 강렬함이 … 전기물이라는 틀 속에서 쉽게 언어로 표현"될 수 있었던 것이라고 한다(350).

이런 관점에서 프리켄쉬미트는 마가복음이 "그 글자 그대로 완벽한 의미의 고대 전기(antike Biographie im Vollsinn des Wortes)"로 해석된다는 것을 9장(350-414)에서 보여주려 한다. 그 특징은 이야기의 형태에 있는 것이 아니라 "이야기 되는 등장인물의 특성"(351, 원문에서 그렇게 강조함)이다. 마가복음 1:1에서 작품유형(ϵὐαγγελίον)이 언급되고 등장인물에 관한 것은 1:1-15에서 보여준다. ϵὐαγγελίον은 2세기가 되어야 가통의 개념으로 자리 잡는다는 주장은 마가복음 14:9와 마태복음 24:14에서 ϵὐαγγελίον이 예수이야기로 이해되고 있는 것과는 모순이다.(355) 프리켄쉬미트는 먼저 마가복음 1:1과 병행인 αρχὴ 를 언급하는 본문을 제시하면서, 동시에 ϵὐαγγελίον은 아니지만, 그와 유사한 개념인 λόγος σύταξις ἐξήγησις βίβλο와 ἱστορία를 만난다고 기술한다. 마가복음 1:1에서 ϵὐαγγελίον은 "무엇보다 이야기"라고 한다. "양식비평사는 선포와 그 선포의 내용에 대하여 전기적인 이야기의 우선성을 증거하고 … 마가의 관점에서 그것이 뒤바뀔 수 없다"(359)는 단순한 주장을 반복한다. 고대전기들에서 아주 전형적인 묘사가 예수에게 빠져있는 것은 아마도 그가 [예수] 전기로서는 도저히 묘사할 수 없는 하나님의 아들로 믿어졌다는 것으로 설명할 수 있다고 본다.(363f) - 그러나 이것은 설득력이 약하다고 생각한다. 마가복음 1:9-13은 그 반대로 "증명할 수 있는 전기적인 입장에서 주요 인물의 공적인 영향력이 펼쳐지는 전 단계"를 이야기한다는 것이다. 또한 동시에 "공공연하게 알려지기 전에, 이미 어떤 사람에게 예견된 근본적 이야기를 전하는" 기능이 있다는 것이다 - 마가에서는 당연히 유대의 관습에 일치하게 전적으로 하나님과의 관계에 집중하는 것이 나타나고 있다.(367과 369) 그래서 마가복음 2:1에서 시작하는 중간부분은 꼭 시간적 배경으로 볼 수 있는 특징을 갖고 있지 않다. 어쨌든 그 표현은 "앞으로 이어지는 사건들이 지리적으로 그리고 시간적으로 티베리우스 황제 치하, 폰티우스 필라투스의 팔레스틴에서 일어나는 일을 독자에게 전달하는 중간과정"이라는 것이다. 그러나 이것은 "뛰어난 시간 구조를 가지고 있어 비교해볼 만한" 루키안(Lukian)의 "Demonax"에서는 결코 발견할 수 없다.(372) 프리켄쉬미트가 마가의 "중간부분"이 그런 종류의 "시간"정보를 제공한다고 보는 논지에 어떻게 이르게 되었는지는 물론 불분명하다. 티베리우스는 언급되지도 않았고 필라투스도 15:1에서야 비로서 등장한다. 그는 "전기적인 이야기 방법은 주후 1세기의 신뢰적인 독자에게 단지 중간과정"이므로 마가의 구조에 "그렇게 큰 영향을 주지 않는다"고 파악한다. 파피아스(Papias)는 여기에서 "전기적(biographische)인 이야기 구조의 관점에서 그것에 대한 심각한 이해 부족"이 표출된 것을 아쉬워 했는데, 그것은 "마가 자신이 그것에 대한 이해가 부족했다"는 것을 보여주는 반증이다.(375f.) – 여기에 추가하고 싶은 것은, 파피아스는 당연히 1세기보다는 2세기에 속하고, 아마도 그래서 이미 "이해하기 어렵다"고 볼 수 있다고 한다. 프리켄쉬미트는 마가와 병행하는 다른 전기문학의 모든 중요한 본문들을 거론한다. 그러나 그는 전혀 종합적인 정리나 전체적인 비교를 제공하지는 않는다.

　프리켄쉬미트는 요한복음(415-459)과 마태복음(460-477) 그리고 누가복음과 사도행전(478-500; 이것은 "가장 진정한 의미의 역사적인 연속 작업(Doppelwerk)으로 불리는데, 그 첫째 부분은 나사렛 예수의 종료된 전기로부터 형성되었다." 500)을 연구한 뒤에 마지막으로 당시 이야기방법의 정서에 따라 복음서에는 신학적인 의미가 어느 정도 숨겨진 것이 아니라, "바로 그 속으로, 모든 사람들의 삶의 한가운데로 – 예나 지금이나 – 목표를 정하여 들어가는 방법으로 서술되었다"고 강조한다.(508) 이러한 지적은 감상적이고 그래서 프리켄쉬미트가 고대의 전기적 표현과 복음서의 각 부분들이 그것과 상호 일치하는 상세하고 많은 증명을 제시한다. 그래도 마가복음의 저자가 전기적 의미에서 복음서를 저술하고 있음을 밝히지 못한다면 그의 주장은 여전히 감상적이다. 다만 의미 있는 것은 복음서의 가통에 대한 이런 과도한 질문이 전혀 설득력이 없지는 않다. 종종 제기되는 질문인 복음서가 그 자체(sui generis)로 문학적 가통이라는 것은 어쨌든 그것이 일회적인 문학적 가치를 가지고 있다거나 혹은 비교할 수 없는 독특성을 가지고 있음을 의미하지는 않는다.

마가복음을 다루는 다까시 오누끼(Takashi Onuki)의 연구는 특히 그리스, 로마의 전기들에 있는 종합요약부분(Sammelbericht)을 복음서의 종결요약부분과 비교한다.(83-120) 그는 프리켄쉬미트와는 근본적으로 다른 결과에 도달한다.

오누끼는 다섯 가지 다른 이야기의 층을 가진 문학적 모델을 따른다. 제1층은 등장인물(dramatis personae)과 관계되어 있다. 제2층은 구성적 화자(fiktiven Erzähler)와 구성적 독자(fiktiven Leser)와 관련되어 있다. 제3층은 구체적인 저자(abstrakten Autor)와 독자, 제4층은 실제적 저자(realen Autor)와 실제적 독자(realen Leser) 그리고 마지막으로 제5층은 역사적 저자(historischen Autor)와 역사적 독자(historischen Leser) [참조 83f.]를 다룬다. 마가에는 한 군데(3:14장)에서만 실제적인 저자와 실제적인 독자(제4층)가 나타난다. 그밖에는 "본문의 외곽에 있는 저자(textexternen Autor)와 실제적인 독자에게 향하는 제3층"(구체적 저자와 구체적 독자)이 지배적이라고 한다.(84) 그런데 그리스와 로마의 전기문학작품에서는 그와 반대로 사소한 예외를 제외하고 제4층이 현저하다고 생각한다. 또한 "이러한 각 층의 근본적인 차이가 언제나 명시적으로 두드러지는 것에도 불구하고 … 그곳에는 두 가지 분류가 있는데, 그것은 실제적인 저자와 실제적 독자가 묘사동사(expressis verbis)로 불리는가 그렇지 않은가라고 한다.[2](94) 또한 유사한 차별점이 공시적이며 통시적인 표현방법의 관점에서 지적될 수 있다. 복음서 안에는 "통시적인 이야기가 비중을 가지고 있는 것이 명확"하고 로마나 그리스의 전기문학 작품과 달리 "예수 그리스도의 특성이나 그의 개성에 관심을 갖지 않고 침묵하며 이것을 공시적-주제적 연관 속에서 보여준다는 것"이다.(136) 오누끼는 이것을 마가복음 4장의 예로 설명한다. 2절과 33절 이후에 반복적-지속적(iterativ-durativ)인 특징을 가진 비유들이 수집되는 전제는 예수가 이것을 한 번이 아니라 여러 번 그것도 지속적으로 말했다는 것을 보여주는 것이다. 1절, 10절 그리고 35절에서는 그와 반대로 공시적으로 한 번만 말했고, 종료된 결과이며 1절과 2절 사이에 그리고 33절 이후와 35절 사이에는 동일성이 없다.(136f) 누가는 그의 이야기 [누가복음과 사도행전] 구성에 깊은 관심을 기울였고, 마태는 대체적으로 다섯 개의 큰 이야기를 통해서 구분되는 통시적-순차적 결합력에 관심을 가졌다.(138f.) "저자와 독자 간에 이루어지는 다양한 종류의 의사소통 방법이 우리에게 말하는 것은 복음서의 가퉁이 더욱 빨리 그리스와 로마의 전기문학작품의 하나라는 것을 보여준다."(140) 오누끼에 따르면 종합요약(Sammelbericht)은 "이런 통시적인 이야기의 구성은 개개의 사건들로부터 독자를 그 소식의 전달자로 이해하게 하고 역사적

---

2) 만일 복음서저자들이 제4층에서 명시적으로 들어난다면, "그들은 그들의 소식(Botschaft)을 통시적-순차적(diachronisch-sukzessiv)인 이야기구성(Erzählhandlung)을 통해서는 더 이상 전달할 수 없었을 것이고 - 이러한 이야기 구성은 어쨌든 단절되어 있다 - 오히려 그리스나 로마의 전기 문학작품이나 역사기술에서 잘 나타나는 것처럼, 직접 독자들에게 향해야한다."(139)

인 인과관계를 표현하는 의미를 가지고 있다."(141)

3. "공관복음서 문제"에 관한 연구

DAVID LAIRD DUNGAN, A History of the Synoptic Problem. The Canon, the Text, the Composition, and the Interpretation of the Gospel(AnB Reference Library). Doubleday, NewYork 1999, XIII+526 S. - ANDREAS ENNULAT, Die "Minor Agreements". Untersuchungen zu einer offenen Frage des syoptischen Problem(WUNT II/62). Mohr Siebeck, Tübingen 1994, VIII+594 S. - MARTIN HENGEL, The Four Gosepels and the One Gospel of Jesus Christ. An Investigation of the Collection and Origin of the Canonical Gospels. Translated by John Bowden, SCM Press, London 2000, XII+354 S. - ALLAN J. McNICOL, Jesus's Directions for the Future. A Source and Redaction-History Study of the Use of the Eschatological Discourse(New Gospel Studies 9). Mercer University Press, Macon GA 1996, XIV+219 S. - DERS.(ed.) with David L. Dungan and David B. Peabody, Beyond the Q Impasse - Luke's Use of Matthew. A Demonstration by the Research Team of the International Institute for Gospel Studies. Trinity Press International. Valley Forge PA 1996, XVI+333 S. - DAVID S. NEW, Old Testament Quotations in the Synoptic Gospels, and the Two-Document Hypothesis(SBL Septuagint and Cognate Studies Series 37). Scholars Press, Atlanta GA 1993, VII+140 S. - GEORG STRECKER(Ed.), Minor Agreements. Symposium Göttingen 1991(GTA 50). Vandenhoeck & Ruprecht, Göttingen 1993, 244 S.

공관복음서 문제, 즉 신약의 세 복음서가 가지는 문학적 연관성에 대한 질문은 여전히 논의되고 있다. 그 대안은 근본적으로 두 자료설(마가우선설과 Q가설)과 마태가 가장 오래되고, 누가는 그것에 의존하며, 마가는 그 두 복음서의 요약적 결합이라는 가정인 "두 복음서 가설"(Two-Gospel-Hypothesis) [Griesbach-가설] 사이에서 이루어진다. 두 자료설은 "minor agreements" 말하자면 마태와 누가가 원자료로 마가를 사용할 때, 그 둘 사이에서 "최소 일치"(kleinen Übereinstimmen)"를 이룬다는 것이 특히 문제가 된다. 여기에 우리가 뒷부분에서 이야기해야 되는 두 책이 해당된다.

맥매스터(McMaster) 대학에서 박사논문(1993)을 쓴 뉴(David S. New)는 복음서 저자들이 구약성서를 인용한 주변 환경이 공관복음서 문제를 풀 수 있는 해결책이 될 수 있는지를, 특히 그것이 영미권에서 선호하는 그리스바흐(Griesbach)-가설에 대한 증거가 될 수 있는지를 다룬다.

뉴는 홀츠만(H. J Holtzmann) 이후의 논쟁을 정리한 후에 먼저 복음서에서 여러 번 나오는 구약인용을 조사한다. 그곳에서 특히 문서비평(LXX와 신약의 관점에서)은 중요한 역할을 한다. 예를 들면 마태복음 22:44/누가복음 20:42이하/마태복음 12:36에 있는 시편 109:1절의 LXX인용(··· κάθου ἐκ δεξιῶν μου ἕως α'ν θῶ τοὺς ἐχθρούς σου ὑποπόδιον τῶν ποδῶν σου)에서 뉴는 다음과 같은 사실을 발견한다. 마가복음 12:36에는 ὑποκάτω τῶν ποδῶν σου(마 22:44와 일치) 옆에 또한 ὑποπόδιον(눅 20:43에서처럼)이 나타난다는 것이다. 만일 마가의 독법인 ὑποκάτω가 본래적이라면 그것이 두 자료설을 말할 수 있다는 것이다. 그런데 그와 반대로 ὑποπόδιον이 본래적이라면, 이것은 그리스바흐(Griesbach)의 가설을 말하는 것이 된다는 것이다. 만일 마태가 ὑποκάτω를 썼고, 누가가 이것을 LXX에 따라서 ὑποπόδιον 으로 교정했으며, 마가가 만일 이 양자를 LXX를 통해서 맞추어 보았다면, 누가를 따르게 되었을 것이라고 한다. 왜냐하면 마가의 독법을 정확히 판단하기가 어렵고, 여기에서는 이 두 가지 가설을 전혀 지지한다고 말할 수 없기 때문이다.(42) 마태복음 3:3, 마가복음 1:3, 누가복음 3:4 또는 마태복음 11:10과 누가복음 7:27에 나타나는 이사야 40:3과 말라기 3:1의 인용에서, 뉴는 그리스바흐의 가설에 문제가 있다는 것을 확인한다. "왜 마가는 마태(11:7-19)와 누가(7:24-35)의 공통적인 내러티브를 삭제하고 그것을 1:2의 인용 부호 사이에 넣었는가?" 이것을 설명할 수 없기 때문에 두 자료설을 선택하게 된다.(46f; 59-64참조) 마태복음 19:4와 마가복음 10:6에 있는 창세기 1:27에 대한 인용에서 마태는 마가에 빠져있는 인용을 이끄는 구절(οὐκ ἀνέγνωτε)이 마가우선설에 대한 주장을 뒷받침할 수 있다고 본다.(51) 그는 마태복음 15:4a와 마가복음 7:10a에 있는 십계명의 인용에서 마가가 신명기 5:16의 본문에 따라 마태를 정정했다는 주장도 할 수 있을 것이다. 그러나 여기에서 이 두 복음서의 관심은 하나님의 계명과 인간의 규정에 관한 것이고 그런 관점에서 왜 마가가 마태에게서 ὁ γὰρ θεὸς εἶπεν으로 나타나는 것을 Μωϋσῆς γὰρ εἶπεν로 정정해야만 했었는지를 설명할 수 없다는 것이다.(71) 뉴에 따르면 두 자료설은 분명히 복음서 중에서 한 곳에만 나타나는 인용을 다룬다고 주장한다. 마태복음 13:14 이하에 나타나는 이사야 6장9절에 대한 LXX의 인용이 누가복음 8:9 이하에 그리고 마가복음 4:10-12에는 빠져 있다. 그리스바흐의 가설은, 왜 누가와 마가에서 이 인용이 삭제되어야 했던 것을 설명해야 한다.(110) 또한 두 자료설을 보여주는 사례로 마가와 누가의 병행에 빠져있는 마태복음 9:13과 마태복음 12:7의 호세아 6:6에 대한 인용이 양쪽에 나타나 있음에도 이차적인 인용에서 삭제된 이유

를 [*마태우선설에서는] 설명하기 어렵기 때문이다.(115)

뉴는 전체적으로 두 자료설을 주의깊게 접근하여 설득력 있는 결과를 도출하면서 그의 연구를 끝마치고 두 자료설을 입증하는 본문증거도 제시한다.(121) 하지만 여전히 불확실한 것은 마태가 [*구약본문의] 다양한 수용을 할 수 있음에도 LXX만 인용한다.(122)

맥니콜(Allan J. McNicol)은 그의 연구서적 Jesus's Directions for the Future(1996)에서 예수의 종말론적 이야기를 예로 들며 복음서전승의 발전과정을 연구한다. 동시에 그는 파머(W. R. Farmer)가 자신의 책을 편집하면서 첨가한 서문에 있는 것처럼 특히 "두 복음서 가설"(Two Gospel Hypothesis)을 확증하기 위한 주석을 시도한다.

맥니콜은 첫 번째 부분에서 데살로니가전서 4:13-5:11과 데살로니가후서 2:1-12에 나타나는 복음서의 공통적인 종말론적 이야기를 그리스바흐의 가설에 기초해서 조사한다.(15-63) 데살로니가전서 5:2와 마태복음 24:42 이하 그리고 누가복음 12:39 사이에 있는 병행과 데살로니가전서 5:3과 누가복음 21:34-36, 또한 데살로니가전서 4:16a와 마태복음 24:30b-31 사이에 있는 병행은 바울과 복음서 저자가 공통적인 예수전승을 이용하고 있는 것이다.(43) 디모데나 혹은 후에 바울 자신에 의해서 저술된 데살로니가 후서(46)는 2장 1절-12절에서 마태복음 24:3-31과 강하게 그리고 마가복음 13:2-27과는 어느 정도 관계가 있는 것처럼 보인다는 것이다. 그리고 그것이 공통적인 구두전승으로 보인다.(63) - 두 번째 부분에서 그는 마태복음 24:3-51로부터 세 가지 종말론적 이야기를 조사한다.(67-197) 맥니콜에 따르면 4b-6, 10-

12, 45절 이하, 21-24, 29-31이 원자료로 데살로니가후서와 명확하게 가까이 있다. 두 번째 원자료는 27, 37, 38-39절에서(44) 보여지고, 42-43은 데살로니가전서 5:2과 일치를 보인다.(76) 그리고 이 두 가지 원자료가 마태복음에서는 광의의 컨텍스트인 24:3-25와 46 속에 구성되었다.(90-114) 맥니콜은, 이 세가지가 누가복음에서 통합되었다고 파악한다.(12:35-48, 17:20-37, 21:5-36절) "사용된 대부분의 자료들이 마태복음 24:1-25, 46절의 원자료에서 왔다." 물론 그곳에서 "첫 번째의 두 구성단위는 마태본문과 직접적인 병행적 맥락 속에 있는 것은 아니다."(115) 마태와 다르게 누가는 예루살렘의 함락을 전제한다. 누가는 21:8-11절에서 마태복음 24:4-7을 대본으로 21:12-19을, 그리고 마태복음 24:8-13과 마태복음 10:17-22을 연결하면서, 동시에 21:14 이하에서 마태복음 10:19 이하를 설명한다. 그 이유는 마태복음 10:19 이하가 이미 누가복음 21:14 이하에서 사용되었기 때문이다.(134f.) 누가는 또한 누가복음 21:26을 연상케 하는 마태복음 24:14은 생략했다고 본다.(135) 마태의 대본 없이 누가 고유의 것으로 판명되는 것은 누가복음 21:34-36이고, 여기에는 또한 바울이 데살로니가전서 5:3절에서 사용한 자료가 발견된다.(148) - 이어서 공시적 연구방법에 기초해서(151-162), 마가복음 13장에 대한 연구가 뒤따른다.(151-192) 그는 마가복음 13:5-18에는 통시성이 확인되는데, 마가의 본문이 근본적으로 "누가와 종종 융합되면서" 마태의 본문을 따른다.(168) 마가복음 13:9-13에서는 그리스바흐의 가설에 대한 고민이 특히 분명하게 들어나는데, 마가우선설은 설득력이 약하다. 마태와 누가가 왜 마가복음 13:9에서 벗어나 13:14에서야 다시 일치하며 돌아와야 했는가가 의문이다. 그러나 "두 복음서 가설"이 그 의문을 쉽게 설명할 수 있다. 마가는 제자들이 박해 받는 주제와 관련해서 세 가지 본문을 가지고 있었을 것이라고 추측한다.(마

24:9-14, 눅 21:12-19, 마 10:17-22절) 또한 그는 마가가 누가복음 21:12-19과 마태복음 10:17-22이 서로 밀접한 관계가 있음을 알고 있었을 것으로 본다.(아마도 그는 심지어 누가가 마태복음을 대본으로 사용하고 있다고 생각하는 것 같다). 그래서 그는 양자의 공통점을 "13:9-13의 구성을 위한 기본 전승자료"로 사용했고, 이것을 마태복음 24:9-14과 연결했다.(172) 그래서 이와 유사한 의도가 마가복음 13:14-21에 있다. 마가는 근본적으로 마태복음 24:15-25을 따르고 누가복음 21:20-24의 내용은 단지 암시만 하고 있다. 마가는 마태와 병행하지 않는 이러한 누가의 진술을 완전히 삭제("가장 충격적 것")시키는데 그것은 바로 "예루살렘 포위와 함락에 대한 생생한 묘사"이고, 그가 이것을 자세히 전달하는 데에 별 관심이 없었기 때문에 그렇게 했다. - 그러나 꼭 그렇지 않을 가능성도 배제할 수 없다. 왜냐하면 "제국에서는 어쨌든 그것이 익히 알려진 옛이야기이고 로마에 있는 독자들에게는 의미가" 있었다는 것이다.(176) 물론 여기에서 이상한 것은 그럼에도 불구하고 마가가 13:14에서 역사적 상세함에 강한 관심을 보이고 있다. 이 점에서 그는 "황폐화됨에 대한 공포(남성 분사: ἑστηκότα)를 한 사람 아마 티투수(Titus)와 연관지었을 것이다." "마가는 주후 70년 예루살렘에서 시행되었던 황제 우상숭배 정책의 확산을 해석한 것으로 보인다."(178) 마가는 "표적"에는 관심이 없었기 때문에 마태복음 24:30a과 누가복음 21:25b 그리고 26을 지웠다.(182) 따라서 마가복음 13:32-37에는 마태와 누가로부터 온 많은 개별 본문들이 서로 결합되었다.(185-191) 이것은 "마가의 페리코페에 있는 전통적인 편집 작업을 보여준다."(188) 결국 마가는 마태복음 25장을 완전히 삭제했고, 또한 누가복음 21:34-38도 아마 마태와 누가가 그곳에서 병행하는 것을 증명하지 못했기 때문에 생략했을 가능성이 있다.(188f.)

이론적으로 맥니콜이 "두 복음서 가설"에 근거해서 보여준 본문의 증거들은 옳다. 그러나 무엇보다 먼저 이런 설명유형은 종종 저자의 시도를 제대로 설명하지도 않고 마가복음의 저자를 폄하하는 방식이다. 따라서 이 방법에는 의미 있는 전달이 결여되어 있다.

맥니콜은 또한 한 연구단체의 편집장으로 일하며, 1984년 예루살렘에서 있었던 심포지움[3]과 관련해서 1996년에는 『Q의 막다른 골목을 넘어서』(Beyond the Q impasse)를 편집했다. 이 책의 서문에서 파머(W. R. Farmer)는 마침내 "두 자료설을 포기해야 하는" 때가 왔다고 썼다. 왜냐하면 이것은 여러 세대에 걸친 연구(가) 속에서 "연속해서 큰 재난을 부르는 실수에 빠졌기" 때문이다. 이제는 18세기에 오웬(Henry Owen)과 그리스바흐(J. J. Griesbach)가 개척했던 길을 따르는 것이 중요하다.(XII) 그러므로 이제는 무엇보다 마태복음이 누가복음의 원자료였다는 것을 증명하는 곳으로 가야한다고 주장한다. 그리고 그후에 마가복음의 편집비평적인 분석이 두 복음서 가설에 기초하여 뒤따라야 한다.(XII, 또한 319) 마가복음과 Q의 관점 아래 마태복음의 구성을 분석하는 것은 역부족이다.(XIII)

책의 개요에서(1-44) 그리스바흐-가설(Griesbach-Hypothese)을 반대하는 특히 독일에서 있었던 연구사가 소개된다. 홀츠만(H. J. Holtzmann)에 의한 두 자료설(zwei-Quellen-Theorie)의 승리는 비스마르크(Bismark)의 문화운동과 직접적인 관련이 있다. 그런 면에서 국가에서 지원받는 학자들이 중심이 된 개신교 연구의 통합은 독일에서의 정치적인 통일과 일치했어야만 했다.(7) 이어서 현대의 주요 반대자로 큄멜(W.G. Kümmel)과 피츠마이어(J. Fitzmyer)를 든

---

3) 던간(D.L Dungan)이 1990년에 편집한 책 복음서의 상호관계(*The Interrelation of the Gospels*)에 대한 나의 견해를 ThR 59(1994) 74f에서 참조하라.

다.(10-12)

　　"누가의 마태사용"을 전체적으로 간단히 조망한다.(13-24) 1-2
장에서 누가는 마태와 같은 순서로 서로 비교할 만한 탄생과 어린
시절 이야기를 전한다고 본다.(마 1:18-24/ 눅 1:26-36, 마 1:25, 2:1-23/눅
2:1-40). 그러나 누가는 족보로 시작하지 않고 헬라적 전기문학들
(Biographien)과 일치하는 형식으로 시작한다는 것이다. 그리고 서
문을 포기하지 않았고, 마태와는 달리 예수와 세례 요한 간의 강한
연결성을 의식한다는 것이다. 누가복음 1-2장과 마태복음 1-2장
사이에 전혀 병행이 없지만 표현상의 큰 차이는 없다고 한다. 말하
자면 누가복음 4:16b-7:15에서 누가는 예수의 공적인 사역을 "아
주 헬라적인 틀"인 그의 고향에서 시작한다는 것이다. 이어서 사
도들이 소명을 받고, 그들이 마태보다는 짧지만 그 첫 번째 긴 설
교의 수신자들이었을 것이다.(18f) 여기에서는 평지설교의 주제를
언급하는 정도로 묘사가 축소되어 묘사되었다. 그러나 산상설교
가 누가에 의해서 이렇게 과감하게 축소된 이유에 대해서는 침묵
하고 있다 - 그러나 적어도 여기에 누가의 편집 작업에 대한 언
급을 해야만 한다. 그런데 누가가 마태의 자료를 축소, 삭제 또는
변경한 것에 대한 납득할 만한 설명이 어떻게든 시도되지 않고 있
다.(말하자면 왜 누가가 마태복음 13장의 비유를 삭제했는지?) 그 저자들은
이어서 "언어학적인 증거"를 다음에서 찾는다. 즉, 누가복음 7:1
이 마태복음 7:28f에 종속된 것처럼, 누가복음 4:31f도 그렇다. 누
가는 산상설교의 결론을 "가버나움에서 있었던 예수의 첫 번째 공
적인 설교의 결론"으로 사용하고 있다. 그래서 이것이 "산상설교
의 누가적 결론"이다. 그러나 이런 설명은 아주 의도적인 실수이
다. 왜냐하면 누가복음 4:31f은 한 장면의 끝이 아니라, 그 반대로
새로운 장면의 시작이기 때문이다. 이 책에서는 누가복음 4:31-37

의 병행인 마태복음 1:21-28도 다루지 않는다. 본문비평적인 문제가 있는 마가복음 1:11이 그것과 관련된 누가복음 3:22b에서 언급된 것을 제외하곤, 마가를 전혀 언급하지 않고 있다.(76) 따라서 누가복음 7:1과 마태복음 7:28 사이에 있는 어떤 문학적 종속관계도 보여주지 않는다.[4] - 누가에서 마태자료가 아닌 것들(25-28)은 하나 혹은 그 이상의 원자료에서 유래된 것이다. 이것은 또한 Q가설보다 취약하지 않고, "아무도 설명할 수 없는 자료"가 있었을 것이다. 반면에 "Q"는 증명할 수 없다고 본다.(28) - 누가가 다루고 있는 큰 주제는 "예루살렘과 성전"이라고 이해한다.(37f) 이것은 당연히 올바른 것이다. 그러나 그런 관점이라면 당연히 어떤 이유에서 마태복음 2:1-12을 누가가 생략했는지는 물어야만 했다. 이어지는 주제는 "구원사에 있어서 예수의 역할"이다.(39f) 그러나 그러면 누가는 왜 마태에서 나오는 모든 예언 성취인용(Erfüllungszitat)을 삭제했는가?

이 책의 전체적인 내용은(45-317) 누가복음의 "구성분석"을 보여주는 것이다. 그와 동시에 먼저 각 7개의 부분(1-2장, 3:1-4:16a, 4:16b-7:15, 7:16-9:50; 9:51-19:27, 19:28-21:38; 22-24장)에 어떤 다른 방법론들이 있는지 일반적인 개요를 서술한다. I장에서(누가복음 1-2장/마태복음 1-2장) 내용적인 일치가 언급된다.(예를 들면 마리아와 요셉은 "부모로 예수를 섬긴다." 천사의 수태고지, 베들레헴에서 탄생한다, "나사렛"이 고향이다) 이런 일치가 각각 아주 다른 곳에서 발견된다는 것은 "쟝르 비

---

4) 이 본문의 영어성경은 마 7:28-29을: "그리고 예수께서 이 말씀을 마쳤을 때, 무리들이 놀랐었다."라고 번역하고 눅 7:1은: "그가 듣는 이들에게 그의 모든 말씀을 마친 후에."(원문적인 해석); 그러나 다음의 그리스어 본문을 비교하라: 마 7:28 Καὶ ἐγένετο ὅτε συνετέλεσεν ὁ Ἰησοῦς τοὺς λόγους τούτους 눅 7:1: Ἐπειδὴ ἐπλήρωσεν πάντα τὰ ῥήματα αὐτου … 즉 "말씀"이 전혀 병행하지 않는다[*그리스어 본문 원어상의 τοὺς λόγους와 τὰ ῥήματα의 차이를 말한다]. 당연히 이런 물음은 Q의 음절이 전승에서 변경되었을 것이라는 관점에서 무의미할 수 있다. 그러나 그렇다고 해서 눅 7:1이 누가가 마태에 문학적으로 직접적인 의존관계에 있다고 절대로 증명할 수는 없는 것이다.

평방법"의 관점에서 전혀 문제되지 않는다. 왜냐하면 저자는 자료를 전혀 "복사"(duplicate)할 수 없기 때문이다.(47) 마태복음 1:18-24에서 요셉이 그 중심에 있는데, 누가복음에서는 마리아가 중심에 있다고 본다. 그러나 누가는 이 수태고지에서 "비천한 상태에 있는 가난한 처녀에 의한 [*예수의] 동정녀 탄생은 최고조에 이른다." 이것은 여기에서 이미 가난한 사람에 대한 관심이 들어난다.(57) 누가복음은 대체로 누가복음 1-2장과 특히 1장 26-38에서 마리아의 가난함 또는 그 가족의 가난함이 전체적으로 중요한 역할을 하고 있는 것은 사실이다. 그러나 그렇게 두드러진 것은 아니다. 누가복음 1:39-56은 "비마태 전승"에서 왔을 것으로 본다.(58) 누가복음 2장에서는 마태복음 2장의 μάγοι가 있는 자리에 그것이 목자로 대치되었는데, 이것은 예수가 앞으로 행할 사역을 미리 보여주는 것이다.(63f.) 누가복음 2:35은 아마도 마태복음 2:13-15의 [*헤롯의] 유아살해에 대한 반향으로 본다. (67) II장(3:1-4:16a)과 III장(4:16b-7:15)에는 도입부를 두지 않고, 단지 누가가 가지고 있는 사고의 흐름만 묘사했다. 여기에 부분적으로 탁월한 관찰이 있다. 그래서 시간적으로 의심되는 누가복음 3:18-20과 21f의 세례 장면에 관하여, 그 이유로 누가는 예수가 단순히 요한의 후계자로 비치는 것을 피하기 위해서 그렇게 했다.(74f) 물론 이것이 누가가 마태를 사용했다는 주장은 될 수 없다. 누가복음 4:16, 22-24: 31, 32에서는 마태복음 13:53-55a와 57b 그리고 58, 또 마태복음 5:2, 4:13, 7:28f에 종속되었다는 것을 보여주기 위해서 공관비교를 한다.(86f) 그런데 마태복음 5:2을 제외하고 전반적으로 마가복음 6:1-4과 문자적으로 일치하고 있다는 것은 언급하지는 않는다. 이와 유사한 방법으로 누가복음 4:42-44이 "마태의 편집적인 문장구성 방법과의 융합"(마 4:17절과 23절-25절)이었다는 것을 보여준다 - 마가복음 1:35-39은 여전히 언급하지 않고 지나친다.(93)

또 여전히 설명하지 않는 것은 왜 누가가 산상설교를 그렇게 과감하게 축소하고 여러 갈래로 나누었는가에 대한 것이다. 누가복음 6:37-42를 예로 들자면 누가는 4개의 교훈을 "비난에 대한 경고"라는 주제로 결합해서 통일적인 "일반적 주제로 만들려는 관심"에서 그렇게 했다.(106) 하지만 왜 누가가 마태복음 5:13-20과 21-37, 6:1-34, 7:6-11과 13f의 말씀들을 다른 곳으로 삽입시키거나 완전히 삭제했어야만 하는지 여기에서 알 길이 없다는 것이다. 단지 분명한 것은 "누가는 마태복음 6장 전체를 그가 평지 설교를 구성할 때 삭제했다. 누가는 그의 관심에 일치하게 기도의 모델을 요약했다."(173) 그러나 이 "관심"이 어떤 것이었는지 명시적으로 언급하지는 않는다.

이 논문집의 저자들은 처음부터 끝까지 교리적이며 특히 Q-가설의 예외적인 사례들을 가지고 모든 경우를 일반화하여 주장한다. 그러나 그 어디에서도 상세하게 반박하지는 못한다. 마가우선설도 전혀 논의되지 않는다. 결론은 공관복음서 연구뿐만 아니라 전체 본문의 비평적 연구가 새로운 토대에서 시작되어야만 한다는 주장이다. 주목할 것은 논문집의 서두에 그들 스스로가 판단한 "신약성서 연구분야의 새로운 신기원에 대한 흥분"이라는 표현이다.(319) 실제로 그 논문집은 그리스바흐-가설을 반대하고 있다는 사실들과 그래서 그것이 이미 끝난 연구라는 것을 보여주는 수준에 머물고 있다.

위에서 언급한 두 책과 내용적으로 같은 선상에서 던간(David Laird Dungan)의 『공관복음서 문제의 역사』라는 방대한 책이 있다.(1999) 던간은 자신의 논증 방법 속에서 학문적 신학연구는 그와 다른 견해를 같은 사람을 존중해야 한다는 경계조차도 부분적으로 넘어서고 있다.

그의 출발점은 연구의 끝에 이르러서야 비로소 명시적으로 표현한 질문인 "어디서 내가 주 예수의 신뢰할 만한 계명을 발견할 수 있는가?"에서 그의 논지와 그것이 공관복음서 문제와 결합되어 있음을 알 수 있다. 그러나 그것은 전혀 학문적인 질문이 아니며, 오히려 "교회가 예수 그리스도의 하나님과 끝없이 나누는 대화의 한 부분"이라고 한다.(394) 그래서 던간은 그에 걸맞게 논문을 18세기가 아니라, 1세기 혹은 2세기에서부터 시작한다. 첫 번째 부분은 복음서와 고대교회의 관계를 누가복음 1:1-4부터 아우구스티누스(Augustinus)까지 다룬다.(9-114) 두 번째 부분은(143-341) "후기 산업사회의 주도적 경향"을 상세히 논의하고 후에 "결론"에 이른다. 이어서 참고자료(395-511)들이 저자와 목록에 대한 색인을 포함해서 나온다.(513-526)

I장에서 던간은 파피아스(Papias), 유스틴(Justin), 타티안(Tatian)과 마르시온(Marcion) [이것을 "기독교의 '이방인 정리'에 관한 마르시온의 경력"이라는 제목 하에 다루면서,(44) 시대착오(Anachronismus)였다기 보다는 오해라고 본다]을 소개한다. 이어서 켈수스(Celsus)와 오리게네스(Origenes)를 거론하고, 아우구스티누스(Augustin)의 마니교도에 대한 비평으로 그 장을 끝낸다. II장은 1500년부터 현대에 이르는 문화, 사상사에 대한 조망으로 시작한다.(11장, 145-170장) 이어지는 12장에서는 현대적 성서연구의 영향이 다음과 같이 요약된다. "그물망 효과"가 "성서본문에 관한 물리적 역사"를 위한 막대한 자료들을 도외시한 채 역사-비평적 성서 연구로부터 발생하고, 그로부터 성서는 종교적 신앙의 담지자로서의 지위와 윤리적 가치를 빼앗기게 되어 "신 부르조아 계급의 정치 · 경제적 동경"을 방해했다는 것을 질문해야만 한다고 주장한다. 그

래서 20세기 중반에 나타난 혼란들이 전혀 놀랄 일이 아니라는 것이다. "이런 혼란의 조건들은 현대적 정신에 의해서 오랫동안 준비되어졌고, 그것이 불타는 혼란 속에서 죽었고 또 태어났다."(174과 176) 13장(177-184)은 간략하게 루터(Luther)와 칼뱅(Calvin) [392참조: "종교 개혁가들은 교회교리(Dogmen)의 껍질을 열었다. 그러나 그들은 동시에 방종한 개인주의와 협소한 스콜라주의에 자유로운 도약을 허락했다. 즉, 그 작은 모든 것들이 그들이 반대하는 파괴적인 해악이" 되도록 허락한 것이다.] 14장에서는 에라스무스(Erasmus)와 그의 성서번역을 짧게 다룬다. 스피노자(Spinoza)에 대해서는(16장, 198-260) 정치적 이념과 역사적 방법들과의 연관성 속에서 연구가 되었고, 유사하게 17장에서는(261-186) 존 로크(John Locke)를 소개한다. 19장(291-301)은 신약성서 본문의 역사가 에라스무스로 부터 네슬-알란트(Nestle-Aland)의 26판 성서에 이르기까지가 표준성서본문(New Standard Text)을 중심으로 격한 비평적 어조로 설명되었다.(300f)

　20장(302-341)에서는 두 자료설의 승리가 사상사와 코페르니쿠스(Kopernikus) 이후에 등장한 새로운 세계관과 병행하여 묘사되었다. 이제 사람들은 주석의 결과가 전체적 조화를 이루어야 하는 것에는 더 이상 관심이 없고, 오히려 복음서 속에서 언어적으로 일치하는 구절을 가지고 신앙을 파괴하는 목표로 향했다고 보았다.(309) 그는 그리스바흐가 18세기에 연구한 가설은 "근대 역사가의 전제"뿐 아니라 "루터교의 경건한 전제"로부터 공급되었다고 이해한다(312f). 이 전제로 유명해진 그 책의 결과는, 결국 성서가 "이성적인 사람들이 수용할 만한 - 계몽에 좋은, 즉 스피노자류의 - 도덕교과서가 되었다."(314) 19세기의 관점에서 던간은 두 자료설이 정치적 원인 때문에 관철되었고 그것도 프로이센이 통제하던 국가교회의 덕택이라는 주장을 반복한다. 위에서 인용한

『Beyond the Q Impasse』, 7쪽에 나오는 문장이 여기에서 다시 거의 문자적으로 일치하게 나타난다. "책임져야 하는 고도의 국가적인 위기감 속에서, 개신교 신학자들이 로마 카톨릭에 대하여 말할 수 있다는 것은 정치적으로 중요한 일이었는데, "당신이 최근에 (1870) 주장한 교황무오설이 완전히 무의미할 뿐 아니라 마태우선설의 관점에 있는 당신들의 그 전통도 똑같이 잘못되었다. 우리 독일의 개신교는 과학적으로 마가복음이 먼저 씌여졌다는 것을 증명했다!"(328) 마태복음 16:17f이 Q에도 마가복음에도 나오지 않는다는 것에서 예수가 이것을 전혀 말하지 않았다고 결론지을 수 있었다. 확실한 것은("we may be sure") 비스마르크가 바티칸과 극단적 광산철강연맹(ultramotanisten)에 대항해서 한 이런 주장이 전혀 알려지지 않았다는 것이다.(329) 하지만 이 마가우선설(또는 두 자료설)이 왜 영국과 북아메리카에서 계속 관철되고 있는지(332)에 관해서는 여전히 설명하지 않는다.

이후에 던간은 다시 두 자료설의 성공에 있는 "특별한 과학적 요소"를 다룬다(337-340). 그리고 그것은 이제 쉴라이어마허(Schleiermacher)로부터 시작된 구약 파기와 연관된 맥락에서 19세기 독일에서 성장한 반유대주의와 직접적으로 관련되었다. (던간은 증거로 라갸르드[Paul de Lagarde]의 "독일의 국가종교에 관하여"(Über die deutsche Nationalrelirion)와 하르낙(Harnack)의 마르시온 - 을 든다). "열정을 가진 독일의 개신교 신학자들이 로마 카톨릭의 권력과 대항한 국가적 투쟁 속에서 복음서의 원자료설(Gospel source hypothesis)을 착안했고 그로부터 유대적 뿌리 속에 있는 독일의 기독교를 구하려고 하는 것"은 전혀 놀라운 일이 아니라고 한다. 비록 직접적인 증거는 없을지라도 최소한 마가우선설은 "유대인과 유대적인 것에 대한 독일인의 심각한 적개심에서 유래하지 않았다"고 할 수는 없다.(339) 물론 이 반유대주의를 독일에만 한정시킬 수 없고, 영국 혹은 미국과 같이 두 자료설이 개방된 나라에도 있었을 것이이다.(340) 두 자료설과 마가우선설에 대한 반론이 그렇게 없어서, 던간은 꼭 이런 방식으로 주장 해야만 하는가?

이어서 던간은 일반적인 역사-비평 방법론에 대한 반론을 다룬다.(349) 그런데 그는 그것이 서독, 동독 그리고 나찌와 같은 첨예하게 다른 정치 시스템에서 나왔다고 본다. 그는 이런 관점에서 질문한다. "대다수 아시아, 아프리카 그리고 남아메리카의 성서학자와 신학자들이 성서해석을 위해서 싫어하는 이 훌륭한 서구의 역사-비평 방법론을 사용한다는 것이 얼마나 놀라운 일이 아닌가?"

던간이 III장에서 설명하고 있는 현재적 발전상황은(21장, 345-367: "오늘날의 공관복음서 문제") 비정경적인 복음서들과 관련이 있거나 그로부터 "복음서"의 개념이 확장되는 – 말하자면 "Q 복음서"나 요한복음의 "복음의 증표" – 것은 이상한 경향으로 본다.(350f.) 본문연구의 새로운 근거를 위해서 특히 요구되는 것은 "서방사본"에 새로운 가치를 부여해야 한다는 것이다. 현재 비평적으로 작업된 정경적 복음서의 본문은 분명하게 반유대적이며 그것은 조직적으로 유대적인 흔적을 정리한 흐름 속에 있는 사본들이기 때문에 그렇다.(354.) 그리고 "아메리카 백인 중산층을 반영한 이상화된 개신교 신자들의 예수상"을 구현한 아메리카의 "예수 세미나"를 비평한다.(356) – 던간은 새로운 주석서들을 가지고 해석학적 질문에 대답한다.(357-367) 몇몇 예외를 제외하고 모든 주석들이 평가절하되어 받아들여지지 않는다. 브라운(R. E. Brown)의 해석학은 "교회 최고의 전통과 문서 그 자체에 기반을 두고 있다"고 평가한다.(367) 마지막 장인 "최근의 경향"(368-391)에서는 특히 파머와 더 나아가

전적으로 침묵한 채로 있었던 스톨트(H. -H. Stoldt)[5]를 다룬다. 이어서 공관복음 문제를 다루었던 학술모임들을 위에서와는 다르게 편협하지 않게 소개한다.(376-378) 파머와 그리스바흐에 자극되어 출간된 서적들과 두 자료설의 후속적인 발전을 조망한다. (386-390) 던간은 아주 짧게 새로운 Q-논의를 언급하고 최근의 연구들을 비평한다. 그는 이글의 시작에 언급한 문장과 짧은 요약으로 논문을 끝낸다.

여기에서 언급되는 두 책은 전통적인 두 자료설과 연관된 문제인 "minor agreement"를 다룬다. 이미 작고한 쉬트레커(Georg Streck-er)가 1993년 편집한 논문집은 이 물음에 대한 학술모임을 정리한 것이다. 이 논문집은 편집인의 서문, 인사말과 함께 7개의 연구보고서와 나이링크(F. Neirynck)가 작업한 minor agreement에 대한 조망, 참고문헌, 색인과 함께 참가자 목록을 포함한다. 쉬트레커는 서문에서(7-11) 발제에 대한 간략한 내용을 소개하며, "확실한 해결책"은 눈에 보이지 않는다고 요약한다. 또한 제2 마가가설(Deu-teromarkus- hypothese)은 말하자면 "고려할 만한 가능성"으로 현재의 마가복음이 누가복음과 또 마태복음과도 일치하지 않는 것과 관련하여 "지금까지는 단지 일부의 경우에만 사용할 수 있는 것"으로 보인다.(10)

나이링크는 발제에서(25-63) 이미 자신이 출간한 논문집 『Evan-gelica II』에서 말한 것을 언급하며,[6] "최소일치"(kleineren Übereinstim-

---

5) 콘첼만(H. Conzelmann)은 던간 자신이 비평적으로 생각하고 있는 스톨트의 책 "Geschichte und Kritik der Markushypothese"(마가가설의 역사와비평)에 있는 것을 비평적으로 간략하게 언급했다(ThR 43(1978), 321).

6) ThR 59(1994) 994f에서 내 견해를 참조하라.

mungen)가 두 자료설의 변경으로 가서는 안 되고 자유롭게 편집했다고 설명한다는 것이다. 특별한 경우가 마태복음 26:68/누가복음 22:64에 대한 마태복음 14:65이라고 한다.(49f.) - 푹스(A. Fuchs)[65-92]는 마태복음 4:35-41의 풍랑을 잔잔케 한 구절과 그 병행구를 연구하여 "긍정적 평가" 못지 않게 그가 짐작하고 있는 "제2 마가가설"에 대한 "부정적 평가"가 더 많이 나타난다고 언급한다. 이 구절은 특히 요나서 1장을 신중하게 고려하면서 "교회론적 또는 고도의 신학적, 교리적 변경이 참작된 흔적을 정경적 마가본문의 형성과정에서 파악할 수" 있기 때문이다.(86) 발표된 대부분의 관찰들은 놀랍고 일방적이다.(막 4:36에 대한 마 8:23/눅 8:22에 있는 ἐμβαίνω에 대한 사용이나 마 8:24/눅 8:23에 있는 폭풍이 발생한 지명을 강조해서 지적하는 것. 아래를 보라) 따라서 많은 부분에 문제가 있다.(마 8:25b/눅 8:24a은 막 4:38b에서 온 διδάσκαλε가 "높여 부르는 호칭"으로 변경된 것으로 본다. 그렇다고 해서 마태의 κύριε와 두 번 반복되는 누가의 ἐπιστάτα가 "제2 마가"의 대본에 기인한다고 할 수 있는가?) 여전히 불명확한 것은 푹스가 비교적 서로 많이 일치되는 것을 한 번만 고려해도 완전히 사라져 버릴 "마가본문의 두 번째 판"(90)이 본문의 역사에서 어디에 위치해야 하는가를 질문한다는 점이다.(88쪽 각주 84; 툭켓 역시 동일한 질문을 자신의 논문에서 한다, 139) - 쉥크(W. Schenk)[93-118]는 푹스의 이 논지를 기호학적으로 연구한다. 공통으로 사용된 ἐμβαίνω(위를 보라)에 대한 지적은 마가복음 4:1의 관점에서 아무것도 해결하지 못하며, 요나서 1:3에 대한 암시도 아니라는 것이다.(95f.) 지명에 대한 언급(λίμνη 나 θάλασσαν)은 컨텍스트로부터 발생하며, 누가는 육지풍(αἶλαψ ἀνέμου)에 대해서 마태는 해상풍(σεισμὸς μέγας)에 대해서 말한다는 것이다. 내 생각에 제2마가에 대한 쉥크의 주장은 결국 "'총체적 모델'에 대한 기대 요청으로부터 … 제2 마가를 재구성하기 위한 가시적 모델을 제대로 충분히 구성할 수 없기 때문에 이미 어렵다는 것"을 적절하게 파악한 것 같다. 또한 그런 기대에 미치지 못하기 때문에 쉥크는 이 새로운 시도를 포기한다. - 툭켓 (119-142)은 "minor agreement"라는 표현을 기각할 것과 특히 부정적 일치에 대해서는 더 이상 질문하지 말자고 제안한다. 중요한 것은 실재 존재하는 일치에만 집중한다. 던간에 의해서 제기된 오늘날 공관복음서의 본문이 일반적으로 확실하지도 않은 두 자료설에 의지하고 있다는 비난과 달리, 툭켓이 표준 그리스어 성서(Greek New Testament)에 대한 본문비평적 주석은 (훅-그리벤 [Huck-Greeven])과 다르게 그 설명이 종종 정확하다.(132f.) 예를 들면 툭켓은 마가복음 14:72 병행과 마가복음 14:65 병행에서 누가복음 22:62이 마태복음 26:75에 따라 마가복음 14:72절에 이차적으로 첨가된 것이 그 좋은 예외가 될 수 있음을 보여준다.(132-134) 마가복음 14:65과 관련해서 마태복음 26:67f/누가복음 22:64에 있는 "minor agreement"는 마태에서 나타나는 본문의 훼손에 근거한다고 설명한다.(138) - 굴더(M. Goulder)는 누가복음 4:14f의 예로 마태의 누가 사용에 관한 자신의 논지를 반복한다.(143-162) 그는 누가가 마태복음 4:12f과 마가복음 6:1-6a를 동일하게 다룬다고 본다. 또한 마가복음 1:16-20과 21-39이 누가복음 4:31-44에서 다른 순서로 구성되었고, 누가복음 5:1-11은 마태복음(4장 13-16절)으로 소급될 수 있다는 것이다. - 파머(W. Farmer) [163-208]는 누가와 마태에서 마가의 πάλιν이 누락된 텍스트를 관찰한다. 마가복음 2:1과 13에 있는 πάλιν이 이차적이며 마가우선설의 기초 전제가 되어야 한다. 그래서 마가복음 2:1f과 병행인 마 9:1/눅 5:17a에서는 단지 한 단어, 즉 καὶ만이 마가에서 넘어 온 것이라고 본다.(173, 이 표현은 물론 막 2:1f절을 그 병행인 막 2:1-12의 컨텍스트를 제외하고 읽을 때에만 가능한 것이다) 마가복음 10:1은 마태복음 19:1f에 대해서 이차적이고 마태 안에 신학적으로 깊은 의미가 있는 형태로 들어 있는데,

그것을 마가가 파괴했다.(189-193, 208의 요약을 참조하라) - 파머의 발제를 보충하는 자리에서(209-220) 루쯔(U. Luz)는 파머의 논지가 가능한 것이라고 언급하면서 이것은 또한 동시에 두 자료설에도 해당된다.(212) 마가복음 2:1f과 그 병행의 경우에 이것은 마태와 누가가 행한 작업뿐만 아니라 그 편집도 설명할 수 있다고 본다. 2:3f의 병행들은 두 자료설로부터 오히려 다른 이론들을 설명하는데 도움이 될 수 있으며, 그것이 마가복음 10:1과 그 병행에도 유효하다.(213과 216) 두 자료설은 여전히 큰 어려움이 없어 보이고 제2 마가설의 수용은 "오히려 더 치밀하지 못한 특성을 가지고 있다"고 결론 내린다.(219)

엔누라트(Andreas Ennulat)는 1994년 방대한 분량의 박사학위논문을 베른대학에 제출했다. 그의 논문은 "minor agreements"에 대한 기본적 토론으로 시작한다.(1-34) 그 논문은 전반적으로 8장에 걸쳐서 마가의 본문을 분석한다.(35-416, 그리고 부록, 471-594,에서는 각각의 본문들을 알란트(Alands)와 비교한 공관 비교가 첨부된다) 이 논문은 상세한 요약으로 끝난다.(417-430) 엔누라트는 도표로 개괄(10-14)하면서 마가복음의 원자료 내에 속한 마태/누가 본문의 전체적인 병행 문단들이(여기에서 그는 의식적으로 경계가 구분되는 내용단위[Perikopen]가 아닌 각각 10줄 가량의 네슬[Nestle] 이 사용하는 행[Nestlezeilen]을 사용한다) 마가의 개별 본문들에서 마가 안에 있는 이른바 "minor agreement"를 증명한다. 이것은 "전체적인 설명"을 필요로 하는데, 그것이 "Q와 마가전승의 혼합전승"을 가정하는 기초가 될 수 있다고 주장한다.(18) 엔누라트는 각각의 경우마다 "마가 이후의 가능성에 대한 질문에 대한 대답은 마가 이전의 마가작업"이 줄 수 있다고 본다.(32)

그는 4단계의 가능성을 구분해 낸다.(33) 예를 들면 마 8:1-4/눅 5:12-16에는 막 1:40-45에 대한 다양한 무게를 가진 "agreements" 들의 높은 일치 횟수가 눈에 띈다. 몇몇 부분은 편집으로 설명될 수 있지만, 다른 것들은 설명할 수 없다. 그리고 무엇보다 먼저 구조적인 일치가 발견되어야 한다고 생각한다. 여기에서 가장 확실한 설명은 마가복음에 마태와 누가에 종속되지 않은 채 놓여 있는 "마가 이후의 본문작업을 가정"해야 한다.(58) 마가복음 2:23-28(마 12:1-8/ 눅 6:1-5절)에 대한 병행에서 χρείαν ἔσχεν(막 2:25)이 그 병행인 마 12:3/눅 6:3에서 누락된 것은 "불확실하지만" 혹은 "거의 불확실하지만" 마태나 누가 이전의 단계로 간주해야만 한다고 생각한다.(80f.) 물론 그렇게 생각할 수 있지만, 여전히 불명확한 것은 왜 엔누라트가 마태복음 12:5-6이 "거의 불확실하지만" 이것이 "이미 어떤 비교적인 해석요소와 함께 마가본문의 기초가 되었다" 는 마가전승 속에서 마가 이전의 첨가로 평가되어야만 하는가라는 것이다.(83) 그럼에도 불구하고 그 확장이 마태의 편집으로 소급되는 것을 발견할 수 있기 때문이다. 엔누라트는 마가복음 16:8에 있는 것을 마태와 누가가 공통으로 대대적인 삭제를 감행해 제자의 몰이해와 메시아 비밀에 대한 것이 삭제된 것을 확인한다. 이것은 마태와 누가에서 공통적이지만 그것이 마가에서는 예외적이라는 것을 감안하면 아주 쉽게 설명될 수 있다고 본다.(414-416) 그러나 그 공통적이라는 것은 무엇보다 마태나 누가가 마가복음 16:8에 있는 내용을 넘어서 그들의 이야기에서 펼쳐내려고 하는 것으로 소급될 수 있어야 한다. 그래서 그곳에는 그 어떤 의미 있는 "agreement"가 더 이상 보이지 않는다.

엔투라트는 마가와 비교해서 마태/마가가 전체적으로 일치하는 것은 최소한 부분적으로 "마가 이전에 이미 개선된 새로운 마가복음서가 있었다는 흔적이 보인다"는 가정을 한다. 한 사람 예수에게 자주 사건이 집중되는 것은 본문의 발전단계에 있는 신학을 보여주지 못하고 구원자로서, 가르치는 자로서의 예수가 강조됨을 보여주는 것이다.(422, 423. 427쪽) 그러나 사실 그 일치라는 것은 대부분 마태나 누가가 마가를 사용했던 것으로 소급될 수 있다. 연구결과에 대한 전망에서 엔누라트는 누가와 마태에서 마가와 다르게 관찰되는 것들은 다른 것들 보다 더 주의 깊게 그 가치를 평가해야만 한다고 결론내린다. 그 두 복음서 저자는 대체로 "독자적인 전승과 연결된 자"로 인정해야 한다.(429). 중요한 것은 어쨌든 엔누라트가 마가의 본문역사에 대해서 질문하고 있다.(429f.) 기대 되는 것은 마태와 누가 이전에 있는 마가의 작업이 "우리가 가지고 있는 마가복음의 사본들 속에서 그 메아리를 발견했다는 것"이다. 흔적들은 아마도 textus receptus 안에서 발견될 수 있을 것으로 본다. 엔누라트가 비록 자세한 추가 작업에까지 우리를 초대하지 않지만, 우리에게 반드시 필요한 것을 아주 주의 깊게 연구했다.

헹엘(Martin Hengel)의 책은(2000)은 실제적인 의미에서 공관복음의 문제에 관한 토론을 다룬 것은 아니다. 그래서 그것은 다른 부분에서 다루어지게 될 것이다. 여기에서는 그 책 "후기"(postscript)만을 언급한다(169-207). 헹엘은 Q와 누가복음 그리고 마태복음의 관계에 대하여 소개한다.

헹엘은 "'Logia Source'의 존재에 대한 주장"을 "상당히 설득력" 있다고 표현한다. 그러나 그는 Q 연구에서 고정된 형태의 Q-본문에 대한 가정뿐만 아니라 그것이 여러 "층"으로 존재한다는 가설에 대해서는 비판적이다.(Q 연구보고에 대한 참조문헌들을 보라) 누가와 마태가 문자적으로 일치하는 바로 그 경우에는 누가가 마태

를 이용했을 가능성도 있다고 본다. Q는 그와 다르게 눅 19:12-
27/마 25:14-30 또는 눅 15:4-7/마 18:12-14 혹은 눅 14:16-
23/마 22:2-10에서처럼 큰 예외가 있는 곳에서 사용되었다고 한
다.(179f.) 직접적인 문학적 종속은 말하자면 Q가 아니라 눅 3:7-9
과 16b/막 3:7-12절에 놓여있다고 파악한다. 마태는 "Standespre-
digt"(신분에 대한 설교)가 더 이상 시대에 맞지 않아서 삭제했다는 것
이다. 유혹이야기와 가버나움의 백부장이야기도 그와 유사하다
고 이해한다.(182) 누가복음 15:11-32, 18:1-14, 19:1-10과 같은
본문들은 마태가 받아들일 수 없었다. 아마도 마태복음 21:21-31
은 "누가복음 속에 있는 사라진 아들로 마태가 입양"했을 것이라
는 것이다. 동시에 헹엘은 누가는 바울의 제자였고, "마태는 바울
을 썩 좋아하지 않았을 것"이라고 가정한다.(183) 누가에 있는 역사
적 암시는 그 저술이 시기적으로 유대 전쟁과 가까이 있었음을 나
타낸다.(186-194) 마태에서는 특히 그가 바리새인이며 서기관이라
는 근거는 없다고 본다.(194-196) 마태가 누가에 직접적으로 종속되
었다는 것은 마태복음 22:35에서 마태가 자신이 그 어디에서도 사
용하지 않는 용어인 누가복음 10:25의 νομικός를 넘겨받는 곳에서
밝히 들어난다.(196) 마태복음 23:2은 확실히 시대적으로 90/100
년을 보여주며, 또한 복음서의 끝에 있는 "trinitarian baptismal for-
mula"(삼위일체적 세례형식)은 그 저작시기가 후대임을 말하는 것이
다.(196f.와 199).

헹엘이 설명한 것들을 따르든지 그렇지 않든지 이것은 공관복
음서 문제를 해결하기 위한 토론에 중요한 동기를 제공하고 있다.

4. 개별 주제들과 각 본문에 대한 연구들

JOSTEIN ÅDNA, Jesu Stellung zum Tempel. Die Tempelaktion und das Tempelwort als Ausdruck seiner messianischen Sendung(WUNT II/119). Mohr Siebeck, Tübingen 2000, XVII+502 S. - STEPHEN C. BARTON, Discipleship and Family Ties in Mark and Matthew(MSSNTS 80). Cambridge University Press, Cambridge 1994, XIII+261 S. - SIMON CHOW, The Sign of Jonah Reconsidered. A Study of its Meaning in the Gospel Traditions(CB.NT 27). Almqvist&Wiksell International, Stockholm 1995, 244 S. - KATHLEEN E. CORLEY, Private Women, Public Meals. Social Conflict in the Synoptic Tradition. Hendrickson, Peabody Mass. 1993, XXI+217 S. - MICHAEL EBERSOHN, Das Nächstenliebegebot in der synoptischen Tradition(MThS 37). N.G. Elwert Verlag, Marburg 1993, 280 S. - ALFRED FRIEDL, Das eschatologische Gericht in Bildern aus dem Alltag. Eine exegetische Untersuchung von Mt 24,40f. par Lk 17,34f. (ÖBS 14). Peter Lang Europäischer Verlag der Wissenschaften, Frankfurt am Main u.a. 1996, 355 S. - JEFFREY B. GIBSON, The Temptations of Jesus in Early Christianity(JSNTSS 112). Sheffield Academic Press, Sheffield 1995. 370 S. - JOACHIM HABBE, Palästina zur Zeit Jesu. Die Landwirtschaft in Galiläa als Hintergrud der synoptischen Evangelien(NTDH 6). Neukirchener Verlag, Neukirchen-Vluyn 1996, X+126 S. - JOHN PAUL HEIL, The Transfiguration of Jesus: Narrative Meaning and Function of Mark 9:2-8, Matt 17:1-8 and Luke 9:28-36(AbBib 144). Editrice Pontificio Instituto Biblico, Rom 2000, 376 S. - WILLIAM R.G.LOADER, Jesus's Attitude towards the Law.

A Study of the Gospels(WUNT II/97). Mohr Siebeck, Tübingen 1997, X+561 S. - MONIKA LOHMEYER, Der Apostelbegriff im Neuen Testament. Eine Untersuchung auf dem Hintergurnd der synoptischen Aussendungsreden(SBB 29). Verlag Katholisches Bibelwerk, Stuttgart 1995, XI+472 S. - PATRICK J. MADDEN, Jesus's Walking of the Sea. An Investigation of Origin of the Narrative Account(BZNW 81). Walter de Gruyter, Berlin und New York 1997, X+156 S. - MARTIN MEISER, Die Reaktion des Volkes auf Jesus. Eine redaktionskrititische Untersuchung zu den synoptischen Evangelien(BZNW 96). Walter de Gruyter, Berlin und NewYork, 1998, XII+437 S. - HELMUT MERKLEIN, Die Jesusgeschichte - synoptisch gelesen. Verlag Katholisches Bibelwerk, Stuttgart 1995, 246 S. - ERIKA MOHRI, Maria Magdalena. Frauenbilder in Evangelientexten des 1. bis 3. Jahrhunderts(MThS 63). N.G.Elwert, Marburg 2000, XI+393 S. - KURT PAESLER, Das Tempelwort Jesu. Die Traditionen von Tempelzerstörung und Tempelerneuerung im Neuen Testament(FRLANT 184). Vandenhoeck&Ruprecht, Göttingen 1999, 304 S. - MITCHELL G. REDDIsh, An Introduction to the Gospels. Abingdon Press, Nashville 1997, 254 S. - PETER STUHLMACHER(ed.), The Gospel and the Gospels. William B. Eerdmans, Grand Rapids Mich. 1991, XXVIII+412 S. - WILLARD M. SWARTLEY, Israel's Scripture Traditions and the Synoptic Gospels: Story Shaping Story. Hendrickson Publishers, Peabody MA 1994, XV+367 S. - CHRISTOPHER M. TUCKETT(ed.), The Scriptures in the Gospels(BEThL 131). Peeters - University Press, Leuven 1997, XXIV+721 S. - ANTON VÖGTLE, Gott und seine Gäste. Das Schicksal des Gleichnisses Jesu vom grossen Gastmahl(Lukas 14,16b-24; Matthäus 22,2-14)(BThSt 29). Neukirchener

Verlag, Neukirchen-Vluyn 1996, 94 S. - TIMOTHY WIARDA, Peter in the Gospels. Pattern, Personality and Relationship(WUNT II/127). Mohr Siebeck, Tübingen 2000, XIV276 S. - PETER WOLFF, Die frühe nachösterlich Verkündigung des Reiches Gottes(FRLANT 171). Vandenhoeck&Ruprecht, Göttingen 1999, 144 S.

다음에는 무엇보다 (공관)복음서와 전체적인 관련을 가지고 있는 세 권의 책을 소개한다. 그리고 그 작업 속에서 둘 혹은 세 복음서를 관통하는 중요한 질문을 제기하는 연구들을 다룬다.

1. 쉬툴마허(Peter Stuhlmacher)가 1991년 편집한 논문집은 1982년 미국에서 간행된 『Das Evangelium und die Evangelien』에 관한 것이다. 독일어 논문들은 바우던(John Bowden)이 번역하고 영어 논문은 그대로 출판했다. 당시에 행한 나의 비평을[7] 여기에서 다시 언급할 필요는 없을 것 같다. 새로운 것은 굴리히(R.A. Guelich)[p. XIII-XXVIII]가 『예수 세미나』와 SBL/AAR-모임이라고 표현한 미국에서 있었던 토론상황을 정리한 "개요"이다. 그는 한 장을 할애해 예수에 대한 역사적 질문을 하면서 여러 다른 저자들이 다루는 텍스트에 전혀 역사적 근거가 없었을 것이라고 정리했다. 거기에서처럼 여기에서도 예수와 텍스트 사이에 있는 역사적 간격이 무시되고 있으며, 복음서 안에서 진정 복음으로 인정되는 것은 제외해야 한다.(p.XVI) 이어서 굴리히는 16개의 소논문을 내용에 따라 개괄한다. 하지만 람페(P. Lampe)와 루쯔(U. Luz)가 상호간에 한 질문이 들어있는 "토론에 대한 전망"은 다루지 않는다.
일찍이 작고한 메어클라인(Helmut Merklein)의 책 『공관비교로 읽

---

7) ThR 49(1984) 272-274을 참고하라.

은 - 예수이야기』(Die Jesusgeschichte - synoptisch gelesen)는 같은 내용이 짧은 기간 안에 각각 다른 형태로 1994년 SBS 156으로 그리고 일 년 후에 새로운 표지에 확대된 형식과 글씨로 출판되었다. 메어클라인은 공관복음서 전승을 전체적으로 분석하면서, 그에게 있어서 주요 관점은 "내용에 따라서 공관복음 읽기"라고 한다.(8) 메어클라인은 많은 텍스트에 대한 전혀 특별한 해석이 필요하지 않다고 강조하며, 중요한 것은 천년을 이어온 다리를 부수어야 한다고 말한다. 다시 말하면 텍스트의 진술이 "인간 실존의 조건과 현재의 삶의 경험을 함께 전달해야 한다는 것"이다.(9) 주로 이야기 식으로 또한 동시에 주석적으로 정보를 주는 이 분석은 마가를 잘 보여주고 또 각각 마태와 누가가 추가한 "작업"도 해석한다. 많은 분량의 부설을 포함한다.(21-23 세례자의 설교 또는 [106f.] "마가복음 4장에 대한 문학 분석과 전승사") 각각에 대한 분석 후에 간략한 요약도 포함하고 있다. 참고문헌이 언급되지 않았지만 끝에 몇 권의 주석을 선택적으로 싣고 있다.(245f.) 이 책은 본문을 번역하지 않았다. 메어클라인은 공관대조서 사용법을 추천한다.(9) 확실히 이 책을 "학문적"이라기에 약하지만, 공관복음서를 정독하며 읽을 때 도움이 된다는 목적은 달성했다.

반드시 검토해만 하는 것이 레디쉬(Mitchell G. Reddish) [1997]의 『개론』이다. 이 책은 복음서를 어떻게 읽어야 하는지 안내한다. 특징적인 것은 각각의 복음서에 대한 설명 후에 비교적 포괄적인 "읽기 지침"을 두고 있다는 것이다.

레디쉬는 1장에서 아주 잘된 "4복음서의 형성"(마가우선설에 기초한 두 자료설과 요한복음이 공관복음서와 문학적으로 독립적이라는 것, 31쪽 이후와 34에서)을, 2장에서는 "복음서의 세계"를 간략하고 개괄적으로 설명한다.(44-72) 마가복음에서는(3장) 특히 응용기법과 화자의 전지적 작가시점에 대한 활용 등, 내러티브적 성격이 강조된다.(79-81) 레디쉬는 마가복음에 있는 "메시아 비밀"을 인정한다. 16:8에서 결론은 아마도 독자들이 자신의 삶속에서 이야기를 이어가라는 초청이 아닌가 생각한다.("복음서의 결말은 계속 씌여진다", 106) 마태복음에서 레디쉬는 마태가 마가복음의 가난한 사람에 대한 부분을 변경하거나 삭제한 것으로 보아 마태공동체가 부유한 공동체일 것이라고 가정한다. 즉, 비유에 나오는 금액을 증가시키거나 아리마대 요셉도 부유한 사람임을 강조하고 있다는 것이다.(109) 유대인에 대한 설명에서 그 공동체는 참된 하나님의 공동체라고 증명한다.(120) 28:20에서 레디쉬는 1:23과 테둘룸을 이룬다고 지적한다(143). 누가복음과 요한복음에 관하여도 적절하게 설명하고 있다. 정경이 되지 못한 복음서들에서 레디쉬는 외경에는 예수에 대한 중요한 정보들이 많이 포함되어 있지 않다고 본다.(어떤 학자들은 그렇게 말하지 않지만) 그는 극히 개론적인 평범한 평가를 내린다. 그렇지만 "어떤 이의 연구가 먼저 가정되어서는 안 되며, 각 전승에 대한 연구 후"에 그것을 논의해야 한다.(216)

이 책은 정경의 역사를 간략하게 설명하고 예수전승의 진정성에 대한 전망을 밝힌 후에 끝을 맺는다.(230-240) 각주에 대한 부분은 간략하지만(241-245) 참고문헌(영어자료만)들은 이 책의 목적에 맞게 충분하다.

2. 다음에 소개되는 연구들은 다양한 주제를 다룬다. 미하엘 에버손(Michael Eberson)이 1993년 마부룩(Marbrug) 대학에 박사논문으로 제출한 『이웃사랑의 계명』은 폭넓은 연구이다. 이 이웃사랑의 계명을 포함하는 텍스트가 "구체적으로 무엇을 의미하는가"에 대

한 질문이 "지금까지 충분히 대답되지 않았고 아주 가끔 토론 되었다"고 평가한다.(3) 에버손은 레위기 19:18에서 출발하여 누가 각각의 주체("너"), 객체("이웃") 그리고 서술사("사랑한다")가 무엇이며, 이야기하는 사람이 누구인지를 질문한 후 그 비교점("네 자신처럼")을 어떻게 보아야 하는지 묻는다.(5쪽 이후). 복음서와 연관된 이 질문에 대한 대답은 끝에 가서 명시적으로 제시된다.(246쪽 이하). 여기서 너는 모든 복음서에서 기독교 공동체를 말한다고 본다. 이 이웃은 마가에서(또한 구약에서) 나오는 사람과 동일하다고 소개한다. 마태에서는 이 사람이 도움이 필요한 사람과 적대자로, 그리고 누가에서는 "위험에 처한 모든 사람"으로 나타난다. 사랑한다는 마가에서 다시 구약성서와 일치하는데, "동등한 사람에 대한 보호와 존경의 태도"이고 마태와 누가에서는 "자비와 위험을 해소하는 태도"와 보상을 거부하는 것이라고 본다. "전하는 사람은 표면적으로 예수이지만 근본적으로는 하나님 자신이다." 그리고 바로 그 권위에 의해서(이성이 아니라) 이웃사랑이 근거를 갖는다고 주장한다. 자기애(自己愛)가 비난 받는 것은 아니지만, "위험에 처한 사람이 요청한 사랑이 그것을 결정하는 척도라면" 마태와 누가에서는 그런 의미가 상실되었다.

이런 결과가 신중한 주석 작업을 통해서 얻어진다. 구약의 증거들에 대한 연구(16-55)는 레위기 19:18ab에 있는 이웃사랑의 계명이 포로기 동안 일련의 율법적 금지 조항 문맥 속에서 이스라엘 사람들에게 요청되어 첨가되었다고 본다. "거의 반사작용으로, 억지로, 싸움과 다툼으로 하지 말 것"이라고 씌어 있다. 이 의미는 "같은 민족에게 속한 가족과 같은 사회적 계층"에 관한 것을 말하는 것이다. 이 관점에서 가난한 자와 외국인은 주변에 머물렀을 것이라고 파악한다. 그래서 19장 34절에서는 "이슬라엘 땅에 사는 외국인"이 포함되고 LXX에서는 개종자로 제한된다.(54쪽 이하; 52-54에서 에버손은 탈굼의 단어들을 짧게 소개하면서, 탈굼은 그 생성시기 때문에 신약성서의 이전 역사에 포함되지 않았을 것이라고 짐작한다). 이 연구는 계약적 문헌들을 광범위하게 도입한다.(56-142) TestXII에서 이중계명이 발견되는 반면에(T Iss 5:2: ἀγαπᾶτε κύριον καὶ τὸν πλησίον 84-87), 쿰란에서는 "사랑하다"가 공동체 안의 관계성에의해 요청되고 밖에 있는 사람은 증오할 것을 말한다.(1QS 1:1-11) 인상적인 것은 레위기 19:18에 대한 명시적 인용을 전혀 찾아 볼 수 없다. 이것은 필로에서도 마찬가지라고 한다. 그런데 이와는 다르게 공관복음 전승에서 이 계명이 예외 없이 인용된다. 마가복음 12:28-34에 있는 서기관들과의 대화를 통해서 분명히 알 수 있는 것은 이 이중계명이 "이미 유대교 안에 형성되어 있었다." 복음서 저자는 기독교가 "유대교에서 유래"되었다는 이해를 보여주려는 의도가 있다. 그러나 동시대의 유대교와는 첨예한 대결 속에 있다는 것도 보여주려 한다. "이웃"은 "자기들만의 집단으로 제한되고 이것이 신명기 6:4를 통해서 이스라엘로 굳어졌다."(179와 181) 에버손은 이런 추론이 마가복음 12:28-34과 이중계명을 포함한 구절을 제외하면 불가능하다고 이해한다. 오히려 그는 마가를 그 구절의 저자로 본다.(241) 그러나 마태에서는 그 강조점이 비켜갔다고 여긴다.(마 5:38-42, 19:16-22에서 이웃은 바로 가난한 자들이다) 그래서 복음서 저자는 유대교와의 차이점을 지적하고 싶어 한다.(210) 누가는 이중계명을 10:25-37에서만 사용하고 그것은 "각각 다른 상황에서 먼저 구체화되어야만 '형이상학적 윤리'의 한 문장"으로 볼 수 있다. 누가는 사람으로서의 이웃에는 전혀 관심이 없고 오직 "실천하는 사랑이 중요한 것이다."(238 이하) 끝으로 에버손은 이중계명의 "전승사"를 현재와 연결시켜 전망하고 요약한다.(248-254) 이 책은 "이웃사랑"이 구체적으로 무엇을 의미하는가에 대한 질문에 어느 정도는 분명하고 덜 감성적인 대답을 줄 수 있을 것으로 기대한다.

콜리(Kathleen E. Corley)가 클레어몬트대학에서 연구한 박사논문 (1993)은『원시기독교 안에 있는 여자』들의 역할이 당시의 사회를 변화시킨 배경에 관한 연구를 했다. 이 연구는 특히 여자들이 공동식사에 함께 참여했는가에 대해 질문한다.("형식적으로 일상적 식사와 잔치자리") 이 질문은 로마시대에 다양하게 대답될 수 있다.(p. XXI) I 장에서 콜리는 연구사를 짧게 조망 후에(3-21) 당시의 컨텍스트를 설명한다.(24-79) 그녀는 풍부한 자료를 통해서 공식적으로 그리스-로마의 "식사관"(meal ideology)에 일치하게 여자들이 "공적인 식사"(public meals)에 "유흥"(promiscuous) 혹은 "접대"(prostitutes)에 국한해서 참여한 것을 보여준다. 그러나 이런 특징을 더 이상 수용할 수 없게 발전되었다고 본다. "제국의 초기에 공적인 식사에 참여했다는 것은 단지 그레코-로만시대의 여인들에게 자유를 제한한 측면이 있다." 그러나 "예수운동" 속의 여인들에게는 그 자유가 부여되었다.(79)

II장에서 콜리는 공관복음으로 향한다. 그녀는 먼저 명시적 혹은 암묵적으로 여인들에 관하여 말하는 마가의 텍스트를 조사한다.(말하자면 마가가 생생하게 이야기하는 방법으로 헬라영주들의 천박함과 잔치를 배설하는 행위를 묘사하고 있는 2:14-17 또는 6:14-29) 눈에 띄는 것은 마가가 예수 주변의 여인들을 전혀 "거스리는" 인물로 보지 않는다. 명시적으로 남자가 여자와 함께하는 공동식사와 그들이 공공연한 장소에서의 대화하는 장면이 나타나지는 않는다. 그러나 한편으로 의미 있는 것은 "예수 주변에 앉아있는 여인들이 헤로디아의 딸과 비교가 된다." 복음서 저자는 전혀 그들을 '포르나이'(창녀)라고 표현하지 않았다.(107) 누가에서 8:1-3은 여인들이 공동체에

서 지도적 역할을 수행하지 않았다는 것을 말한다.(110-119) 누가
는 전통적, 사회적 계층구조에 대한 질문을 하지 않으며, 마가와는
달리 예수 주변에 있었던 여인들의 존재를 분명히 한다. 누가복음
7:36-50을 따라 콜리는 여인의 죄가 이미 과거에 용서받았다(48
절!)는 주석을 한다. "그러한 여인이 식탁에 함께 참여하지 않고 예
수의 발 앞에 머물러 있는 것은 그레코-로마의 관습에 따른 누가
의 관심이다."(130) 누가복음 10:38-42에서 콜리는 쉬슬러-피오렌
자(Eisabeth Schüssler-Fiorenza)를 따라 여인들은 아마 첫째로 10:1 이
하에서처럼, 먼저 파송되어 방랑설교자들의 숙식을 준비하는 임무
를 했다고 생각한다. 이 이야기에서 확인할 수 있는 것은 공동체를
이끄는 여자 지도자가 실제로 있었다. "비록 사회적, 신학적 이유
에서 그들의 적극적 활동이 교회의 직제가 발전함에 따라 약화되
었지만."(142와 144) 마태에서 여인들은 급식기적이야기에서 특별히
언급된다.(14:21과 15:38) 이 두 이야기에서 말하는 것은 모든 사람
이 마태의 식사공동체에 초대되었다. "그들이 유대인이거나 이방
인이거나, 노예이거나 자유인이거나, 젊은이거나 늙은이거나, 남
자이든 여자이든."(164) 그리고 아마 예수 어록자료의 영향으로 마
태는 사람 중심적으로 보이며, 남자와 여자가 함께 공동식사를 하
는 유일한 경우를 보여준다. "마태는 평등한 공동체의 상을 그린
다."(178) "공관복음에서 가장 유대적인 그리스도인들이 가장 평등
한 교회론을 노출한다."(186)

콜리의 책은 그녀의 문제제기에서부터 이미 원시그리스도교의
(사회)역사에 대한 새로운 관점을 실지로 개척했다.

런던에서 연구된(1994) 바톤(Stephen C. Barton)의 박사논문은 콜리
의 연구와 유사하게 유대와 그리스-로마에서 나온 자료들의 배경

에 있는 사회적 실체성을 마가와 마태에서 특히 가족상태와 제자
도의 관점에서 질문한다. 바톤은 "복음서 연구에서 역사비평방법
의 주도권을 잡았다고 해서 그것이 해석적 무질서를 유도하지는
않는다"는 것을 증명하기 위해서 "양식비평, 편집비평, 문학비평
그리고 사회학적"읽기의 관점과 일치하는 텍스트에 관심을 기울
인다고 강조한다.(21과 22)

　　바톤은 2장(23-56)에서 1세기 세계의 종교와 가정에 대한 유대
적 이해를 견유학파와 스토아학파의 컨텍스트에서 설명한다.(필
로, 요세푸스, 쿰란) "하나님에 대한 충성과 하나님의 뜻을 향한 헌신
은 가족을 초월하고 그들의 하부구조를 정당화한다." 견유학파와
스토아학파의 텍스트에는 심지어 "가족을 적대시"하는 말들도 있
다.(55f.) - 3장(57-124)에서는 이에 해당하는 마가 텍스트(1:16-20,
3:20f.와 31-35, 6:1-6a, 10:28-31, 13:9-13)에 대한 해석을 시도하여 본래
마가는 가족을 적대시하지 않았다는 결론을 이끈다. 복음서 저자
는 해체될 수 없는 부부관계와 "가족관계의 연속적인 유효성을 -
사실 혁신적으로 새롭다 - 이것은 요즘에도 마찬가지"라고 강조한
다. 여기에서 이방인을 "예수의 종말론적 가족"으로 이해하는 열
려있는 "새로운 공동체 모임"이 발생한다고 본다.(122) 마가는 혈연
집단(혈연으로 묶인)의 관점을 비관적으로 본다. - 마태 텍스트(4:18-
22, 8:18-22, 10:16-23과 34-36 그리고 37f., 12:46-50, 13:53-58, 19:10-12와 27-
30)에 대한 바톤의 해석은 4장에 나오는데, 이 주제가 마태에서도
역시 변함없이 나타나고 있다. 마가에서처럼 가족집합체가 부부
관계를 제외하곤 "예수의 제자도에 대한 요구에 따라" 상대화된
다. 즉, 복음서 저자의 이런 시도를 "가족의 초월화"(suprafamilial)로
말할 수 있다. "세상적이고 세속적인 것에 얽인 모든 것들은 새로
운 종말론적 실재에 종속되어야 한다."(217f.) 누가에 대한 짧은 조
망에서 바톤은 여기 "예수의 모친과 형제들의 모습에 어떤 새로운

수정"이 발견된다는 것을 강조한다. 또한 동시에 "가족과 소유로 엮인 관계 속에서 선교적 제자도가 아주 강조되어 있다." 왜냐하면 오직 누가만이 아내를 버리고 떠나야만 한다고 말하기 때문이다.(14:26, 18:29, [223])

바톤의 연구는 방법론적으로 정확하고 중도적 입장에서 잘 정리된 인상적인 결과를 도출했다.

지겐(Siegen) 대학에서 연구한 로마이어(Monika Lohmeyer)의 박사논문(1994)은 재미있는 관점에서 출발한다. 즉, 공관복음서에 나타나는 파송설교가 신약성서에 나오는 사도개념을 이해하는데 어떤 통찰을 줄 수 있는가를 질문한다. 로마이어는 ἀπόστολος에 대한 전반적이고 비평적인 아주 가치 있는 연구사로 시작한다.(1-122) 연구를 위한 전제에서 그녀는 명사형이 아니라 동사 - ἀποστελλειν에서 시작해야 한다고 전제한다.(120f.과 443을 참조하라) ἀποστελλειν과 πέμπειν에 대한 성서와 성서외적인 용례에 대한 분석에서 ἀπόστολος가 동사에 밀접한 개념으로 "보냄을 받은 사람"이라는 의미 있는 결론에 이른다. 신약성서의 용례에서 이것이 비록 호칭으로 사용되지만, 파송의 말 안에는 명사형뿐 아니라 동사형과도 직접적 연관이 있다.(158f.)

로마이어는 제자파송의 말을 마가복음 6:7-13 보다 오래된 것으로 보이는 Q에 따라, 즉 마 9:37f., 10:5b-16과 40/눅 10:2-16(164-191, 본문재구성은 191)을 분석한다. 역사적 진정성에 대한 질문에서 그녀는 "선교"라는 화두를 가지고 설명한다. 그것은 "예수에 의한 파송에서, 선교가 문제가 되었던 것이 아니다. 왜냐하면 보냄을 받은 자들이 선교적 활동의 하나로 수신자들에게 쓴

것이 아니라, 그들은 단지 결단 앞에 조건 없이 서 있기 때문이다."(209)[8] 이 Q 텍스트에 있는 제자파송의 말(246-293)에 대한 분석은 가장 오래된 형태의 말로 보냄을 받은 자(Boten)를 "하나님의 심판에 함께 일하는" 종말론적 추수꾼으로 이해하고 있음을 보여준다. 그들의 사명은 "예수의 사역에서부터 기인하는데, 그 이유는 자신들을 보냄을 받은 자로 이해한다는 것으로 표현된다."(291) 이어지는 Q 텍스트(294-343)에 대한 연구는 누가복음 9:57-10:22Q를 제외하곤 보냄을 받았다는 것이 전혀 어떤 역할도 하지 않는다는 결론에 이른다. 이 보다 앞서 나온 말들에서 "보냄을 받는 자에 대한 관심이 다시 예수에 대한 관심으로 돌아간다."(340) 로마이어가 강조하는 것은 Q에도, 즉 누가복음 11:49에도 ἀπόστολος라는 말이 있다는 것이다. 그리고 그 개념은 "일반적, 개인적, 비전문적 의미"를 가지고 있고, 또한 누가복음 13:34f.Q에 있는 ἀπεσταλμένος처럼 "선지자로 여겨진다." 즉, "모두 하나님이 보낸 선지자처럼 활동하고 박해를 받았다."(308과 342)[9] 마가(345-364)에서 ἀπόστολος는 6:7을 설명하기 위해서 6:30에만 나온다.("파송보다 더 중요한 것은 선포이다. 그래서 파송과 연결되어 있는 사도의 개념은 마가에서 더 이상 중요한 역할을 하지 않는다.", 363) 마가복음 3:14에 있는 본문비평적인 문제와 네슬-알란트 26판 이래로 우세한 독법에 대한 것은 다루지 않았다.

---

8) 만일 로마이어가 "먼지를 떨음"(마 10:14Q)과 심판의 말[눅 10:12와 14Q])이 "정확히 기독교의 선교에 해당 되지 않는다"고 이해한다면, 사실은 아니지만(!), 그것들은 "구원과 멸망사이의 결정"을 의미한다. 그래서 그것이 나에게는 새로운 오해로 보인다. 여기에는 전혀 원시 그리스도교의 선교와 배치되는 것으로 보이지 않았다(또한 245를 참조하라: 눅 10, 9Q에서도 그것이 "전혀 선교에 관한 설교가 아니라 단지 하나님 나라의 도래를 선포하는 것"이라고 한다. (255: 추수의 상(像)은 "무엇을 거두고 무엇을 멸할 것인가를 이미 전제하고 있다", 선교는 그와 반대로 "아직 더 발아하지 않은 씨의 과정과 연관이 있다. 어떤 씨에 관한 것인지"가 문제라는 것이다)

9) 로마이어는 305-308에서 그의 텍스트 재구성을 위한 장황한 논증을 제시한다. 그러나 "비평본"(Critical Edition) [아래를 보라]에서는 ἀπόστολος가 그와 반대로 Q 텍스트 재구성을 위한 중요한 부분이 아니다.

마태에서는(364-394) "만일 마태복음 10:6에 있는 μᾶλλον과 28:19에 있는 τα ἔθνη를 폭넓게 해석한다면", 파송의 세계화란 관점에서 한편으로 9:35-11:1에 그리고 다른 한편으로 28:19f.에 전혀 긴장이 발생하지 않는다고 본다. 10:5b와 6은 단지 마태가 "유대인 선교를 제외"하려고 하지 않았다는 것만을 말하려 했다.(386과 387) - 이것은 최소한 논란의 여지가 있는 해석이다. 10:2에 있는 사도의 개념은 돌발적인 것이다. 마태에서 "12사도"라는 표현은 12로 구분을 짓는 것이 아니라 그 속에서 복음서 저자가 "파송이라는 틀 속에서 기능적 개념"을 보고 있다.(393) 아주 간략하게 다룬 누가복음에서(394-409) 로마이어는 여기에서도 사도의 개념이 "기능적"(눅 24:10)이라고 판단한다. 왜냐하면 "파송을 부활하신 분과 연결하기" 때문이라는 것이다.(408) 그래서 로마이어는 결론적으로 "ἀπόστολοι는 파송과 결합된 기능적 개념이다." 그것은 또한 공관복음도 "파송전승과 사도개념이 결합되는 중간시기의 산물이라는 추측이 전혀" 불가능하지 않으며(410), 그것을 바울의 자료에서 확인할 수 있다는 것이다.(435)

하베(Joachim Habbe)는 그가 에어랑엔대학에서 연구한 박사논문(1996)에서 갈릴리의 지방경제에 대하여 설명한다. 첫 번째 장(10-94)에서는 공관복음에서 알 수 있는 텍스트에 예속됨이 없이 폭넓은 실상을 다룬다. 그런데 그 설명이 약간 개략적이고 동시에 너무 많은 참고문헌들을 연속해서 소개하고 있어, 가끔은 사전적 설명에 그친다는 느낌을 갖게 한다. 눈에 띄게 짧은 두 번째 장(95-119)에서는 복음서에 대한 "지방경제 주석"이라는 의미와 부합한다. 이 장에서는 주로 단어나 개념에 관한 설명이 정리된다. 하베는 먼저 마가복음과 연관해서 다루는데 그 평가의 기준들이(103) 모호하다. 그는 마가가 "지리에 익숙"해 보이지만 마가복음 5:1에서 "거라사는 아주 낯선"(98참고) 곳으로 표현하고 있다. 반면에 2:23에서는 밀 이삭을 자르는 곳이라고 소개하며, 6:39에서 푸른 잔디를 언급하기 이전에 이미 "지방의 풍경을 잘" 알고 있는 것처럼 표현하고 있다. 4:26-29에서 마가는 겨자씨가 야생으로 자라는 것이라고 옳게 가정한다.(98참고) 그러나 거기에서 하베는 σπάρη가 무엇을 의미하는지 말하지 않는다. 이어지는 Q 텍스트(103-107)에 대한 고민도 그렇게 설득력이 있는 것은 아니다. 하베는 "지방경제와의 관련 속에서 Q 자료는" "기원후 1세기 후반 팔레스틴적인 배경을 말하고 있지 않다"는 언급으로 끝낸다.(107) 마태와 누가의 특수 자료에 대한 내용(108-116)은 기본적으로 달만(Dalman)의 것을 넘겨받았다. 이 책에는 결론적 요약이 없다.

집슨(Jeffrey B. Gibson)이 옥스퍼드대학에 제출한 박사논문(1995)은 예수의 시험을 다룬 복음서 본문들을 연구한다. 간략한 부록(325f.)에서 πειράζω에 대한 고대 헬라자료들이 포함되어 있다.(수잔 R. 가레트 [Susan R. Garrett]가 마가에 나오는 예수의 시험을 다룬 것은 이 연구동향의 마가부분에서 논의된다) 집슨은 마가복음 1:12f.에서 그 원자료들을 조사한다. 여기에서 중요한 것은 Q-전승의 요약보다 마태복음 4장과 누가복음 4장에 있는 것이다. 이 두 본문이 "분리되어 보이지만 확실히 원자료로 귀속되는 공통자료의 이야기와 겹친다"라는 질문에 대해 비교적 긍정적 대답을 하려고 한다.(40f.) 마가복음 1:9-13의 분석에서 그 본문이 전통적으로 마가 이전의 자료들을 포함하고 마가가 그것을 변경하지 않았다는 결론에 이른다.(48) "사탄에 의해서 시험을 받는다"라는 표현은 "예수의 종교가 갖고 있는 신실함이 시험을 받는다"는 경험과 관련이 있다.(60) 이것을 신명기 8:2에 일치하게 그 장소("광야", ἡ ἔρημος가 정관사와 함께 사용된다)와 40일이라는 시간의 경과가 표현된다고 생각한다.(62-64) πνεῦμα를 언급하는 것은 그 사건의 배후에 하나님이 있음을 보여주는 것이다.(64) 또한 적대적(!)으로 묘사되는 짐승들과 수종드는 천사(시편 91:11-13 LXX; Test XII Iss 7:7참조)는 무대 배경에 속한다고 본다.(65-69) 시험 내용은 세례 장면과 마가복음의 전체적인 컨텍스트와의 연관 속에서 전체적으로 예수가 신적인 결정 앞에 순종할 준비가 되어있는지를 시험한다. 즉, "그것은 아들로서 그 사역을 완수하고 승리하기 위하여 생명을 취하기보다는 고난과 죽음에 순종한다는 것"이다.(78) 그 대답이 1:13b에 주어졌다고 본다. 비록 이야기가 다르지만 Q도 같은 내용을 갖고 있다.(83-118)

집슨은 이어서 마가복음 8:11-13을 연구한다. 마가의 컨텍스트에서 8:1-13은 "예수가 그런 표적을 행하는 가운데 그 자신이 마가복음 전체를 관통하며 승리, 독재, 전횡적 행위를 정죄하고 그 반대편에 서있기 때문에" 요청하는 "표적"을 증명해야 하는 것을 의미한다고 본다.(194). Q 병행인 눅 11:29b/마 12:39b에서 이런 표적 요구는 또한 "그에게 주어진 하나님의 명령에 순종하려는 의도를 시험하는 것을 포함한" 하나의 "종교적" 시험으로 간주할 수도 있다.(211) 그런 시험이 또한 가이사랴 빌립보의 장면인 마가복음 8:27-33에도 포함되어 있다.(집슨은 예수가 33b절 안에 있는 말과 함께 직접적으로 29절의 반응을 보이는 대본이 있다고 생각한다) 마가에게는 예수가 "그의 메시아로서의 임무를 해방전쟁을 통해서 완수"하려고 했었는가가 문제였다. 그 대답은 마가가 "예수가 입양된 메시아로서 하는 행위가 '의미하는 것'은 '사람의 방법'과는 심각하게 대결하고 있는 것"(253)으로 표현한 마가복음 14:32-42의 겟세마네 장면에서 대답이 된다.(237) 마가복음 10:2-12에는 토라를 거부하든지 그렇지 않으면 헤롯 안티파스의 결혼을 비판하든지를 묻는 시험이 들어 있다. "그가 하나님의 뜻에 순종하든지 그렇지 않든지

만일 그런 순종이 그 자신의 파멸을 가지고 오는 것을 포함한다면,
또 만일 그런 일이 일어나지 않는다면, 그래서 순종할 수 없다면,
그는 '그 자신을 구할 수' 있었을 것이다."(287) 세금에 관한 질문(막
12:13-17)에서 도마복음(EvTh 100)은 (결론 없이) 전승사적으로 가장
오래된 원형을 제고한다고 여긴다. 마가는 크레이아로부터 논쟁대
화를 만들었다. 거기에서 예수는 그 대본이 전혀 변경 없이 객관적
으로 보여주는 것처럼, 찬성과 반대의 문제로부터 분명히 도피하
고 있다.(288-317) 그것은 초기 기독교가 예수의 오심을 "격앙된 정
치적 성향"으로 보았음을 말한다. 그래서 "중심이 되는 것은 주로
개인적인 경건이나 윤리에 대한 물음보다는 오히려 유대 민족의
운명을 위한 적절한 행보"이다. 깁슨은 복음서 저자가 지난 과거를
표현하는데 몰두했다기보다는 오히려 그의 독자들이 "그런 관점
에서 특별하고도 즉각적인 권면이 필요"해서 중요하게 다루고 있
는 것이다.(321과 323)

움살라대학에 제출된 박사논문에서(1995) 초우(Simon Chow)는
요나의 표적(마 12:15-50, 눅 11:14-36 과 Q)에 관한 전승을 연구했다.
그에게는 특히 각각의 커다란 연결점들이 중요한 관찰 대상이
다.(22f.) 초우는 먼저 요나서에서부터 요세푸스와 위-필로문서인
『De Jona』 그리고 미쉬나에 전승된 기도(2장, 25-44)에 이르는 다양
한 유대전승 속에 나타난 요나해석을 제공한다. 복음서 텍스트에
대한 다양한 분석이 각 장별로 따로 연구된다.

마태에서(45-93) 요나는 죽음과 부활을 위해서 나타나는데
12:41절에는 이방선교에 관한 특별한 강조점이 전혀 없다고 지적
한다.("이방인들은 벌써 마태교회의 한 일원이다", 88). 마태공동체는 왜 유
대인들이 예수의 메시아 됨을 거부했는가와 누가 참된 하나님의

백성인가라는 질문 앞에 있다. 마태는 그 질문에서 예수가 이사야 42장에 있는 예언을 성취했다고 대답한다. 예수는 바알세불보다 능력이 있으며 요나와 솔로몬을 능가하는 분이라는 것이다. 하나님의 백성이 되는 척도는 "이스라엘에 연결된 생물학적 고리가 아니라 하늘에 있는 아버지의 뜻을 행하는 것이며, 바로 그것이 유대인과 이방인이 똑같이 하나님의 새로운 백성에 속하는 기준"이다.(90) 요나의 표적이 모든 이에게 말하는 것은 누가 예수의 부활을 거부하고, 누가 하나님의 백성에서 분리되는가에 있다. 그러나 믿는 자들은 표적을 갖고 있다. "이방인들의 위상은 니느웨 사람과 남방 여왕이 대표한다고 생각한다. 전체로서 이 경우에 관한 유대인들의 견해는 ὧδέ ὅστις라는 말로 표현되고, 50절의 현재시제가 이 구절에 들어 있는 훈계와 선교를 확증한다."(91쪽: 짧은 부설에서 초우는 마 16:1-4를 다룬다. 92f.) 누가복음 11:14-36(95-145)에 대한 분석에서는 30절에 있는 결정적인 진술이 사도행전으로부터 이해되어야만 한다. "교회의 선포는 예수가 지금 살아 있다는 것을 증거하는 것이다. 교회의 선포를 받아드리는 것은 예수의 부활을 받아드리는 것이다. 따라서 요나의 표적은 교회의 선포에 관계된 것이다."(117) 그러므로 분명한 것은 "요나의 표적"이 파루지를 의미할 수 없다는 것이다.(142) 누가는 더러운 귀신이 되돌아온다는 비유를 추가함으로, 하나님의 말씀을 φυλάσσειν하는 것에 가치를 두고 있으며 목회적 관심을 드러내는 있다고 한다.(11:24-28) "누가의 관심사는 가능한 한 배교에 대항하는 것이다."(145) 초우는 Q가 마태 텍스트 순서의 원형을 보존하고 있다고 본다. 요나의 표적은 파루지에 임하는 인자를 의미한다.(167) 귀신에 대한 인식과 그의 능력 그리고 적대자들의 생각을 읽어내고, 또 귀신을 쫓아내는 표적이 오시는 하나님의 아들 됨에 대한 요청 속에서 예수의 현재적 능력을 나타내는 방법을 보여주는 것이다.(171) Q에서 강조되는 것은 이스라엘이 돌아올 수 있는 기회가 남아 있다고 본다. "심판의 선언은 동시에 회개의 촉구이다."(173). 끝으로 초우는 초대교회에 있는 신약성서 이후의 요나전승(175-210)을 그림과 조각에 이르기까지 설명한다.(사진첨부 199-201)

초우와 비슷한 질문이 크렘머(J. Kremer)의 지도 아래 프리들(Alfred Friedl)이 빈(Wien) 대학에 제출한 박사논문에서 발견된다.(1996) 프리들은 마 24:40f./눅 17:34f.의 Q에 있는 심판의 말을 연구한다. 거기에서 그 본문들은 각각 현재의 본문형태 속에서 관찰된다. 형식과 내용적인 구분 뒤에("본문학" [Textologie], 17-38) 모든 주석방법이 동원되어 분석된다. 서문의 제일 앞에 본문비평(39-74, 7Q8이 누가본문 17:34절을 위한 증거가 될 수 있는가라는 질문을 하고 그것을 거부하는 짧은 설명을 한다.[57f.] 또한 특히 눅 17:36의 관점에서 D사본의 독법이 "원형"인가에 대한 자세한 논쟁을 담고 있다[68-74])이 이어서 상세한 공시적 분석(75-215, 여기에 꼭 읽어볼 만한 고대아시아와 유럽의 문헌자료들 속에 나타나는 심판의 개념이 종교사적으로 개괄되어 있다, 190-205)이 예수의 심판의 말과 연결되어 나온다.(201-205) Q에 전제된 "삶의 자리"(Sitz im Leben)는, (첫 번째 부분인 "통시적 분석"에서 이 주제가 이미 암묵적으로 다루어졌다) 그는 두 가지의 상황이 가능하다고 본다. 역사적 예수에 관한 개별 정보를 가지고 있는, 아마도 거기에는 예수의 종말론적 진술에 대한 내용을 담고 있을 세례 이후 교육 혹은 "예수를 전달하는 기능을 가진 … 독립적인 주의 말 전승."(215, 내게는 이 두 가지의 차이점이 그렇게 두드러져 보이지 않는다) 프리들은 Q는 절대로 독립적인 문서가 아니라 부록으로 마가를 정정하고 보충하는 자료들을 가지고 있다고 주장한다.(217) 그것은 그리스어 단어로 확실하게 재구성할 수 없고 아마도 아람어에서 역으로 번역되었을 가능성이 있다고 생각한다.(226) 심판의 말에 대한 진정성 여부는 근본적으로 잘 추적되었다.(227f.) 도마복음(EvTh 61a)과 공관복음서의 문학적 관계에 대한 질문이 조심스럽게 연구되지만 그 끝에 대답을 내 놓지는 않는다.(228-240)

이 책에는 "영향사"가 자세히 소개되었다.(245-304) 역사비평적 주석이 "바로 이 위대한 정신들에 얼마나 책임이 있는지, 그리고 그것이 성서텍스트를, 가령 우리가 반유대적이라고 하는 구절들에 포함된 명백하게 틀린 해석을 피하기 위해서 그 방법에 따라 조심스럽게 연구하는 것이 과연 어떤 의미가 있는지"를 보여준다.(245) 물론 프리들은 영향사라기 보다는 오히려 교부들로부터 중세의 신학자들 그리고 종교개혁가들과 16세기의 신학자들, 끝으로 J. A. 벵엘(J. A. Bengel)과 K. 바르트(K. Barth)의 [프리들은 이런 해석들 속에서 납득할 만한 설명도 없이, 단호한 "반유대주의"가 들어있다고 인식한다] 주석적인 문헌들 속에 있는 해석사와 관련되어 있다. 이어서 "심층심리학적인 분석에 관한 생각"이 전개된다.(305-307) 여기에서 그는 근본적으로 드류버만(E. Drewermann)을 따른다. 모든 상상할 수 있는 삶의 조건 아래에서 사람들의 나(das Ich)는 괴멸될 수 있다. 그래서 사람은 고독을 느끼고 "필요한 통로와 너(Du)로의 전환이 결핍되었다. 그래서 그 통로를 찾는 일과 심리적인 문제를 해결하는 것은 그 자신에게 달려있고, 그 스스로 이 심연으로 인도하는 외부적이고 내부적인 힘들로부터 '옮겨져야' 한다 … 만일 그가 이런 노력을 하지 않는다면 그는 제자리에 머무르게 된다 … 텍스트는 그 목표를 보여주고 그것에 도달할 수 있다는 희망을 더욱 강하게 한다 … 그리스도도 그 속에서 하나님을 인식할 수 있었다."(307) 마지막에 있는 "신학적 해석"(309-319)은 라너(K. Rahner)의 해석에 기대고 있다. "진술방법"과 "진술내용"은 구분되어야만 하는데 그것은 텍스트를 "선취된 것에 대한 기술적

인 레포타쥬로 잘못" 이해해서는 안 된다.(314)

　작고한 프라이부룩의 신학자인 푀그틀(Anton Voegtle)은 1996년에 잔치의 비유(눅 14:15-24/마 22:1-14)에 대한 전승사를 연구했다. 그는 신중한 분석을 통해서 누가복음 14:16b-21b 속에 가장 오래된 본문의 형태, 즉 15-16a을 찾는다. 21c-23은 누가의 편집이라고 본다. "가장 강요할 수 없는 가설"은 "예수가 그 비유를 수신자 이스라엘을 향하는 위협의 말로 이해했다"는 가정이다. 즉, 예수는 이미 추가된 하객들을 이방인으로 여겼다는 것이다.(28f.) 그것은 당연히 위협이지, "최후심판에서 이스라엘을 거절"하는 것은 아니다.(31) 누가의 알레고리적인 층에는 초청에 응하지 않는 사람들이 있는데, 이들은 "예수와 그리스도의 전언을 거절하는 이스라엘 사람들"이다. 추가된 첫 번째 하객들에 관한 말이 지금까지의 이방인 선교를(22절) 말하는 것이라고 한다. 그리고 더 확장되어야 하는 이방인 선교에(23절) 대한 임무가 나오는데, 그것은 파루지까지 지속되어야 한다.(36f.와 42쪽) 24절에 있는 "결구"는 누가가 그의 복음서 독자에게 하는 말이며 독자에게 "구원에 도달하는 큰 기회를 축소시키지 말라는" 경고라고 한다.(46) 마태의 텍스트에서 푀그틀은 예루살렘 멸망에는 역사적 의미가 담겨있다는 주장을 대변한다.(마 22:7) 8-10에 있는 초청이 이방인과 연결된다. 포도원의 비유에서처럼 마태에서 먼저 파송되고 죽임을 당한 종들이 예수에게 속한다는 것이다.(47-59) 11-13을 통해서 마태는 이방인에게 부여된 부름이 구원에 이르는 보장이라고 말하지는 않는다고 본다.(61) 푀그틀은 이스라엘에 비판적인 관점을 가진 본문을 배제하는 시도들을 거부한다.(64-77) - 그런 "인위적인 주석"은 "유대인회당과 교회 사이에 있는 진지한 대화와 같은 기독교의 초기역사를 역사적으로 밝히는 것"에 기여하지 못한다.(77) 푀그틀은 "오늘날의 설교자가 가지고 있는 문제"를 심도 있게 다룬다.(80-85) 이들이 알아야만 하는 것은 거룩함을 훼손한다는 경고가 "교회 안에서 그 실효성을 결코 잃지 않았다"는 것과 예수가 한 경고의 말은 "우리 모두를 세속에서 언제나 믿음 안에서 다시 견고하게 하는" 기능을 한다.(83)

매든(Patrick J. Madden)은 마가복음 6:45-52와 그 병행인 물위를 걸으시는 예수이야기에 관한 전승사를 연구한다.(1997) 그는 각각 의 연구를 그 내용에 따라서 개관하는 것으로 시작한다.(1-41: 이 보 도를 역사적으로 인정하지 않는 분석이 나오고, 이어서 역사성을 감안하는 분석 에 따라 기적으로 설명될 만한 사건들이나 또는 전혀 구체적인 근거를 가정할 수 없는 것들도 소개한다. 끝으로 "부활내러티브로 바뀐 형태"를 짐작하는 분석들도 나온다. 매든 자신은 마지막에 언급한 이론을 특별히 심화한다, 40) 마가, 마태 그리고 요한에 대한 주석이 보여주는 것은 그 이야기가 양식에 따 라 현현이야기로 분류될 수 있는 콘텍스트가 없이 독립된 페리코 페라는 것이다.

요한복음 6:16-21과 마가복음 6:45-52 사이의 문학적 연관에 대한 질문이 아주 자세하게 연구된다. 요한과 마가는 "각각 독립적 으로 발전된 공통의 전승에서 유래되었다."(95) 각 구절에 대한 주 석은 급식이야기 [오병이어이야기]가 이미 전통적으로 물위를 걸 은 이야기와 결합되었다는 결과에 이른다. 물위를 걷는 이야기에 있는 전승들에는 예수와 제자들이 어둠 속에서 만났다는 공통적 인 요소가 있었다고 본다. 예수는 물위를 걷고, 제자들이 배 안에 있고, 제자들의 두려움과 예수의 말 ἐγώ εἰμι μὴ φοβεῖσθε이 있었 다.(114f.) 이것이 "부활내러티브의 바뀐 형태"라는 주장이 아주 많 은 설득력을 가지고 있는데, 그것은 부활의 현현이야기(C. H. 도드

의 분석에 따라서)와 그 양식이 특히 요한복음 21:1의 관점에서 일치
하기 때문에 더욱 그렇다는 것이다. 요한복음 21:1에 있는 ἐπὶ τῆ
ς θαλάσσης와 같은 표현은 쉽게 "바다위"를 의미할 수 있다.(138)
구약이나 기독교 이외의 문헌에 실제적인 병행이 없기 때문에 "이
내러티브는 기독교의 독특한 사건, 즉 예수의 부활과 연관된 독특
한 것"으로 볼 수 있을 것으로 이해한다.(139)

이 연구는 매든이 갑자기 내린 결론을 제외하곤 물위를 걸으시
는 예수에 관한 구절을 적절하게 해석하기 위한 근본적인 통찰을
제공한다.

그 시도 면에서 비교할 만한 텍스트 분석을 하일(John Paul Heil)이
2000년에 출간된 마가복음 9:2-8 변화산 페리코페와 그 병행에서
한다. 그는 3가지 형태의 본문을 "내러티브 관점에서 내재적 [암묵
적] 독자의 반응에 초점을 맞춰" 연구한다.(22)

하일의 출발점은 다른 형태의 본문 속에 있는 병행하는 모티브
들에 대한 일치된 진술이다. 그는 다양한 문학양식 속에 있는 텍스
트들을 비교하기 위한 선택을 한다.(신현현, 즉 삿 5:4f., 환상이야기[Vi-
sionerzählung] 예를 들면 사 6:1, 행 10:11, 현현 창 18:1-15, 눅 1:8-20, 행 10:9-
16, 천사현현 삿 6:11-24, 13:2-24) 거기에서 그는 변화산 이야기는 천사
현현에 가깝다는 결과에 이른다. "이 두 천사현현과 변화산의 현현
은 신적 나타남을 여는 것으로 시작하고, 이어서 그 나타남을 유지
혹은 연장하는 시도를 한 후 더 나아가 현현의 최초에 나타났던
그 현현 모습을 바로 깨닫기 위한 재인식으로 구성된 현현행위가
나온다." 그 최정점에 권위를 뒷받침하는 "현현음성"이 놓여 있기
때문에 그 양식을 "'위임 현현'으로 부를 수 있다." 그래서 그것은

전체 복음서의 콘텍스트의 틀 속에서 "열쇠"로 "주요 위임 현현"이라는 것이다.(49와 51쪽; 하일은 민 22:31-35; 여 5:13-15; 마카베오 2서 3:22-34를 그 병행으로 꼽는다) 예수의 형체와 옷이 변화한 것은 천상에 있는 존재가 동시에 지상에 있으면서 그 일시적 변화를 묘사한 것이라는 점에서 현현모티브(시리아 바룩서 51:3과 10; 단 7:9; 에디오피아 에녹서 14:20)라는 것이다.(92) 하일에 따르면 모세와 엘리야가 언급되는 것은 엘리야가 죽음을 비켜가고(왕하 2:11) 모세도 그것과 일치하게 성서 이후의 전승에 따라 (평화로운) 죽음 이후에 하늘의 영광을 받는 것과 연관이 있다.(하일은 이것을 위-필로[Pseudo-Philo]의 텍스트, LAB, AssMos und Philo 로부터 보여준다, 101-113) 그러나 예수는 그와 반대로 그의 비극적 죽음 이후에 그 영광이 주어진다.(99) 베드로가 지으려 했던 "초막" 모티브는 천상적인 형상을 지상의 집으로 만들려는 몰이해를 보여주는 것이다.(127) 성서에 많이 나타나는 구름 모티브는 하나님이 그로부터 말씀하시는 "그림자"의 관점뿐 아니라 운송수단의 기능으로도 볼 수 있다고 설명한다.(132-149)

모티브 분석 후에 하일은 각 컨텍스트와 관련된 세 개의 본문을 제공한다. 복음서의 수신자가 천상의 영광을 위한 부활을 위해서 예수에게 고난과 죽음이 따른다는 확신을 갖고 있는 한(199), 마가에서 9:7은 열쇠의 기능을 하는 텍스트라는 것을 보인다.(163-168과 198f.) 마태에서 근본적으로 그와 똑같은 역할을 하는 것이 17:1-8이라고 한다. 17:9로부터 예수의 변화는 "그가 백성들의 손에서 고난을 받고 죽은 후에야 얻게 되는 천상의 영광을 순간적으로 선취했다. - 모세와 엘리야와는 다르게 - 그리고 하나님에 의해서 높여졌다"는 관점으로 발전하는 결과를 얻게 된다. 바로 그래서 예수는 이제 선교위임을 충족할 수 있는 양편에 머무를 수 있는 자격이 있다.(254f.) 이것은 결국 누가복음 9:28-36에서도 유효한 것으로 본다. 제자들은 이 사건을 예수의 승천까지 비밀로 지킨다.(311, 24:51을 지적하며) 신학적 요약에서 하일은 십자가 기독론에 일치하는 인간론을 전개한다.(319) "예수가 변화산에서 거절된 선지자로서 치욕적인 죽음의 고난을 격고 천상의 영광을 선취했다는 것은 - 모세와 엘리야는 그것을 모면했다 - 우리 인간들의 조건이 가지는 전체성을 확인하는 심오한 상징을 보여준다. 그것은 고난과 죽음에 있는 모든 그리스도인에게 새로운 의미를 준다. 천상의 영광은 도피에 있는 것이 아니라 거절과 고난과 죽음을 받아들이는 용기에 있는 것이다."

마틴 마이저(Martin Meiser)는 에어랑엔대학에 제출한 그의 교수자격논문에서(2000) 복음서에 기술되어 있는 예수에 대한 백성들의 반응(o;cloj, lao,j)에는 어떤 종류가 있는가를 묻는다. 그는 1장에서 기적이야기에 있는 기술적 용어와 "놀람의 결말"에 대한 모티브를 개략적으로 설명한다. 이어지는 "문헌학적 측면"(2장)에서 ὄχλος πλῆθος 또는 οἱ πολλοί가 그리스 세간의 의미 속에서 언제나 부정적 병행표현으로 이해되었었다는 것을 보인다. 그런 점에서 "대중"은 철학적으로 수용되기 보다는 정치적 의미가 있다는 것이다.(32-53) 이어서 그는 그것과 직접 연결하여 "플라톤 혹은 필로의 영향을 받은 지식인"은 최선의 경우 예수를 ὄχλος의 특성을 희망 없이 환상적으로 오해한 사람으로 보았거나, 최악의 경우에는 민중을 호도하는 선동가로 보았을 것"이라고 전면에 내세우면서 어느 정도 놀라운 이야기를 불쑥 한다. 그 차이는 철학자들이 사람을 οἱ πολλοί로 말하지 않고 ἄνθρωποι라고 말하려고 노력하는 데에 있다. 그들은 또한 자유는 "각자의 판단 체계 속에서 자유가" 도출된다고 말한다. 반면에 "예수의 청중들에게 있는 자유는 사람들이 만들어 낼 수 없는 하나님의 주권"으로부터 온다.(54)

구약성서의 역사 기술적 관점에서 그리고 "초기유대"문헌 속에서, 마이저는 "전체 백성들에게 의무로 인식된 이스라엘 종교의 능력이 고대의 세속적 πολλοί - 반명제와 결정적인 차이가 있다"고 파악한다.(58) 지혜문학서들은 지혜를 통해서 ὄχλος로부터 명성을 얻는다는 모티브와 대중 앞에서 몸을 낮추어서는 안 된다는 교훈을 알고 있다.(65) 묵시는 하나님이 이 세상을 다양한 의지로 창조했다는 것에 관하여 말한다. 그러나 미래의 세상은 소수를 위해서 있다고 본다.(67, 에스라 4서 8:1을 지적하며) 암-하-아레츠에 대한 혹독한 질타와 함께 백성들을 향한 서기관들의 자만에 대한 비난이 랍비 문헌에는 그것을 반대하는 입장에서 등장한다고 지적한다.(71) 마이저는 "결과의 확인"으로 "백성들의 반응"을 통해서 드러나는 기본적 논리가 "먼저 공관복음서 저자의 발견"이 아니라 연대기적 역사들 속에서 이미 발견된다고 결론내린다. 하지만 마가복음 1:27b 혹은 마가복음 7:37에 있는 진술들 속에는 그런 것이 없다고 본다.(72f.) 물론 마이저에 의하면 그것에 일치하는 마가의 본문은 아직까지 거의 관찰되지 않았다.

마이저는 3장(74-108)에서 "감탄과 환호성의 양식사"를 연구한다. "최근 신약성경의 기적본문과 그 놀람의 종결에 있는 종교사적 배경을 새롭게 질문"하는 경향에 맞게 마이저는 먼저 "이스라엘의 정신사에 대한 윤곽을 정리"한다.(80-84) 환호(놀람과 충격 등)에 대해서 마이저는 "구약적인 초기 유대교의 영역 속"에서 그런 태도는 대부분 이방인들이 했을 것이라고 파악한다. 그리고 이것은 유대인 독자들에게 그들의 신앙을 점검하는 목적을 가진다.(101) 또한 고대의 일반문헌에서 환호는 "지도자들에게 신적인 증명과 권위를 나타내는"기능이 있다고 본다. 구약성서에서 그것은 또한 이스라엘과 이방인의 입을 통해서 하나님을 인정하는 역할을 한다. 그래서 환호는 "신적인 사람과 그의 신탁"에 대한 신적인 증명이다.
그리고 그것은 다시 "신현현이나 천사의 현현 속에서 그 사람이
하나님의 거룩함 앞에서 전혀 목숨을 부지할 수 없다는 것을 확인
한다."(102f.) 제2 성전시대의 문헌들에서 그런 요소를 발견할 수 있
다. "최소한 부분적으로 변경된 의식의 토대"가 그 속에서 비쳐진
다. "이스라엘은 내부적으로 야훼를 섬기는 가운데 견고해지는 것,
그러나 동시에 외부적으로 또한 야훼에 의해서 위협받는다는 것
을 알게 되었다." 이로부터 얻어진 결과로 텍스트 내부에는 이스라
엘과 이방인의 말로 이루어진 환호가 할당되었다.(104) 신약성서에
도 이런 관점을 가진 환호성이 있다. 누가복음 5:26과 7:16(여기는
막 7:37a와 좀 다르다)이 이것을 보여주는데, 마가복음 2:12, 누가복음
17:15에서처럼 예수 안에 하나님의 권능의 사건이 있고, 예수의
기적 속에서 하나님이 높임을 받는다.(107)

　마가에 있는 광범위한 백성들의 반응에 대한 연구는 편집비평
적 주석을 지적하는 방법론으로 시작한다.(4장, 109-222) 거기서 마
가의 작업은 케류그마적이라고 결정한다. 이어서 마가복음 1:21-
28에서 15:29-32에 이르는 모든 중요한 텍스트들을 통해서 주석
적 시도가 뒤따른다. 이 분석 결과를 마이저는 다음과 같이 요약
한다. 마가에서 군중들은 "텍스트의 내면에서 볼 때, 기독교 공동
체를 대표한다"는 시각이다. 그리고 또한 "그들의 선교 대상을 대
표"하는 기능을 갖는다. 그러므로 이 두 가지 용법이 절대 병립할
수 없다.(213). 기적이야기에서는 기적의 놀라움이 강화되어야 한
다.(기독론적 의미에서) 그와 동시에 군중들은 "기독교의 선교를 인증
하는, 그 본문의 청자와 독자로서 거기에 묘사된 낯선 경험을 판단
해 자기화하는 기능을 갖는다"고 주장한다.(217 1:27과 7:37을 증거로
사용해서) 또한 마이저는 "이스라엘의 신학적 논리"에 대해서 특별
히 질문한다.(219-222) 그는 마가복음 3:6과 3:7f.에서 "부활 이후의

실제적인 측면"을 알아낼 수 있다. 그리고 그것이 말하는 것은 "이스라엘도 또한 [기독교] 공동체로의 길을" 찾는다. "마가는 아직 이스라엘 전체를 비난하는 것을 분명히 생각하지 못했다."(222)

마태에 해당하는 부분은 눈에 띄게 짧다.(223-261) 마태는 "군중에 대한 구절"의 대부분을 마가로부터 넘겨받았다고 본다. ὄχλος 또는 ὄχλοι는 유대 백성들을 지칭하는 것이다.(228과 231) 마태는 의식적으로 군중들에 대한 제자들의 태도를 적절히 구분한다고 본다. 구술되는 텍스트 속에서 군중의 태도는 단지 계층구조로 나타난다. 반면에 내러티브 본문들은 무엇이 마태의 실제적인 상황과 관련되어 있는지를 긍정적 혹은 부정적 반응을 통해서 보여준다.(242f.) ὄχλοι는 예수 당시의 군중들을 말하는데, 그들은 ἄνθρώποι와 다르게 "오늘날 잠정적으로 [예수를] 추종하는 사람"을 일컫는 말이다.(245, 8:27과 5:16을 지적하며) 12:23에 있는 바와 같이 군중들이 반응을 보인 것은 예수 안에서 이스라엘을 향한 구원의 역사를 인식하는 것이 전혀 불가능한 일이 아니었을 것이라고 해석한다. 그래서 "이스라엘의 대다수가 스스로 거부했다는 것"은 더욱 이해하기 힘들다.(261)

누가에서는(6장, 262-364) 사물과 사건 중심의 관점에서 나누어져 있다. "이스라엘의 신학과 관련"된 본문인 누가복음 4:16-30과 13:10-17에서 23:35이 그 앞에 나타나고,(270-330) 이어서 "기독교와 πολλοί - 반명제"(예수를 지혜자로 보는, 눅 5:12-16; 23:32-49 그리고 부정적 사례로서 ὄχλοι의 태도, 말하자면 눅 11:14-36 또는 13:23-30)에 대한 부분이 나온다.(330-350) 누가에서는 "군중들의 긍정적 반응을 고조시키는 것"이 빠져있다. "제자가 이해하지 못하는 기독론에 대한 모티브"가 뒤로 강하게 물러서 있다. "예수와 군중을 대조하는 것은 이스라엘의 신학과 연관이 있다. 그래서 그것은 예수를 지혜교사로 지칭하여야 하고 기독교의 신앙을 교육받은 이방인에게 진실한 종교로 추천할 수 있어야만 한다." 특히 이 마지막에 언급된 관점이 분명히 누가의 작업이라는 것이다.(354f) 주목할 만한 것은 누가가 마가복음 1:1-8:26(예수의 사역 - 군중의 떠남)의 구조를 넘겨받아 다르게 해석했다는 관찰이다. 한편으로 그것은 역사적 과정으로 "발아적 발전단계에서 누가시대에 이르는 정황을 알려준다." 그런데 그 안에는 현실적인 "누가 공동체에 대한 경고가, 즉 자기들 편에서가 아니라 하나님의 요청에 미치지 못하는 경고가 포함되어 있다." 그래서 "이스라엘에 비판적인 구성원들이 누가의 여행기사에서 기독인의 삶(vita christiana)에 관한 교훈을 통합적으로" 표현했다.(355f., 또한 361을 비교하라)

마이저에게서 뭔가 어색한 것은 그가 "사건과 정황에 대한 주석을 하면서" 직접적으로 현재 혹은 가까운 과거를 지향하고 있는 복음서 저자의 진술을 너무 간단하게 변죽만 울리고 있다. 누가에 대한 마지막 장에서 그렇다.(364) 그는 누가가 "실제로 높은 철학적 경지에 이르지 못하였다"고 한다. 왜냐하면 "계시적 사고가 윤리적 자기성찰보다 강하게" 주도하는 경향 때문이라는 것이다 - [반면에] 켈소스(Kelsos)는 "도달 가능한 경계"를 그렸다고 한다. "독자적인 자기인식과 독자적인 선포를 위한 과제가 누가의 예수상에 포함되어 있고, 그리스도인도 또한 언제나 그래야 한다." 누가는 군중들의 선생이라는 예수상을 그렸다고 한다. "예수가 세상에 있을 때 이스라엘 백성에게 교사와 질병을 치료하는 치유자로 활동했다는 것은 모든 세 공관복음서가 올바르게 보존했다."(380) 전체연구에 있어서 이 결론은 마이저가 예수와 "군중"의 관계를 묻는 역사적 질문을 전혀 명시적으로 제기하지 않았었다는 점에서 어느 정도는 놀라운 것이다.

1997년에 출간된 윌리엄 로더(William R. G. Loader)의 단행본은 6장으로 구성된 광범위한 연구 속에서 정경적 복음서들과 Q 그리고 외경의 텍스트들 속에 있는 예수의 율법이해에 관해서 전달한다. 그는 먼저 공관복음의 관점에서 연구사를 정리하고 그 관점에서 텍스트를 받아드리는 작업을 한다. 마가복음 2:1-3:16에서 그는 부설로 역사적 예수에 관한 추측, 개별적인 전승들 그리고 그것을 편집한 것이 복음서 저자라는 것과 그 속에 역사적으로 신뢰할 만한 전승이 보존되어 있다고 말한다. 두 번째 부설(108-116)에서는 막 11:15-17과 요 2:14-16의 관계에 대하여 다룬다. 예수의 이 행위는 "성전에 대한 하나님의 심판을 표현하는 예언자적 행위의 심볼"로 이해해야 한다.(114) 어떤 면에서 로더의 책은 전반적으로 복음서의 주석으로 보인다. 특히 그는 주석에서 2차 자료에 대한 심도 있는 토론을 이끌고 있다.

마가에서 로더의 분석은 예수의 율법이해가 어떤 체계 있는 가치관을 따른다고 제시한다. 그런데 그것은 "마가의 전승 안에서 어느 정도 소개되어 있고 또 예언자들의 성서 전통과 결집되어 있는 비교적 상호 대조적인 제의 혹은 의식적인 율법과 윤리적인 율법을 뛰어 넘은 것이다. 마가의 예수에게서 율법이 문제가 되는 것은 우선순위가 아니라 절대적 가치에 관한 것이다." 정결과 음식에 관한 규례는 외형적인 것에 해당하기 때문에 더 이상 유효하지 않다. 성전은 기도와 예배를 위한 장소이지 다른 아무것도 아니라는 것이다.(127f.) 그 계명들은 "더 이상 토라로 인정되지 않는다. 더 나아가 불필요한 것으로 훼손되었다." 이와 반대로 사랑의 계명은 "토라 안에서가 아니라 제의와 의례가 결합된 율법 속"에서도 변함없이 유효하다고 본다.(132) "늘어난 결론"에서 로더는 안식일 준수(1:29-31에 보면 예수는 안식일에 치료행위를 한다. 마가는 아마도 그리스-로마식 날짜개념을 전제하고 있기 때문에 1:32-34에서도 안식일이 종료된 것이 암시되지는 않는다, 133, 18을 비교하라)에 대한 것과 나병환자와 혈류병 걸린 여인이 치료된 것을 질문한다.(133f.) 마가에서 관찰할 수 있는 이방인을 수용하는 것에 관한 결론, "많은 사람들을 그들이 서 있는 토대인 사회적 위치(노예), 성별, 인종, 나이와 결부된 성정체성과 불가능성을 배재한 채 포함하는 것"은 내 생각에 어느 정도 "현대"(modern)적 영향 같다.(136)

마태에서(137-272) 로더는 모세-유형론(Mose-Typologie)이 존재한다는 것을 강조한다. 동시에 모세는 예수를 통해서 극복된다고 본다. "그래서 이 유형론은 훨씬 우세한 하나님의 아들 기독론에 의해서 평가되어야 할 것으로 결정되며 그 하부구조로 보아야 한다."(260) 불확실한 것은 마태가 이방인 선교의 관점에서 명시적으로 할례를 포기했었는가에 대한 것이다. 마태는 어쨌든 식탁과 정결례를 포함하는 의식에 관한 율법의 유효성에 관한 문제는 논외로 친다.(264) 마태의 예수에 의해서 수행되는 토라에 대한 해석은 "궁핍한 자에 대한 동정이 가치 있음을" 반영하는 것이라고 본다. 이와 일치하게 하나님은 5:20, 45, 48에서 자비로운 분으로 그려진다. 물론 거기에서 의미하는 것은 토라가 사랑의 계명으로 대치되어야 하는 것은 아니라고 본다.(265f.) 마태복음 19:16-22는 열쇠로서 예수의 권위와 토라가 밀접하게 연결되어 있다는 결론을 도출하려는 시도라는 것이다. 그러나 예수를 쫓으라는 명령은 "토라로부터 유도된 것이 아니라 예수의 하나님으로부터 주어진 권위에서 유래한다."(270) 이 모든 것에서 기원 후 70년 이후 마태와 바리새주의로 보이는 유대교 간의 긴장이 들어나고 있다.(271)

누가 부분(273-389)에는 복음서에 대한 설명과 더불어 사도행전(360-379)에 대한 것도 있다. 거기에서 주목할 만한 것은 사도회의 결과에 대한 해석이다.(372-376: 누가는 이것을 이방인에게 요청되는 율법

조항으로 이해한다. 그리고 그 조항의 포기가 하늘의 중재 [고넬료]를 통해서 적법하게 된다는 것이다. 베드로의 환상은 메타포이며 그것이 식탁규례의 폐지를 의미하는 것은 아니라고본다) 누가의 예수는 일반적으로 그의 가르침이 꼭 토라를 말하지는 않는다. 그러나 그 의미는 "예수의 가르침이 토라와 전혀 일치하지 않는 것은 아니다." 그것은 교회를 위해서도 유효하다.(388) 마가와 달리 마태와 누가는 토라를 고수한다고 본다. 물론 마태는 유대의 맥락에서 누가는 이방인의 맥락에서 유래했다고 설명한다.(389)

로기온 자료(390-431)에서 그 주제는 그렇게 중요하지 않다고 본다. "가정은 하나의 긍정적 관계인데, 권위의 일반적 원천은 하나님 안에 있다는 것과 가정 속에서 하나님의 나라가 새롭게 된다는 것이며, 그것을 율법이 바꿀 수 없다."(431) 로더는 이어서 요한에 대한 부분(432-491)과 성서 밖의 전승에 관한 연구를 한 후에 "어떤 복음서도 그들이 예수의 율법에 대한 태도에 접근한 방법과 일치하지 않는다"고 강조한다.(509) 마가에서는 분명하게 각인된 율법에 대한 비평을 발견할 수 있다.(517) 만일 역사적으로 예수의 율법 이해에 대해서 물으려고 한다면 이 전승 자료가 정교하게 고려되어야만 한다고 주장한다.(523f.)

로더의 책은 의심 없이 이 공관복음서 연구동향을 서술하는 기간에 출판된 중요한 책 중의 하나이다.

두 권의 단행본이 신약성서에서 서로 다른 방법으로 전승된 성전의 파괴와 재건축에 관한 로기온을 다룬다. 파에슬러(Kurt Paesler)는 1999년 마가복음 14:58과 그 병행에 대한 원자료를 비평적으로 연구한다.(11-122) 그는 14:55-59 속에서 마가 이전 전승을 찾는다. 물론 57-60절에는 이미 마가 이전의 편집이 있고 58절이 가장 오래된 전승에 속한다.(29) 15:29은 14:58에서 유도된 이차적 작업으로 본다.(32: 동일한 편집자가 15:38도 추가했다고 한다, 33) 마가 이전의 편집 의도는 "예수의 운명적 죽음과 예루살렘 성전과의 연관성을 부여하기 위해서"였다고 본다. 그것을 고난이야기에 삽입한 것은 아마도 "헬라 그리스도인의 반유대적 정서에 의한 것"으로 추측한다.(37과 39) 이 구절의 마태-병행은 전적으로 마가(40-48)와 또한 사도행전 6:14(49-60)에 종속되었다. 요한복음 2:13-22에서는 19절을 요한 이전의 로기온으로 볼 수 있다. 그리고 동시에 바로 그 성전이 "파괴되고 새로 복구되어야 한다"는 말이 가장 오래된 전승 단계로 이해 할수 있다. - 요한의 편집에 이르러서야 그것이 성전정화와 연결되었다.(74f.) 마가복음 13:2b에는 아마도 예수의 예언이나 가장 오래된 유대 그리스도인의 전승이 놓여있다. 성전에 대한 말의 생성은 "근본적으로 로기온과의 접촉을 통해서 고무되었을 것"이다.(91) 또한 파에즐러는 고린도후서 5:1을 분석하여, (93-110) 그것이 "마가(이전) 로기온의 이차적 변형"이며(101), 도마복음 71 (111-120), 또한 요한복음 2:19와 밀접한 본문형태라고 생각한다.

이어서 모티브를 역사적으로 개관한 부분이 나온다.(123-228) 먼저 파에즐러는 성서적이고 고고학적인 사실관계를 설명한다.(123-149) 이어서 그는 새로운 또는 새롭게 다가오는 종말론적 성전에 대한 기대를 말하는 유대교의 텍스트들을 다룬다.(150-166) "삼일만에"라는 말은 기독교의 부활신앙에서 유도되었다.(167-178) 파에즐러가 가장 오래된 본문이라고 하는("내가 이 성전을 허물고 사흘 후에 다시 세우리라") 요한복음 2:19의 주석은 이 로기온이 "가장 먼저 예루살렘에 있는 초기 헬라적 유대 그리스도교를 생각나게" 하며, 그것도 "유대의 성전기능이 지속될 것"이라는 그들의 입장을 표명한 것으로 본다.(200) 마가복음 14:58은 이제 명시적으로 다른 성전을 말한다는 관점에서 발전을 보인다고 한다.(203) "손으로 만들지 않은" 성전은 예수 자신이며, "손으로 만든 성전"은 반면에 "하나님의 명령과 역사하심으로 건축된 것이 아니라 단순히 사람의 노력으로" 만들어진 것을 말한다. 이런 헬라 - 유대적인 우상논리에서 유래된 반론을 통해서 종말론적 순간이 뒤로 물러서고 "부활사건에 대한 해석이 전통적-유대적 구원론의 가능한 근거로서 대안적 구원의 길을 제시한다."(223과 228) 마가복음 11:15-19에 대한 분석에서 파에츨러는, 예수는 예루살렘 성전에서 "성전을 기본적으로 존경하지만 - 다가오는 하나님의 주권의 관점에서 당연히 "상대화되고 마는", 오래된, 지나가는 세대(Äon)를 본다.(249) 거기서 또한 사가랴 14:20f.의 예언이 근본적으로 중요한 역할을 한다고 강조한다. 누가 13:34f./마 23:37-39 Q와 마태복음 13:2에 있는 전승은 역사적으로 진정성이 있다고 본다.(262) 만일 사람들이 성전에서 해방하려 한다는, 요한복음 2:19 혹은 마가복음 14:58이 거기서 생성되었다는 가정이 맞으려면 실제로 성전에 대한 이 말은 구원론적이며 의식적으로 유대의 성전에 대한 대안적 구원의 길을 말하는 것으로 보이고 또 그렇게 이해되어야 한다는 가정을 지지해야만 한다.(264) 마가가 성전에 대한 이 말을 분명히 거짓증인의 입에 담은 것과 그 로기온이 그에게서 예수의 말로 들어나지 않는다는 것이 비록 파에츨러에게서 발견되지만(22-30) 더 이상 주목되지는 않는다.

파에츨러에 대한 비판적 대응은 2000년에 행한 오드나(Jostein Ådna)의 광범위한 연구의 관점과 잘 들어맞는다. 오드나는 먼저 역사적 예수에 대해서 묻는다. 비록 본문주석의 중심이 마가복음 14:58과 그 병행(23-153) 그리고 마가복음 11:15-17과 그 병행

(155-430)에 치우쳐 있지만, 그 결과는 추정 가능한 역사성을 목표로 하고 있다.(431-448)

오드나는 구약과 그 이후 유대교에 있었던 메시아적 성전전승에 대해서 설명한다.(25-89) 거기에서 솔로몬의 시편 17:30이 어떤 경우라도 성전을 간접적으로 지칭하는 진술을 포함하고 있다는 가정과 함께, 명백히 기원후 70년 이전에는 형성되지 않았던 이 텍스트는 메시아가 새로운 성전을 세우거나 혹은 기존의 성전을 허문다는 이야기를 전혀 하지 않는다는 점을 분명하게 한다.(147을 비교하라)

마가복음 14:58의 전승사분석은(그리고 "병행"인 막 15:29, 마 26:61, 27:40, 요 2:19, 도마복음 71, 행 6:14을 다루면서 진정성 비평이라는 의미에서 명백하게 좀 오해를 줄 수 있는 "다양한 증거"라는 말을 한다. 예를 들면 128쪽. 그가 비록 동시에 이 모든 본문들이 막 14:58에 종속되었다는 말을 한다고 하더라도, ibid)은 출애굽기 15:17b, 18과 함께 그 본문의 의미가 특히 쿰란에 유입되었다고 한다.(91-110) 그리고 메시아가 아니라 "하나님만"이 그 종말론적 성전을 세울 수 있다는 것을 분명하게 한다.(110) 이어서 오드나는 신약성서 저자들은 자신들이 전하는 그대로 예수가 성전에 대한 말을 실제로 했음을 보이려는 시도를 했다고 한다. [하지만] 마가복음 14:56-58, 마태복음 26:61, 사도행전 6:13을 간과했다. 요한복음 2:19, 도마복음 71, 특히 마가복음 15:29에서는 화자가 독자에게 "실제로 예수가 전에 이 말을 공공연히 했다는 것을 지적하여" 깨닫게 한다는 것이다. 비웃는 자들을 내세운 이유는 단지 그 주장과 실제를 대비시키기 위한 것이기 때문이라는 것이다.(114). 그러나 마가복음 14:56-58에 따르면 실제로 예수가 그 말을 - [그러나] 어쨌든 그 생각과 표현은 복음서 저자의 것이다 - 하지 않았다. 즉, 그 비웃는 자들은, 15:19에서 거짓증인들이 했던 말을 재차 반복하는 것이다. 오드나에 따르면 14:57-59에서는 "그 말이 자꾸 있는 그대로 완벽하게 일치하지는 않는다"것을 말한다.(115) 그 비난은 사실 예수가 성전을 남김없이 헐어 버리려고 했음을 의미했으며, 동시에 그것은 "아마도 거의" 누구도 확인할 수 없었던 비난이기도 했다. 반면에 그런 성전에 대한 말은 "분명히 예수에게로 소급"될 수 있다고 본다.(116) 그러나 14:57f. 이 증인들의 말이라는 것은 틀린 것이다. 이것은 그 말이 예수의 입에서 흘러나온 것이 아닌 한,[10] 당연히 마가에게서 나온 말이다. 오드나의 이어지는 주장은 성전에 대한 말이 갖는 진정성에 그 근거를 두고 있다. 예수가 "하나님을 대신해서" 그 새로운 성전을 세운다고 했기 때문에, 또한 그가 "하나님의 역할을 넘겨받아서" 그 옛 성전을 허문다고 하는 것은 놀라울 일이 아니라고 한다.(148) 오드나는 언제 예수가 이 성전에 관한 말을 공식적으로 했는가에 대한 정확한 정보가 빠져있는 것을 유감스럽게 여긴다. 아마도 이것은 그가 예루살렘에 도착했을 때라고 한다(151). 어쨌든 예수는 이 말로 "초기 유대교의 메시야 전승에서 이미 주어졌던 모든 것을 과감하게 뛰어넘고, 메시아적 파송의 의미에 절대적으로 새로운 분위기"를 조성했다.(152) 여기에서 우리는 역사적 인식을 위해 현존하는 본문증거를 간과하고 있다는 느낌이다.

마가복음 11:15-19와 그 병행에 대한 주석에서 오드나는 요한복음 2장과의 비교를 통해서 11:15b, 16, 17은 권위를 묻는 구절인 11:27b-33과 전승적으로 본래 연관성이 있을 것이라는 결론에 이른다.(238) 그는 11:15-19, 27-33에서 특히 전제되는 실재적 (성전, 장사치, 환전상 등, 239-299) 관점에서 아주 상세한 주석을 제공

---

10) 비교. 류어만(D. Lührmann), 마가복음 안에 있는 기독론과 성전파괴(Christologie und Zerstörung im Markusevangelium), NTS 27(1980/81) 457-474; 오드나가 이 논문을 간과했다는 것은 놀랍다.

한다. 거기에서 이 분석은 주로 전제된 역사적 정황과 관련을 갖는다. 마태복음 3:14f.으로부터 오드나는, 예수는 그의 세례에서 "속죄의 필요성"을 보는 것이 아니라 "그의 대속의 죽음으로부터 실제로 죄인들과 동일시"하고 있다. 그래서 그는 그의 마지막 길에서 자신의 세례 안에 있는 "메시아 직임과 잃어버린 죄인들을 위한 대속의 헌신"을 보았으며,(297f.) 그것을 "깊은 의미에서 성전 안에서의 상징적 행위로 정당하게 보았다."(299) 이로부터 오드나는 역사성에 대한 질문을 도출하고(300-333) 또한 마가복음 11:15b-17과 요한복음 2:14-16에 공통적으로 있는 핵심요소로부터 "돈 바꾸는 자들의 상과 비둘기 파는 자들의 의자를 둘러엎으시고, 더 나아가 그들이 장사하는 곳에서 성전 안뜰 사이로 물건을 들고 다니는 것을 저지하고, 또한 그들을 밖으로 쫓아내기 시작했다"는 "핵심적 진술"을 획득한다.(308) 이 형태 속에서 "예수의 성전정화에 대한 역사성에 대한 고려를" 진척시킨다는 것이다.(309) 그런데 이 사건에 대한 묘사 속에서 오드나는 두드러진 이성적 방법으로 텍스트의 진술을 약화시킨다. 예수는 "몇몇" 상을 뒤엎고, "몇몇 상인들을 내쫓기" 시작했고, 물건을 들고 다니는 것을 저지하는 "수고"를 했었다. 성전 수비대는 그들의 출동이 "외부에서 볼 때에 근거가 미약한 출동이었기에" 나타나지 않았다고 본다. 여기서 다루는 것은 "시험적으로 시도한 시범적 행위"로 그것은 전혀 완벽하지도 않고 논리적 귀결을 갖지도 않는다."(331f.) 성전정화와 성전에 대한 말 사이에는 "내용적으로 완전한 결집"이 존재하기 때문에, 이 행위가 예수에 대한 심문에서 결정적인 역할을 한다.(327f.) 예수는 자신의 이 행위 속에서 "예루살렘 성전에서 거행되는 속죄의 제의가 이제 종결되어야(아니 종결 되어야만!) 한다는 것을 말하는 메시아의 상징 행위를 보았다. 왜냐하면 앞으로 올 예수의 비극적 죽음은 모든 사람들이 드려야 하는 성전에서의 속죄 제의를 단번에 대치하고 해결하기 때문이다."(429, 원문에서는 이텔릭체를 사용해서 부분적으로 강조한다). 유감스럽지만 각 설명에는 왜 이런 해석이 복음서 안에서 다만 암시적으로 나타나 있는지에 대한 질문은 하지 않고 있다.

1999년 그라이프스발드(Greifswald) 대학에 제출된 볼프(Peter Wolf) 의 박사논문은 그 첫 장에서(9-34) 바울과 바울 이후의 전승(살후 1:5, 엡 5:5)에 나타난 "하나님 나라" 혹은 "그리스도의 나라"를 이해 하기 위한 하나님-나라에 관한-선포에 관한 간략한 개요를 제공 한다. 두 번째 장(35-122)은 공관복음서 텍스트를 다룬다. 그 텍스 트들은 "하나님 나라를 포함한", 특정한 집단의 긍정적 진술, 시간 적 관점, 언어의 정형화된 용법(말하자면: "하나님 나라의 복음" 또는 비유 의 시작에 쓰는 말)들에 따라서 정리되었다. 이 연구는 서론이 없어서, 볼프가 연구하고자 하는 목표가 무엇인지 잘 드러나지 않는다. 각 장에서 설명하는 것은 너무 짧고 부각할 만한 결과도 눈에 잘 보 이지 않는다. 결과의 요약도 그런 식으로 짧게 기술되었다.(123f.)

아래에서 설명할 두 권의 책은 복음서에 나타난 문서의 사용, 즉 구약성서에 대한 질문을 한다. 스와틀리(Willard M. Swartley)의 책 (1994)은 [구약]성서 전통이 공관복음서의 전체구조를 결정하고 있 다는 것을 보이고자 한다. 차일즈(B. Childs)의 성서 텍스트의 "정경 적 읽기" 프로그램을 따르고 있다는 점에서 인상적이다.

연구사(10-21)를 개관한 후 스와틀리는 먼저 방법론적으로 "내러 티브 분석"과 "전승사"가 상호 경쟁적으로 이해될 것이 아니라, 상 호 보완적이라는 것을 강조한다.("내러티브는 전승을 필요로 한다") 그에 따르며 텍스트에 대한 내러티브 분석이 질문하는 것이 "종종 텍스트의 뒤에 있는 전승의 이해로부터 대답을 얻기"때문이다. 그래서 "텍스트의 구성을 분석하려는 시도는 … 텍스트 내적인 그리고 텍스트 외적인 연구로 초청한다."(30-31쪽) 스와틀리의 논지는 공관복음서 이야기의 구조는 포로된 자의 해방, 광야에서의 유예와 같은 [구약] 성서 전통으로 결정된다는 것이다. 특히 산-모티브의 강조 속에서 예수는 새로운 모세로 나타난다. 두 번째 유형은 특히 누가복음에서 보여질 수 있는 "이스라엘 길-정복의 전승"(땅의 정복과 전쟁의 주로 등장하는 야훼 상) 속에 있는 길-모티브라는 것이다. 바로 여기에서 분명한 변경이 드러난다고 한다. "신적인 전사는 더 이상 적을 죽이지 않고 오히려 자신의 생명을 다른 사람들을 위해서 준다. 그래서 미움은 마지막에 복음의 사랑과 평화를 통해 종식된다."(147) 세 번째 유형은 모든 복음서 저자들이 성전의 종말을 하나님의 심판이라는 맥락에서 말하는 성서의 성전전승이라는 것이다.(192) 동시에 복음서는 이스라엘의 전승에 일치하게 메시아 이야기를 "이방인을 포함한 종말론적 선취"를 기술했다는 것이다.(197) 네 번째 유형은 성서적 제왕-전승이라고 한다. 물론 이것은 모든 복음서에서 각각 다르게 수용되었다고 본다.

일반적으로 스와틀리는 연속성과 변화의 변증법적 관계를 강조한다.(254-259의 요약을 참조하라) 그는 심지어 복음서에 있는 주요 4부분이 이스라엘의 절기에 있는 연중 축제에 영향을 받았다는 것을 수용하며 좀 멀리 가기도 한다.(279-282) 그가 끝으로 설명하는 것은 이 세 복음서는 각각 "헬라 세계와 그 문화 속에서 유대 그리스도인이 지배적인 교회를 위해서 서술되었어야만 한다"고 주장한다. 그런데 또한 거기에서 분명히 해야 할 것은 "이스라엘의 믿음이야기와 복음서에 있는 예수의 이야기는 서로 떨어질 수 없고, 이스라엘과 예수는 모든 백성의 구원을 원하시는 하나님의 한 구원이야기이다."(289).

툭켓(Christopher M. Tuckett)이 편집한 책은 복음서 안에 있는 구약
성서(The Scipture in the Gospels)라는 주제로 1996년에 있었던 뤼뱅
성서 콜로퀴움(Colloquium Biblicum Lovaniense)의 글들을 문서화한 것
이다. 그 책은 여기에서 다 소개하지 못한 36개의 소논문을 포함
한다. 그 콜로퀴움에서는 "문서의 상호 텍스트성"(Intertextualität)에
대한 것이 이야기되었어야 했다. 툭켓은 그의 논문 서두에서 다
음과 같이 말한다. "여기에 제출된 논문들은 '문서의 상호텍스트
성'(intertextuality)이라는 말이 무엇을 의미하는지 폭넓게 이해하고
있다는 것을 보여주었다." 하지만 대부분의 사람이 더 적극적인 독
자-반응(reader-response) 비평적 접근을 적용하기 보다는 역사 비평
방법에 의한 접근과 신약성서 텍스트의 저자에 더 초점을 두었다."
중요한 것은 신약성서 문서들이 저작된 시기에 영향을 주었던 유
대교의 실제적인 구약성서의 이해에 대한 생각이 현재적 변화를
일으켜야 한다. 그것을 위해서 특히 지금까지 잘 알려지지 않았던
쿰란의 문서들이, 예를 들자면 빈번하게 거론되었던 4Q521에서
알 수 있는 것처럼, 그 증거가 된다.(XXIII-XXIV 쪽)

이 소논문들은 전체적 개요(예를 들면 툭켓: 구약성서와 Q, 3-26; 드노
(A. Denaux): 누가 여행 내러티브를 위한 구약성서의 모델, 271-305)에서부
터 자세한 연구를 망라한다.(포캉 [C. Focant]: 비인용구의 예로서 마가복음
4:10-12에 있는 이사야 6:9-10의 문맥적 재구성, 143-175; 뤼벡(Lena Lybæk) 안
식일 논쟁의 문맥 속에 있는 호세아 6:6에 대한 마태의 용례, 491-
499; 페어히든(J. Verheyden): 마가복음 13:34-25안에 있는 파루지
아. 그 우주적 현상, 525-550). 브레이튼바흐(C. Breythenbach)는 자
신의 논문 「마가복음, 시편 110:1과 118:22f. 이후 문서와 그 이전

문서(Folgetext und Prätext)]」의 서두에서 "상호텍스트성"(Intertextualität)
이 무엇인가라는 질문에 대하여 할애한다. 또한 레제(M. Rese)는 그
의 논문(상호텍스트성. 그 새로운 방법론이 가지는 실효성과 무효성, 431-439)
을 강조해서 다룬다. 끝으로 틸부르거(Tilburger) 연구프로젝트인
"상호참조와 성서"에 대한 진지한 논쟁이 나온다. 분명한 결론이
내려지지 못하고 당연히 기대되어질 수도 없었다.

두 가지 연구가 인물에 관한 성서의 전승을 다룬다. 위아르다(T.
Wiarda)는 복음서에서 묘사하고 있는 베드로의 상(像)을 연구하고,
모리(E. Mohri)는 막달라 마리아에 대해서 질문한다. 위아르다(2000)
는 "내러티브 비평"을 그가 텍스트에 접근하는 좋은 방법론이라는
고민에서 출발한다. "우리 앞에 있는 텍스트는 관심의 중심대상이
며 이것은 저자의 의도들을 반영하고 있다고 이해하여야 한다. 또
한 이 의도들은 저자가 살고 있는 세계에 영향을 받았던 것들이다.
그러므로 해석의 첫 번째 목표는 저자가 텍스트를 통해서 의사소
통을 하려고 한 것을 이해하는 것이라고 가정한다."(4) 그 곁에 당
연히 텍스트가 포함하고 있는 역사적 정보에 대한 것이 중요하다
고 본다.(6) 전체로서 복음서 텍스트와 각각의 에피소드 사이에 놓
인 관계에 대한 질문에서 위아르다는 "내러티브의 통일성"이 전혀
"최우선적인 전제"가 아니며, 그것은 오히려 읽기를 통해서 올바
르고 의미가 있는지 증명되어야 한다. "전체적인 해석은 반드시 각
부분에 대한 주의 깊은 읽기와 함께 시작해야만 한다." 그리고 그
반대로 각각의 에피소드에 대한 분석에서 "베드로의 이야기를 전
달하는 각 에피소드적 요소를 위해서" 열려있어야 한다.(7)

접근을 위한 일련의 연구를 순서적으로 조망한 후(이 조망에서 베
드로가 한 인물 혹은 역사적 기능을 가지고 있다는 접근들 [11-24]과 베드로의

상속에 각각의 화자가 본 교회의 현재적 상이 반영된다는 접근 혹은 베드로이야기를 "이야기 세계"로 파악하는 접근들이 구별된다[28-33]), 3장에서 중요한 이야기의 표본("관찰유형", 34-45)이 나온다. 많은 이야기에는 "예약된 기대"의 표본들이 있고, 그런 점에서 베드로는 예수와의 관계에서 기대하지 않은 말이나 행동은 하지 않고 상응하는 반응을 한다는 것이다. 즉, 베드로는 예수를 적대하는 행동을 취하지 않는다는 것이다. "오히려 충성하거나 도움을 준다." 그럼에도 그는 교정받고 비판을 받는다.(34) 위아르다가 예를 든 본문에는(36-41) 마가복음 8:31-33, 마태복음 14:28-31, 누가복음 5:8-11 또한 마가복음 1, 35-38, 마태복음 17:24-27, 마지막으로 마가복음 10:28-31과 마가복음 8:29-31이다. 위아르다는 이런 표본이 모든 복음서에서 우선적으로 베드로와 연결된다는 것을 보여주며(46-64), 그것을 통해서 그가 다른 모든 제자들과 구별된다.

5장에서(65-119) 위아르다는 각각의 에피소드에서 베드로를 특징짓는 질문을 한다. 거기에서 먼저 특정한 형식적 비평기준이 언급된다.(65-72, 아래를 보라) 마가에서는(72-91) 다음의 모습이 도출된다. "개별화의 수준"에 걸맞게 1:29-39에는 한편으로 먼저 베드로가 "예수를 향한 열광주의", 다른 한편으로는 그가 "예수의 우선순위에 둔감"(72, 이로부터 "과도한 기능"에 관하여 말할 수 있을지도 모르겠다)한 사건이 나타난다. "독자의 시각"(reader distance)이라는 측면에서 1:29-39에 있는 베드로 에피소드는 비록 1:16-18에서 그가 예수와 긍정적 관계를 가지고 있는 것을 독자가 안다고 하더라도 독자에게서 "특별한 의미의 감정이입"을 추구하지는 않는다고 본다.(74) 좀 다른 것은 8:21-33이라고 한다. 왜냐하면 독자는 29절에 따라서 베드로와 동일시되기를 초대받고 있다는 사실을 알기 때문일 것이다.(77) 그 차이를 더 강하게 축소시키는 것은 9:2-8에서라고 한다. 왜냐하면 이미 6절을 통해서 베드로에 대한 생각을 가지고 있기 때문이며, 마가복음에서는 8개의 텍스트가 이런 표본에 들지 않는다고 한다. 1:16-18, 3:16, 5:37-43, 8:27-30, 10:28, 11:21, 13:3, 16:7(88-90). – 마태복음에서는 16:17-19를 제외하고 베드로가 한 번도 "예수의 이상적인 학생"으로 특징 지워지지 않는다는 것이다. 그는 오히려 거의 전반적으로 뭔가를 하려고 하고, 지도받거나 지적받아야 하는 사람으로 그려진다는 것이다. 그래서 "독자는 전승을 성실하게 수용해서 확증하는 사람이 아니라 제자도의 과정이 고통스러운 것을 목격하는 사람"(99)이다. – 누가복음에서는 5:1-11에 있는 독특한 강조에 집중한다. 전형적으로 이것은 많은 물고기를 잡은 기적에 대한 반응으로 "그의 감정이 무의식적으로 그리고 편하게 표현된 것"이라고 한다.(103) 누가복음에는 마가복음 8:31-33의 병행이 빠져있다. 마가복음 1:35-38의 병행에서 베드로가 특별히 강조되지 않았다. 그것은 다음과 같이 요약할 수 있다.(105) "복음서에는 베드로의 상을 먼저 예수가 행한 기적의 증인과 수혜자로서 그리고 그의 가르침을 들은 사람으로 그린다. 이것으로 예수가 그를 제자로 부를 때 그가 응답하는 것을 준비한다. 그리고 그것이 다른 제자들과의 비교 속에서 더 밝게 조명된다. 그는 예수의 현존 앞에서 깊이 감동되고 낮아진 것을 보여준다." 예수가 체포되는 곳에서 베드로는 실패한다. 그러나 이야기의 문맥은 예수가 그를 여전히 붙잡고 있다는 것을 알게 한다. "22:31-32의 확신과 위탁은 베드로가 소명을 받았던 앞의 시점으로 옮긴다.(5:8-10) 부활 현현은 그의 회복을 확증한다."(눅 22:31-34와 54-66을 증거로 들면서 위아르다는 사도행전에 있는 베드로의 "지도적 역할"을 간략하게 소개한다, 170) 베드로는 마가나 마태보다는 더 친화적으로 그려졌다고 한다. 그러나 이것이 꼭 베드로에만 국한되는 것은 아니라 제자들 전반에도 해당된다고 한다.(106) 베드로 상이 가장 긍정적인 것은 요한복음이라고 본다.(106-117)

6장(120-141)에서 위아르다는 복음서에 있는 예수-베드로 또는 예수-제자 관계를 연구한다. 마가에서는 그 관계가 랍비와 그의 제자와의 관계모델 또는 종말론적 예언자와 그를 따르는 추종자의 관계로 비교할 수 있다.(128) 마태에서 예수는 특히 17:24-27과 18:21 이하에서 보여주는 것처럼 베드로에게 유일한 하나님의 아들과 주라는 것이다. 누가 5:1-11에서 어떤 발전이 발견되는데, "공급하는 사람이 공급받는 사람이 되고, 머뭇거리는 존경이 사라지고 경외함과 헌신에 이른다." 그리고 거기에서 베드로는 예수를 특별한 방식으로 쫓는 사람으로 그려진다는 것이다(136). - 7장(142-182)에서 위아르다는 "반대유형"의 내러티브와 수사적 기능 그리고 복음서에 나타난 베드로에 관한 인물묘사에 대해서 질문한다. 그러나 여기에서 질문의 요지가 분명하지 않다. 그래서 그 결과도 일반적인 것이다. 이야기의 세계에서 일반적으로 화자로서의 베드로가 그렇게 중요한 것은 아니라고 한다. - 8장(183-205)에서 위아르다는 동시대의 그리스문학과 히브리문학의 병행을 조사한다. 가까운 병행이 "철학자 혹은 랍비가 죽음과 고통을 피하기 위해서 주장하는(비록 스승에 대한 헌신에 관계된 요소들이 대부분 뒤바뀌고 그래서 약화되거나 사라졌다고 하더라도) 혹은 신적인 인물의 위대함을 과소평가하는 사람이 불필요한 도움을 요청하는 에피소드"에 있다는 것이며, "베드로 이야기에서 나오는 것과 같은 강력한 헌신과 충성을 반대로 표현하는 것은 아주 드물다."(205) - 9장에서 제기된 베드로 상(206-228)에 대한 역사적 기원에 대한 질문은 전승이 "초기 기독교인들의 기억에 뿌리를 두고"있다고 올바르게 대답한다. 비록 수많은 수사학적 관심과 각 복음서 저자의 매 강조점이 있다고 할지라도 "베드로를 담고 있는 내러티브가 그가 어떤 사람이었는가를 반영하고 오늘의 독자에게도 여전히 한 인물로서 의미를 주고 있다"는 것이 반복되어야 한다고 주장한다.(228) 마지막

장(229-233)에서는 결과들을 요약한다.

위아르다의 연구는 중요하고 놀라운 많은 관찰들을 포함하고 있다. 각 장이 너무 형식적으로 구성되어 가독성이 떨어지는 단점이 있다.

2000년에 간행된 모리(Erika Mohri)의 연구도 엄격하게 말하면 이 연구동향을 보고하는 데 속하는 것은 아니지만, 여기에서 언급해야만 할 것 같다. 모리는 대체로 주의 깊게 막달라 마리아에 대한 전승들을 먼저 공관복음(마가의 이차적 결말을 포함해서) 그리고 베드로 복음(EvPert), 요한복음과 사도들의 서신(Episula Apostolorum)에서 연구한다.(17-187) 그후 또한 도마복음에서 마리아 복음 그리고 신앙의 지혜서(pistis Sophia)에 이르기까지 영지주의 복음서에서 막달라 마리아를 어떻게 그렸는지 묘사한다.(189-376) 끝에는 다음과 같은 이해와 함께 아주 짧은 요약이 나온다.(377f.) "신약성서가 가지고 있는 막달라 마리아 이야기와 그녀의 상은 우리들이 보는 예수 이야기 속에 잠재하는 인본주의에 저항하는 것과 초기 교회에 있었던 가부장적인 역할 설정을 거부하는 것도 포함한다. 그녀의 영적 능력과 영지(Gnosis)에서 매혹이 나온다[!]" 즉, 막달라 마리아는 "하나님과 예수이야기에 참여하고 있는 여자들이 그것에 대한 증인이며 교회와 하나님의 형상 안에 있는 여성의 권리를 쟁취하기 위한 투쟁의 증거"라는 것이다.(378) 모리는 이 책에서 현실적인 관심을 위해서 주석적 증거를 도외시하거나 또는 증명할 수 없는 역사적 결과를 주장하는 놀라운 연구를 감행했다.

Ⅱ. 마태복음

1. 주석

W. D. DAVIES/DALE C. ALLISON JR., The Gospel according to Saint Matthew. Volume III. Commentary on Matthew XIX-XX-VIII(ICC). T&T Clark, Edinbur호 1997, XVIII+789 S. - HUBERT FRANKENÖLLE, Matthäus. Kommentar 1/2. Patmos Verlag, Düsseldorf 1994/1997, 332/560 S. - DAVID E. GARLAND, Reading Matthew. A Literary and Theological Commentary on the First Gospel(Reading the New Testament Series). Crossroad, New York 1993, XVI+269 S. - DOUGLAS R. A. HARE, Matthew(Interpretation. A. Bible Commentary for Teaching and Preaching). John Knox Press, Louisville 1993, XIII+338 S. - CRAIG S. KEENER, A Commentary on the Gospel of

Matthew. william B. Eerdmans Publishing Company, Grand Rapids, MI, 1999, XXI+1040 S. - ULRICH LUZ, Die Jususgeschichte des Matthäus, Neukirchener Verlag, Düsseldorf und Zürich/Neukirch-en-Vluyn 1997, XII+561 S. - LEON MORRIS, The Gospel according to Matthew(A Pillar Commenatary). William B. Eerdmans Publishing Company/Inter-Varsity Press, Grand Raids, MI/Leicester, England, 1992, XVII+781 S. - WOLFGANG WIEFEL, Das Evangelium nach Matthäus (ThHK 1). Evangelische Verlagsanstalt, Leipzig 1998, XXIV+497 S.

공관복음서 연구동향을 정리하는 동안 마태복음을 연구하는 두 권의 방대한 주석 작업이 시작되었고(U. Luz) 또 완료되었다(W. D. Davies/ Dale C. Allison). 게다가 부분적으로 특히 영 · 미권에서 비교적 포괄적이긴 하지만 다양한 특성을 가진 주석들이 출간되었다. 1993년 울리히 루쯔가 당시에는 완성하지 못했던 마태복음 주석에 대한 "중간결과"를 『마태의 예수이야기』(Die Jesusgeschichte des Matthäus)" [울리히 루쯔/박정수 역, 『마태의 예수이야기』(서울:대한기독교서회, 2002).]라고 출간했다. 이것은 마태의 신학을 간략하게 설명한 것이다. 비록 이 책이 체계를 갖추지 못했지만, 본문의 순서에 따라 분석하고 있다는 의미에서 "주해"라고 할 수 있다. 그런데 사실 마태복음 본문의 순서에 따라 분석했다고 하기 보다는 커다란 문맥단위를 다양한 관점에서 해석했다고 볼 수 있다.

도입부("Das Buch", 11-32)에서 루쯔는 먼저 마태복음이 마태 "이전의 저자"와 관련이 있고 또한 유대교와 대치하고 있는 당시의 마태공동체와도 관련이 있으며, 마태공동체의 자체 역사와도 밀접한 연관이 있는 책으로 보고 있다. 루쯔는 ("거의 확실하게", 25쪽)

[*마태복음에는] 다음의 중요한 5가지 연구주제가 있다고 한다.
1. 마태복음의 저자는 "분명히" 유대 그리스도인이었다. 2. 마태공
동체는 더 이상 그들이 유대교 회당에 소속되었다고 여기지 않았
다. 3. ("내 생각에") 아마도 율법을 추종하는 공동체이다. 4. 이 공동
체는 또한 유대교 회당으로부터 분리된지 "얼마 되지 않았을 것"
이라고 가정해야 할 것이다. 가장 불확실한 것은 5. 마태가 이방인
선교에 대해서 어떤 대답을 하고 있는가라는 것이다. 이것이 마태
공동체에게 새로운 일인가? 다시 말해서 "지금까지 그들이 유대
인 선교에 주력했는가? 그리고 이제 그 선교는 이스라엘이 더 이
상 예수를 받아들일 것이라는 희망이 깨져버려서 그리고 유대 회
당과 마태공동체가 갈라졌기 때문에 더 이상 효력이 없어지게 된
것인가?" 아니면 마태복음 24장 9절과 14절에서 분명히 보여주는
것처럼 "유대 그리스도인들이 이미 이방선교를 결정했고 마태가
그의 복음을 들고 그들 편에서 싸우고 있는 것인가?" 아니면 이 양
자가 모두 가능한 것인가.(27과 28쪽) 그는 마태복음이 그렇게 빨리
"전체교회"속에 파고들었다는 사실은 이 복음서가 "율법을 추종하
는 유대 기독교 소수집단의 하나"에 속한 것이 아니라는 반증이라
고 한다.(28) 역사적으로 마태공동체는 말씀어록을 전한 공동체에
속하며, 아마도 더 말할 필요 없이 시리아지역에 있었을 것이라고
한다.(29)

　루쯔는 마태복음 8:1-11:30의 예를 들면서 두 가지 유형의 본문
분석 방법을 제시한다. 즉, 마태복음은 "내재된 예수이야기"로 읽
혀져야 한다. 한편으로 마태는 "이야기의 경과순서에 따라 묘사하
지만, 그 이야기 끝에는 예수가 행한 기적에 대한 백성들과 바리새
인들의 두 가지 반응이 나타난다." 그러나 다른 한편으로 그는 "이
야기의 표면적인 논리적 결집에는 별로 관심이 없었다. 언제나 예
외적이고 기대하지 못한 일들이 발생한다."(77) 이것은 통시적 관

찰을 통해서 더 잘 알 수 있다고 한다. 마태에 의해서 구성된 8-9 장의 이야기를 이루는 축은 사실 마가의 일부분인 아주 다른 두 개의 이야기 (1:40-2:22과 4:35-5:43)가 "그 내부에 각각 분리된 채로 포함되었다." 그리고 여기에 있는 두 가지 기적이야기는 Q(눅 7:1-10과 11:14f.)와 마가복음 10:46-52에서 유래했다. 또한 마태가 마가의 연대기적 서술을 교정하려 했다기보다는, 오히려 마태의 예수이야기 안에 나름대로의 "내부적인 원칙"이 있음도 보여준다는 것이다. 예수가 이스라엘과 한 논쟁 속에는 마태공동체 자신의 이야기가 내재되었다는 것이다. "예수이야기는 그들 자신의 이야기를 투영한다.(transparent)" [77-79] 루쯔는 기적이야기를 "상징적으로 분석"하여 설명한다. 이 이야기들은 마태가 "당연히 … 현대의 역사가들과 다름없이 현재와 과거를 구분하고 있음에도 불구하고", "과거의 예수이야기로부터 생명이 소생되어 예수와 개인적인 경험을 갖거나 또는 그 경험을 이해하게 만든다"는 것이다. "과거의 보도와 현재적 경험의 내부적 상호관계성은 이 땅에 계셨던 임마누엘과 그들의 공동체에 계신 현재적 주님과 갖는 상호관계성과 일치한다.(1:23과 28:20)"(81과 84쪽) 파송설교에서 루쯔는 교회의 교회됨을 위해서 "신앙고백이나 그것의 교육적 체계보다는 그들이 그리스도를 형상화하는 것이 중요한 것"이라고 파악한다. 다시 말하면 그것은 "떠남, 활동, 참여와 고난"이다. 그래서 마태는 전혀 "교회를 위한 이론"을 말하지 않는데, 그것은 "교회의 실천과 그 역사를 제외하고" 교회의 존재를 생각할 수 없기 때문이라고 한다.(94f.) - 루쯔에 의하면 28:16-20절의 종결부는 "19절의 교회에 잘 알려진 삼위일체적 세례형식을 제외하고 모두 편집적"이라고 한다. 복음서 저자는 컨텍스트에서 보여주는 것처럼(15절), πάντα τὰ ἔθνη로 "모든 이방인"을 지칭한다. 그래서 이 선교명령은 "하나의 전환"으로 해석되어야 마땅하다고 주장한다. "이제부터

[말하자면 부활절부터] 제자들은 이방인에게 향해야 한다.”(156f.) – 그런데 내 생각에 τὰ ἔθνη와 πάντα τὰ ἔθνη(24:9과 24, 그리고 25:32)는 당연히 구별해야 한다고 본다. 즉, 28:19은 실제로 “모든 백성”을 의미할 수 있고, 그래서 이스라엘이 제외되지 않는 것이다.

결론에서 세 가지 연관관계들이 다루어진다. “마태와 예수”(159-163)가 마태복음 23장의 반 유대적인 본문에서처럼 “예수로 소급(jusuanische Linie)”된다는 관찰 속에서 다루어지고, 그러한 점에서 예수는 “임박한 심판”을 선포했다.(162). 루쯔는 이어서 “마태와 바울”(163-170)에서 먼저 차별성(바울신학에는 “말하자면 한 지붕 아래서 애정을 갖고 보는 반 율법주의”가 자리를 잡은 반면, 마태에는 “전혀 유대교와 기독교의 간격”이 없다는 것이다. 이것은 사실 “실제적인 깊은 긴장”이 있고 심지어 바울과 마태 사이에는 깊은 “심연”이 놓여 있는 것처럼 보인다, 165f.)을 강조한다. 그러나 거기에는 또한 뚜렷한 수렴의 정황도 보인다. 왜냐하면 마태는 “이행칭의의 신학자(Theologe der Werkgerechtigkeit)가 아닌데” 바울은 거의 “행동의 신학자(ein Theologe der Tat)”라는 것이다. 그래서 이 양자는 “보편적인 기독교 신앙의 시작”을 대표한다. 즉, 이 양자 사이에는 유익한 긴장이 존재하며 그들은 “대척점”에 서 있는 사람들은 아니라는 것이다.(167-170) 마지막으로 “마태와 우리”(170-173)에서 마태는 예수를 한 인간으로 그리고 있다는 언급과 그 속에서 말과 행함이 어울리게 기록되었다고 지적한다.(“예수에게 있었던 사건은 정말 그렇게 있었던 일이다”) 이로부터 결론은 “말씀이 인플레이션 된 우리들의 시대에 강조되어야 하는 것은 마태가 예수를 (단지) 말씀의 사람이 아니라 행동하는 사람으로 그렸다.”(173)

루쯔의 이 소책자는 반드시 읽어야 할 가치가 있는 책이다. 마태를 이해하는 길잡이로, 그의 신학을 위한 개요로 강력하게 추천한다.

1997년 울리히 루쯔는 마태복음 18-25장의 분석을 포함한 EKK 주석의 세 번째 책으로 마태복음 주석을 출판했다.[1] 마태복음 18-20장은 여전히 16:21로 시작하는 IV장에 속하며 그 제목은 "공동체 안에 있는 예수의 사역"이다.(5-171) V장은 마태복음 21-25장을 "예루살렘의 예수"라는 제목 하에 설명하는데, 그것은 다시 "예수와 그 적대자와의 결말"이라는 제목을 갖는 21:1-24:2과 "재판정 앞에서의 진술"이라는 제목인 24:3-25:46로 나누어진다.(402-561) 루쯔는 23장의 변호적인 진술을 법정에서 행하는 형식의 진술로 보지 않는다. 그 정당한 이유가 한편으로는 22:15-46에 그리고 다른 편으로는 이 5개의 진술(*전통적으로 마태복음을 나누는 5개의 담화 혹은 설교)이 종종 이야기의 흐름을 끊고 "공동체에 있는 복음서의 독자들에게 직접 말하기" 때문에 그렇다는 것이다. 반면에 바리새인과 서기관들에 대한 진술은 "기독교 독자들의 삶에 그저 간접적인 의미만"을 가지고 있다.(173)

서문에서 루쯔는 마태복음이 처음부터 끝까지 "이야기책"으로 읽혀지기를 희망한다. 또한 자신의 주석도 그렇게 여겨지기를 바란다. 그래서 이 주석에는 "텍스트의 의미를 만들어 가는 사람이 독자이고 그것은 아주 다양한 방법으로 수행될 수 있다"는 것을 의식하고 있기 때문에 "독자"라는 말이 자주 등장한다. 이 주석이 비록 방대한 분량이지만, 그럼에도 그 영향력이 "결정적인 것이 아니며 자신의 독자가 스스로 그 속에 들어가 어느 정도 참여하고 뭔가를 보충했어야 하며 그렇게 할 수 있다."(VIII) 그런데 루쯔는 미학적 수용에 대한 고려는 거부한다.[2] 루쯔는 그의 주석 18장의

---

1) 1985/1990년에 출간된 책 I과 II에 대해서는 ThR 59(1994) 173-177을 보라.
2) 마 21:1-17절의 분석에서 "영향사(Wirkungsgeschicht)"를 말하면서 "참된 해석은 텍스트에

마지막에서 특히 23:1-24:2과 24:3-25:46에 있는 진술이 "오늘" 말하는 "의미"가 무엇인가를 질문한다.

이 주석의 전체적인 기조는 크게 바뀌지 않았다. 매 구절마다 풍부한 참고자료를 제공하고 번역과 분석 그리고 본문의 본래적 의미들이 뒤따른다. 그리고 마지막에 "영향사"와 그 컨텍스트를 설명한다. 물론 영향사에 대한 설명에서 그 다양함은 결여되어 있다. 때때로 이전의 본문분석에 대한 자료들이 전혀 없기도 하다.(그래서 18:6f.절의 σκάνδαλον의 경우 단지 토마스 아퀴나스를 짧게 참조한다. 22) 때때로 그 개요가 너무 광범위하기도 하다.(18:12-14절의 경우 기독교의 영지주의 [Gnosis]에서 시작하여 현대의 자유주의 신학에까지 이른다, 33-35) 전체적으로 영향사라고 말하기는 어렵고, 오히려 그런 관점에서 본다면 해석사라고 해야 할 것이다. 그래서 18:19f.절의 뒤에 "영향사"에 대한 설명이 뒤따른다.(53-56) 거기에는 내 관점에서 "해석사(Auslegungsgeschichte)"라고 불리우는 것이 각각 연관된 본문 속에서 나온다. "오늘날의 의미"라는 항목에서 루쯔는 18:1-20의 분석을 끝내면서 다시는 교회에 길들이는 교육(Kirchenzucht)이 도입되어서는 안 된다고 강조한다. 만일 성인이 된 사람들이 스스로 교회를 떠난다면, 그래서 만일 그들이 "교회가 증거하는 진리에 있는 한계를 인식하게 된다면" 그것은 당연한 일이라는 것이다. "교회가 다른 곳에서처럼 진리를 부풀릴 수 있는 가능성을 가지고 있다고 해서 사람들이 교회를 떠나는 것은 아니다. 다시 말해서 사람들이 더 이상 자기가 신뢰하던 진리를 추구하지 않기 때문에 그런 것이 아니라, 정체성을 상실한 교회들이 넘쳐나기 때문이다. 그

___

대한 새로운 그리고 독자적인 끌림 이다." 그래서 "그 설명 이상이다. 그것은 그 독자적인 것 그 '이상'(Mehr)을 가지고 독자적인 한 개인이 텍스트와 대화를 하는 것이지 단순히 그 텍스트를 반복해서 말하는 것이 아니다."(196)

러면 교회는 결국 교회의 교육(Kirchenzucht)뿐만 아니라, 교회다움(Kirchesein)도 잃어버린다"는 것이다.(60) 마태복음 18장에는 전체적으로 "교회"와 "소수 종파"의 관계에 대한 자세한 성찰이 뒤따른다. 거기에서 루쯔는 텍스트로부터 "마태공동체가 소수 종파적인 특성을 뛰어넘는 힘이 잠재되어 있는 것을 보인다. '낮아짐'의 기본개념은 그 누구도 - '작은 자'가 아니더라도 - 다른 사람에 대해서 절대적일 수 없다는 것을 포함하는 것이다 … 그것은 또한 언제나 다른 사람을 향해서 가는 일이다. '용서'란 모든 개인적인 관계 그 이면에 있는 질문을 언제나 물을 수 있는 것을 포함하는 것이다."(86)

19:1-12에서 루쯔는 텍스트에 대한 "사실관계비평"으로 향한다. 예수는 인간의 사회 심리적인 상황을 실제로 진지하게 취급했는가? 정말 그가 부부관계를 하나님의 사랑에서 중요한 것으로 고려했는가? "이혼에 대한 법률적인 인증과 이혼한 사람들의 결혼이 간음이라고 일반화될 수 있는 것인가? 그리고 그것이 구체적인 사람들의 경우를 간과하는 위험을 초래하지는 않는가?"(102) 그는 오랜 부부관계의 지속은 거룩으로 말하기 보다는 오히려 "놀랍고 훌륭한 사랑의 도구"로 이해되어야 한다고 본다. 그럼에도 불구하고 질문되어야 하는 것은 이것이 또한 오늘날에도 여전히 유효한가이다. "내 생각에 여기에는 신약성서로부터 확인되지 않은 - 전승을 신뢰하는 혹은 거의 제한되지 않고 적용이 준비된 - 개방된 사회 속에서 교회에 제기되는 비판적인 질문이 놓여있다."(103) - 마태가 구성한 22:1-14의 혼인잔치 비유를 루쯔는 7절의 관점에서 이해한다. "이스라엘에서 예수의 선포를 오해하지 않고 묵살하지 않은 사람들은 유대그리스도인들이 되었을 것이고, 마태는 그의 공동체와 함께 거기에 속했을 것이다. 또한 미래에도 그런 사람들이 그렇게 존재할 것이다. 그러나 마태에 따르면 하나의 전체로

서 이스라엘을 향한 하나님의 지향은 폐쇄되었다.” 이것은 법정에
서 한 개인에 대한 결정적인 용도 파기를 선언하는 의미에서가 아
니라 오히려 “내부적이고 역사적인 법정”의 관점에서 그렇다. 마
태는 이스라엘로 지향됐던 신적인 분수령은 “기원 후 70년 이후에
결정적으로 끝나고 이방인 선교를 통해서 그것이 해결된다”(242f.)
고 본다. 나는 8-10절의 새롭게 초청받는 사람들이 마태의 관점에
서 정말로 그 백성들의 외부를 의미하는지 그렇지 않은지 물론 확
실하게 장담할 수 없다고 본다. 루쯔는 분석의 마지막에 이르러 이
비유에서 하나님의 상(Bild)이 “무자비하고, 무능하고 비기독교적”
인지 아니면 심판을 통해서 구원의 긍정적 능력을 강조하려는 것
인지 질문한다. “이 비유에서 기독론적인 손실은 그 ‘아들’이 자신
의 결혼식에 대한 이야기에 전혀 등장하지 않는 것이다.” 그것은
25:24-30에서와는 다르기 때문에 이 알레고리는 우선 기독론과
는 관련이 없다고 본다. 그런데 이 설교는 “이 비유가 마태에서 임
마누엘이신 예수이야기의 한 부분이고 단순히 분리된 본문이 아
니라는 것을 진지하게 받아들이려 했었다면, 그 텍스트 자체에 관
계된 것보다는 그 아들에 대해서 더 말해야만 한다는 것이다.”(250)
- 22:34-40에 있는 사랑의 이중계명에 대해서 먼저 그 해석의 역
사를 서술한다.(271-277) 하지만 그는 여기에서 텍스트에 대한 많은
중요한 기본적인 질문들이 ‘현대적’이며 또한 그것이 텍스트로부
터 “직접 대답될 수 없다”는 결과를 그 분석의 역사를 통해 오늘을
사는 우리들에게 제시했어야만 한다.(284) - 이어서 23:34-36에
있는 심판의 말에서 루쯔는 “이스라엘을 거절한 신적인 허락에 대
한 질문에는 구체적인 답이 가능하지 않다. 왜냐하면 신적인 결정
을 추적하려는 사람은 그 자신의 신학을 확인하기 위해서 언제나
역사 속에서 그것이 실현된 흔적을 조사하기 때문이다”라고 이해
한다. 이로부터 마태 역시 자유롭지 않다는 것이다. 더욱이 그 자

신이 유대인으로 이스라엘의 거절됨과 자신들의 공동체가 회당으로부터 분리되는 아픔을 직접 겪었기 때문이라는 것이다.(376)

루쯔는 다시 한 번 마태와 회당의 연관성에 대한 질문을 다룬다.(392-394) 마태가 이방 그리스도인이었다는 주장은 그 근거를 잃었다. 요즘 증가하는 주장인 마태공동체가 회당과 분리되었다는 가정도 성공적으로만 볼 수 없다. 이것을 루쯔는 마태복음 23장이 적절하게 보여준다. 특히 무엇보다 가치 있는 것은 그가 교회와 이스라엘의 관점에서 하는 대화인데 이것은 "오늘날 방어적 진술을 위해서" 차별화되었다.(396-401) 마태 24-25장에 나오는 심판의 말에서 루쯔는 마태공동체도 또한 인자의 심판 아래 놓여 있기 때문에, 이것이 바로 "교회 자체의 절대화"를 이끈다고 하지 않는다. "이 심판의 말 속에 들어 있는 관점은 우리에 대한 심판이 하나님 한 분께만 맡겨졌기 때문에 … 그 심판의 선언은 교회가 혼합된 몸(corpus permixtum)으로서 자신을 이해하는 것이지, 선택된 무리라고 생각하지 않았다는 이해를 가능하게 했다. 그러나 예를 들면 이것은 마태에게 있어서 이스라엘과 하나의 새로운 연대를 이루게 했고, 이것은 - 교회처럼 - 언젠가 한 번은 세상의 평가를 받게 될 것이다."[3] 루쯔는 자주 질문되는 25:40에 있는 "작은 형제들"이 누구인가라는 물음에 대해서 먼저 그들은 기독교 공동체 안에 있는 교회의 일원이라고 대답한다.(537) 특히 이들은 마 10:40-42(539f.)의 의미에서 "방랑전도자"라고 생각되었다. 그럼에도 마태신학의 분위기 속에서 정당한 것은 세상의 심판에 대해서 말하는 것 안에 있는 의미를 보다 보편화하는 경향이 있다.(542-544)

---

3) 물론 여기에서 '연대'(Solirarität)의 개념은 아마도 무시간적(anachronistisch)일 것이다. 마태 공동체는 이스라엘과 비교해서 당연히 소수(Minderheit)로 구성되었다고 본다.

루쯔는 그 사이에 끝낸 그의 마태복음 주석에서[4] 지금까지 좀 과도했던 역사적, 주석적 정보제공과 신학적 반성을 자제하고 적절한 완성도를 기했다. 정말 여기에서 다루는 이 III권은 특정한 구절을 찾아서 분석하고자 하는 사람에게는 분량 면에서 부족하다. 이것은 오히려 "신학적 단상"(theologisches Lesebuch)으로 보여진다.(위 참조)

울리히 루쯔와 거의 비슷한 분량의 마태복음 주석이 데이비스(W. D. Davies)와 앨리슨(Dale A. Allson Jr.)에 의해서 그 마지막 세 번째 책이 1992년 출판되었다.[5] 서문에서 이 주석의 II권과 III권이 주로 앨리슨에 의하여 주도되었다는 것이 밝혀졌다(ix). III권은 마태복음 19-28장의 주석인데 그 부설로 19:1-23, 39의 구성(1-3)과, 23장의 신학적 경향(257-263) 그리고 마태복음에 있는 "인용형식"(Formula Quotations)을 포함한다(573-577, 아래 참조). 끝으로 마태복음 전체에 대한 회고(692-727)와 부록으로 호어베리(W. Horbury)가 연구한 중세에 있었던 한 유대인 의사 쉠 토브 입 샤프루트(Shem Tob ibn Shaprut)의 히브리어 마태복음 텍스트에 대한 소논문을 실었다.(729-738) 이 책의 끝에는 전체 3권에 대한 색인이 첨부되었다.

본분주석은 명료하게 세분화되었다. 특히 각 문단의 "구조"가 주의 깊게 다루어졌다. 도움이 되는 것은 "결론적 관찰"이다. 이어서 각 구절에 대한 상세한 참고문헌이 뒤따른다. 특히 가치 있는 것은 마가복음과의 차별화 속에서 작업한 것이다. 말하자면 마

---

4) 마태복음 26-28장이 들어 있는 IV권이 2002년 출간되었고 동시에 I권도 보완되어 다시 출간되었다. 이것에 대한 논의는 공관복음서 동향에서 다시 다루어 질 것이다.

5) 1988년과 1991년 각각 I권과 II권이 나왔다. ThR 59(1994) 180-182를 보라.

태복음 19:13-15의 병행인 마가복음 10:13-16에 나타나는 기도와 안수에 대한 청원이 "2세기나 아마도 이른 시기의 세례에서 안수와 기도가 선행되었거나 혹은 동반되었을 것이다." 그래서 질문되는 것이 "마태는 이것을 세례라고 생각했기 때문에 오래된 마가텍스트를 사용했을까?"라는 것이다.(35) 이어서 19:1-15에서는 19:10에 있는 제자들의 말이 19:13에서 보여주는 가정에 대한 부정적인 판단을 발견하게 한다는 것이다. 그러나 "예수께서는 그 양자의 견해를 교정한다." 19:11 이하에서 예수께서는 "결혼하지 않는 것이 모든 사람에게 해당되는 것이 아니라고 말하며, 19:13-15에서 어린이들이 환영받아야 함을 강조한다. 곧 19:13-15이 지금의 컨텍스트에 있는 19:11-12을 강조하고 또 그 앞에 놓여 있는 결혼을 귀하게 보는 관점인 19:1-9에서도 확인할 수 있다."(36) - 20:1-15에 대해서 데이비스와 앨리슨은 이 비유에는 예수께서 아마도 "그의 마지막 시간에 있는 사역에 대한 변호로 하나님의 은혜가 아래로 향하고('세리와 죄인') 그들에게도 다른 사람이 받는 것과 같은 보상('왕국')을 준다"는 용도로 사용하고 있다. 그러나 다른 해석도 가능하다고 본다. 모든 종교에서 하나님은 심판자로 생각한다. 그래서 이러한 연결이 말세에 있는 심판을 짐작하는 기능으로 발전될 수도 있다. 또한 이 비유로 인해 예수께서 저항을 받았을 수도 있었다. "그는 보상에 대한 생각을 공격하지 않았다 … 그러나 25:31 이하처럼, 이곳에서도 또한 하나님의 방법은 우리의 방법과 다르기 때문에 보상은 전혀 기대하지 못한 놀람이다."(70) 이 비유에 구원사의 상(Bild)은 전혀 없다고 한다.(76) - 성전정화 이야기는 대체로 철저한 역사적 사건일 수 있다고 한다. 예수는 이 상징적인 행위를 사가랴 14:21로 확증한다. 동시에 거기에서 그 일의 성격이 "그 사건은 비교적 사소한 것"으로 말할 수 있다는 것이다.(136f.) 마태는 예루살렘에 대한 하나님의 심판이 이미 임했다

고 보았고, 그것은 에스라 4서, 바룩 계시록, 아브라함 계시록에 나
타나는 1세기 말의 유대적 사고와 일치하는 것이라고 한다.(143)
또한 예루살렘의 멸망이 22:7의 배경이며(201f.),[6] 마태의 독자는
22:15-22에 나오는 예수의 말을 "유대전쟁의 빛 속에서" 읽어야
만 한다. "그의 고난에 대한 예언이 드러나고 그가 국가에 의해
서 처형될 것이 예견됨에도 불구하고 로마에 항거하는 다른 사람
과 달리 예수는 국가를 전복하는 혁명에 대해서 조언하지 않았
다."(219) - 마태 23장 앞에 있는 부설(위 참조)에서 강조되는 것은
여기에서 논박하는 사람들이 원래 누구였는가라는 것이다. 즉, '마
태 23장의 현재적 적용은 교회를 대상으로 해야만 한다.' 왜냐하
면 모든 바리세인과 서기관에게 한 비난들은 교회에 대한 것이었
기 때문이다.[7] 23:35에 언급된 "바라갸의 아들 사가랴"가 누구인
가라는 질문은 역대하 24:25를 제시하면서 대답한다. "이 구절은
창세기 4장(히브리 성서에 나오는 첫 번째 살인)에서 역대하 24장(히브
리 성경에 나오는 마지막 살인)에 나오는 의인의 살해에 대해서 보도한
다."(319) - 특히 영향사에 근거해서 일반적으로 가장 비판적으로
읽혀지는 27:25에 있는 군중들의 진술은 70년에 있었던 예루살렘
멸망의 관점에서 ("그의 피를 우리에게 그리고 우리들의 자손에게") "스스
로에 대한 저주가 아니라 책임성의 설명이다 … 이 말은 풍자적인
예언이다." 루쯔는 자손에 대한 언급(καὶ ἐπὶ τὰ τέκνα ἡμῶν)은 문자적
으로 받아들인다. "여기에서 우리는 수도 멸망에 대한 책임을 아에

---

6) 도식적 그림을 통해서 이 주장은 세 번의 초대와 거절 그리고 결국 준비되지 못한 사람이 초대
   된다고 이야기 한다. 이 혼인잔치의 비유가 본래 예수가 한 비유로 소급될 수 있다는 것을 보여
   준다고 한다. 도마복음 64장에 나오는 동일한 이야기가 공관복음의 본문에 종속된다고 보지
   는 않는다.(198)
7) 동방교회의 감독들과 주교들은 "23:6에도 불구하고 교회의 면전에서 그들 스스로를 높였고
   오순절 지도자들은 부흥집회 중에 그들의 강단을 높였고 … 십자가를 목에 건 기독교의 지도
   자들은 '신부', '교사', '감독'을 포함해서 모두 23:7-12의 정신에 반하여 그들 자신에게 최대의
   영예를 선사했다."(262)

티오로기(aetiology [*안디옥의 주교 아에티오스가 니케아 신조에 반대하며 펼친 주장과 같은 논리])와 집단의 용어로 설명하는 것을 본다." 동시에 마태의 텍스트에 의하면 군중들은 자신들의 지도자에게 받은 영향으로 예수에 대한 그들의 태도를 바꾼다. "그 텍스트는 비극적인 느낌이 들고 유대민족이 그 대가를 치르는 것을 썩 내켜하지 않는 속내를 드러낸다."(592; 각주 58번에서 마태가 27:25의 진술을 26:28에 있는 예언의 관점에서 보고 있는지에 대한 질문을 한다). ─ 데이비스/앨리슨은 27:11-26에서 2:1-18뿐만 아니라 26:57-68에서도 발견되는 "일치"를 찾아낸다. "이러한 병행들은 마태에게 깔끔한 구조적 일치를 선사한다."(594, 이것에 대한 자세한 소개를 한다. 마태 2장과 28:1 이하 사이에 있는 유사한 일치를 보여준다. 이 두개의 본문에는 천사의 직접적인 개입이 있다, 673) ─ 아주 어려운 본문의 하나인 27:51b-53에서 데이비스/앨리슨은 (어느 정도 과감하게) 53절에 있는 μετὰ τὴν ἔγερσιν αὐτοῦ 를 실제로 모든 사본이 동일하게 보유함에도 이차적인 전문용어라고 본다. 그들은 예수의 죽음 당시 무덤들이 열리고 "성도"들이 예수의 부활 때까지 있었다는 것이 무엇을 의미해야 하는지를 묻는다.(634f.) 그 자리에서 전체적으로 말하는 것은 "성도들의 부활은 예수의 부활을 미리 보여준다."(641) ─ 27:62-66의 분석에서 중요한 것은 그것이 마태와 비판적인 유대인과의 대화가 구성된 것으로 본다.(652f.) 무덤을 지키는 자들의 이야기는 "그 당시의 변호와 해명"이며 "역사로 강요하지는 않는다." 62f에서는 이 구절이 공관복음의 고난이야기에 바리새인들이 가담하고 있음을 보여주는 유일한 곳이라는 사실이 중요하다. 그럼에도 불구하고 "역사적 기억을 회상함으로만 그 사실이 설명될 수 있다. 그들은 예수의 처형에 책임이 없다. 그들은 언제나 다수 군중의 의견에만 신경을 썼다."(652f.) 28:19에 있는 μαθητεύσατε πάντα τὰ ἔθνη에서는 이스라엘과 연결을 한다. 이것은 누가복음 4:47절과 유사하게 "세상의 주님이 되신 것은 세상을 향한 선교를 의미한다." 게다가 "어디에도 명시적인 유대선교의 해체가 없다."(684) 19절의 세례에 대한 삼위일체적인 표현은 "3장의 아들이 세례를 받고 아버지가 말하고 성령이 내려오는 것을 기억"하게 하는 것이다.(687f.) 28:16-20은 마태가 예수의 부활을 어떻게 이해하고 있는지 보여주는 표현으로 본다. 이것은 "열린 채로 끝난 결말"이다. 예수는 홀로 세상의 주로서 의미가 없고 "내가 너희와 함께 있다", "그가 언제나 자기의 사람들과 함께 있음"을 통해서 의미가 있다. 그래서 그것을 듣는 사람과 하나님의 아들은 "내부적으로 하나로 결속된다. 어려운 복종을 명령한 예수는 또한 동시에 언제나 은혜로 가득한 신적인 현재이다."(688f.)

"회고"부분에서 데이비스/앨리슨은 먼저 마태복음의 유대적인 컨텍스트를 다룬다.(692-704) 여기에서 이들은 루쯔와 다른 견해를 대변한다.(위를 보라) 마태공동체는 "깊은 자기의식과 이스라엘의 일치에 전념하는 바리새주의를 향해 어떤 의도를 가지고 있으며 아마도 공격적"으로 대했을 것이라는 것이다. "그리고 이것은 그리스도인을 포함한 다른 입장으로부터 자신들의 정체성을 구별했었다"라고 본다.(694) 이 공동체는 "주로 유대인"으로 "지역의 이방 그리스도인과 교제"를 하지만 여전히 "유대사회와의 구별"을 유지하였다.(695) 그래서 이것은 고린도후서 11:24에서와 같이 그리스도인들이 유대의 위정자들에게 박해를 받았다는 전제 하에서 유효하다.(696) 70년 이후의 상황은 1989/90년에 있었던 유럽의 혁명적인 변화에 비교할 수 있는 것처럼 아마도 신속하게 전개되었을 것이다.(700f.) 마태는 교회의 일치를 강조하고 그 보증으로 베드로를 보고 있다.(702) 마태는 어려운 문제인 할례는 피해가고 있다고 본다. "우리가 비록 그 자신이 유대인이고 그들 중에 있는 유대인 신자들이 할례를 실행한다는 추측에도 불구하고" 마태복음에는 그것이 이방인에게나 또한 – 유대 그리스도인에게(703) "중요한 복음이 되는" "교회 일치적" 증거가 있다. – 이어지는 주제들은 "신학과 구원사"(704-707; 여기에서 그는 마태를 그 "구조"(system)에 짜 맞추어 설명하는 것은 잘못된 것이라고 한다), "장르와 도덕적 가르침"(707-718; 마태복음은 예수를 랍비의 모습으로 그린다고 한다. 그러나 그 책은 랍비적인 자료들과는 다르게 전승된다고 본다. "예수가 말한 것과 그가 행한 것"은 그의 사역과 Q나 도마복음과도 다르다, 710). "메시아주의와 기독론"(718-721)에서 데이비스/앨리슨은 "결정적인" 것은 단지 마태가, 메시아는 이미 왔다고 하는 것이 아니라 "메시아는 나사렛 예수이다. 예수는 자신이 완성할 수 있는 만큼 그 메시아에 대한 기대를 다시 정의 내리고 그것을 확장했다." 그래서 마태복음은 "예를 들면 전기문의 일종이지 계시문학은 아니라는 것"이다. 그리고 그 점에서 이 책은 한 인물에 관한 것이다.(718) 이런 맥락에서 "칭호"는 어떤 역할도 하지 못했다.(721) "초대교회에서 마태복음의 자리"(721-727)라는 부분에서 마태는 이방인이 마태공동체에 가담하려고 할 때 그들을 유대인으로 만드는 것이 불필요함을 고려했다고 한다. 그러나 토라는 여전히 유효하고 이런 면에서 마태는 근본적으로 사도행전 15장에 나오는 사도들의 훈령을 고수하는 입장에 있다.(721f.) 물론 마태는 이그나티우스의 이방 기독교에서 이미 보여주는 것처럼,(722) 유대 기독교와 이방 기독교의 통합을 견지하는 데까지는 도달하지 못했다고 한다. 아마도 마태복음은 이른 시기에 "유대 그리스도인의 예배를 위해서" 아람어나 히브리어로 번역되었을 것이라고 보며, 그것에 대한 이어지는 증빙으로 "2세기 초에 시리아에 있었던 유대인과 이방인 그룹이 각자의 길을 갔었다."(726)

이 주석과 함께 마태복음 주석에 대한 더 깊이 있는 논의와 미래를 위한 신학적 입장을 결정해야 하고 할 수 있다는 특별한 연구가 있다.

1992년과 1993년 어간에 나는 나름대로 특색 있는 영어권에서 출판된 3권의 주석을 접했다. 레온 모리스(Leon Morris)는 거의 800쪽이나 되는 자신의 주석 서문에서(1992) 각 "복음서 저자가 말하고자 하는 것이 무엇인가"라는 질문을 하면서, 원자료와 복음서 저자의 편집작업에 대해서 연구한다. 그래서 이 연구는 텍스트와 많이 일치하지는 않지만, 중요한 작업이 될 것이다. "분명히 [복음서] 저자는 그 책이 원자료에 접근하지 못한 독자들에게 읽혀질 것을 의도했다. 그는 있는 그대로 전달하는 것이 그들에게 의미가 있을 것이라고 기대했다"(x). 자료를 다루는 이론들이 언제나 문제를 유발하고 또 그 책이 쓰여진 장소와 시간 그리고 그 적대자들이 정확히 규정될 수 없기 때문에 "삶의 자리(Sitz im Leben)"에 대한 질문은 열려있어야 한다. "마태가 썼던 것을 열린 마음으로 어디서 그 자료가 입수됐으며 어떻게 그것을 사용하였는가"라는 관점이 지향되어야 한다.(xi)

개요(1-17)에서 모리스는 마태복음에만 있는 특징을 강조한다.(2-8) "유대주의", 예언성취에 대한 생각, "교회적인 관심"(모리스는 "이 복음서가 교회의 예배를 위해서 사용되었다는 사실이 너무나 충분하다. 이 책이 강독을 위해서 기록되었다는 것은 잘못된 생각이며, 어떤 면에서도 그렇게 볼 수 없다", 5), "반 바리새주의", 이방인에 대한 관심, 예수의 가르침에 대한 묘사, 마지막으로 "하나님 나라" 등이다. 마가우선설에도 불구하고 마태복음은 70년 이후 보다도 더 이른 시기에 저술되었다고 짐작한다. "아마 늦은 50년이나 이른 60년 일 것이다. 우리는 절대 그 이후로 결정할 수 없다."(11) 저작 장소는 시리아일 것이고 그 저자는 예수의 제자 마태일 것으로 본다.(12-15, 이 결정은 텍스트에서 왔다기보다는 2차 자료를 사용함으로 얻어진다) 마지막으로 원자료에 대한 질문에서는 그 답을 찾기 어렵다고 생각한다. 누가복음 1:1 의 πολλοί는 3개 이상의 자료들(마가복음, Q, 특수자료)이 있었음을 말하는 것이며 결국 공관복음서 문제는 해결될 수 없다고 생각한다. "초대교회의 많은 기록들이 소멸되었다."(16f.) 게다가 펫트(D. Patte) 의 주장처럼 복음서 저자는 원자료를 가지고 작업하면서 그것을 자신의 텍스트로 만들었다고 말해야 한다.(17)

모리스의 주석(18-570, 이어서 많은 색인이 뒤따른다)은 개요가 분명하다. 그는 각 구절마다 자신의 번역을 실었다. 거기에서 그는 고대 언어철학적인 분석과 본문역사에 대한 설명을 첨부하고 본문과 밀접하게 연관된 주석을 시도한다. 특히 시작부분에는 이야기하는 것에 대한(Erzählten) 역사성에 대한 사변도 넣고 있다. 그래서 모리스는 2:1-12에 모세의 전승과 아주 비슷한 것이 있음에도 이것으로 마태가 "그것을 예수에 관한 이야기를 구성하는 기초로 사용했을 것"으로 가정할 수 없다. 동방박사가 방문하는 장면에 대한 묘사는 모든 역사적 표식을 말하는 것이며, 마태는 거기에 단지 구약예언의 성취를 나타내기 위해서 구약의 본문을 추가했다. 즉, "모든 것이 예언이 성취되는 것임을 보여주려 한다."(34) 그와 유사한 것이 이집트로 피난 가는 것과 다른 자료에는 나타나지 않는 베들레헴에 있었던 어린이들의 살해(두 살 이하의 어린이 숫자가 그렇게 많지는 않았을 것이다. "헤롯의 이 광포한 살해가 그렇게 많은 관심을 가졌던 것은 아닐 것이다", 44)[8] – 3:13-17에 있는 세례자의 설교에서 모리스는 누가와의 병행을 지적한다. 그러나 그것이 어떻게 사용되었는가에 대한 이해는 없다.(이 양자는 동일한 원자료를 이용하거나 혹은 "한쪽이 다른

---

8) 27:51b-53에서 이야기되는 사건들에 관해서는 적어도 "그것에 관해서 말하는 것이 불가능하게 보인다." 어쨌든 마태는 여기서 "예수가 산 자와 죽은 자의 주님이시다"라는 자신의 확신을 표현하려고 한다는 것이다.(725)

쪽을 사용한다", 56쪽 각주 24) 그런데 3:13-17의 세례장면은 마가 그리고 누가와는 달리 많은 차이점이 있다고 한다. 즉, "우리는 이 부분을 다른 병행구들과 달리 독립적으로 여겨야만 한다."(63, 그 밖에 이곳에서는 28:19에서와 같이 마태의 "어떤 삼위일체적인 관심"을 보도해 준다. - 그러나 그렇다고 해서 그것이 꼭 마가복음 1:10f.과 달라야만 하는 것인가?) - 산상설교도 복음서 저자의 텍스트라기보다는 예수의 설교로 보아야만 한다고 주장한다. "마태가 예수의 설교를 수용해서 전달하고, 그것을 주어진 환경과 다른 이유들로 확대했다"고 짐작할 수 있다. 아마 예수의 산상설교는 여러 번(혹은 여러 날, 마 15:32)의 "요약" 형태로 볼 수 있다.(92) 누가복음 6:17-49에 있는 평지설교와의 차이는 어쨌든 그것이 동일한 설교라는 가정에는 반대한다.("예수가 유사한 내용들을 한 번이 아니라 여러 번 사용했다고 더 잘 생각할 수 있다", 93)[9]

모리스의 연구에는 텍스트의 진술이 마태에게서 그리고 그 수용자들에게서 어떤 의미가 있었는가에 대해서 전혀 반영되어 있지 않다. 예를 들어 5:19에 있는 "가장 작은 계명"에 대해서 모리스는 단지 이 예수의 비판이 누구에 대한 것인가에 대해서만 질문한다.(110) 이 말이 복음서 저자의 말인지 예수의 말인지 구별하기가 어렵다.(5:48에서도 어느 정도 눅 6:36에 있는 οἰκτίρμονες와 마태에 있는 τέλειοι와의 차이는 "방랑 설교자들에 의한 변형"으로 소급될 수 있다. 129 각주 157) 16:18에 있는 ἐκκλησία라는 말은 당연히 예수에게 소급될 수 있는 말로 본다. "확실한 것은, 예수는 그의 추종자들이 자신의 죽음 이후에도 결속력을 가진 집단으로 지속되기를 의도했고, 그래서 그 어디에도 의도하지 않고 말한 것은 없다는 것이다. 그가 메시아였다면 그는 공동체가 그의 가르침에 따라 그와 연결되기를 바랐

---

9) 또한 마 26:6-13과 눅 7:36-50에 있는 향유를 붓는 이야기에서 나타나는 차이는("누가의 이야기는 사역의 이른 시기에 죄지은 여인에게서 이루어졌다")는 같은 사건을 다루는 것이 아니라는 것으로 설명되어질 수 있다고 본다.(646)

을 것이다."(424) - 모리스에 따르면 27:25에 있는 군중들의 외침은 아마도 역사적일 것이다. 그는 이것을 물론 "간청"으로 꾸미지 않고 "진술"로 꾸몄다. 왜냐하면 대제사장의 선동에 영향을 받은 군중들이 실제로 예수를 죄인으로 여겼기 때문이다. "아무도 의로운 사람을 불의한 죽음으로 내모는 그곳에 자녀들을 보내 책임지게 하려는 사람은 없다." 따라서 그 본문은 "더 이상 흉포한 군중들에 의한 생각 없는 책임성을 가정하고 있는 것은 아니"라는 것이다.(707, 708) 따라서 이 설명은, 이런 가정이 비록 역사적으로 의심스러울지라도 본문에는 일치한다.[10] - 모리스에 따르면 28:19f. 의 세례명령도 역사적이다. 교회는 처음부터 이방선교에 주력했다.("이방인을 용인하는 것에는 아무 이의가 없었다. 다만 어떤 조건이었는가가 문제이다", 746) 또한 그는 처음부터 세례가 행해졌다고 본다.("이것은 예수의 명령이 아니라고 설명하기가 곤란하다", 747)

모리스의 주석은 여러 곳에서 대체로 참신한 관찰을 제공한다. 그러나 마태가 이야기하는 것이 역사적이라는 것을 보여주기 위한 끊임없는 수고는 때론 명확하게 텍스트를 벗어난다.

1993년 영어권에서 특히 헬라어 지식이 없어도, 그러면서도 동시에 학문적인 숙고를 포기하지 않은 두 권의 간략한 주석이 출간되어 독자들에게 제공되었다. "Interpretation" 시리즈에서 발행된 헤어(Douglas R. A. Hare)의 주석은 그 시리즈가 그렇듯이 "신개역표준판"(New Revised Standard Version)과 연관되어 있다. 짧은 서문(1-4)에서 헤어는 두 자료설을 수용하고 마태복음의 기록연대를 80년

---

10) "이 복음서의 저자는 군중들이 무분별하게 표출한 행위에 대한 징벌이 모든 유대인에게 언제 어디서든지 해당될 수 있는 것은 아니라고 생각했을 것이다."(708)

으로 또 그 기록 장소는 안디옥일 것이로 추정한다. 마태복음이 "새로운 오경"이라는 주장을 견지한다. 킹스베리(J. D. Kingsbury)와 같이 헤어는 4:17과 16:21이 마태복음의 구조를 나누는 결정적인 요소라고 본다. 그리고 거기에서 베드로의 신앙고백과 첫 번째 고난예고가 "마태복음에서 가장 중요한 전환점 혹은 '돌쩌귀'(hinge)"라고 한다.(3) 가장 중요한 기독론의 칭호로는 16:13에서 보이는 것처럼 메시아/"그리스도"와 "하나님의 아들"이지 "사람의 아들"은 아니라고 한다.(3f.)

각각의 본문에 대한 주석: 1:18-25은 엄밀한 의미에서 구체적인 "동정녀 출생"에 관한 것은 아니라고 본다. LXX의 번역자가 이사야 7:14을 메시아적으로 번역했을 것이라는 생각이다. "그래서 처녀 이스라엘이 메시야를 출생하는 것을 제안했다 … 따라서 마리아는 처녀 이스라엘을 대표한다. 즉, 그녀는 하나님의 직접적인 개입 없이는 메시아를 출생할 수 없다." 주의해야 하는 것은 "이것이 세속적 이야기가 아니라 야훼의 이야기이며 그런 방식으로 해석되어야만 한다."(11) - 의미 있는 제목인 "새로운 왕에 대한 책임성의 대조"를 가진 2:1-12에서 헤어는 2:2에 나오는 별을 헬리혜성으로 인식하는 것은 무의미하다고 여긴다. "여기에서 마태가 의도하는 것은 자연적인 현상을 말하는 것이 아니라 초자연적인 현상"을 말하고, 아마 민수기 24:17과 연결되었다고 생각한다.(14)

헤어는 구절단위가 아니라 텍스트의 문단단위로 분석을 시도했고, 거기에서 그는 마가복음과의 비교를 통해 마태복음을 주해하기 위한 좋은 결과를 내놓는다.(말하자면 31-33쪽에서, 마 4:23-25는 분명히 막 1:21-28의 변경을 보여준다는 것이다. "마태는 분명히 마가가 예수를 선생으로 묘사하는 것"과 그의 설명을 강하게 거부하고 있다, 32) 그는 산상설교를 자세하게 분석한다.("메시아의 취임설교", 33-87) 5:19에 대한 그의 중요한 주장은 마태가 여기에서 "율법의 권위를 바꾸려는 극단적인 그리스도인"에 대항하고 있다. 그는 그것을 하늘나라로부터 연결하지 않는다. "마태에서 가장 진정한 예수의 말을 판가름하는 것(그래서 하늘나라를 소유하는 것)은 윤리적인 행동이다.(마 7:21-28 참조) 율법의 특정한 구절들에서 주는 영감을 거절하고 있는 것이 마태에게는 심각한 신학적 오류이지만 죽어야 하는 죄는 아니다."(48f.) 5:43-48은 절대로 악이 무시되어서는 안 된다고 말하는 것이라고 주장한다. "이런 양단간의 결정과 자비는 하나님의 본성을 나타내는 것이다. 이 구절은 우리에게 하나님이 가지신 본래의 배타적인 권리를 폄하하는 행위를 경고한다 … 우리는 모든 것을 포함하고 있는 하나님의 사랑을 가지고 이 세상을 향한 하나님의 실재성과 교통해야만 한다." 여기에서 본회퍼(D. Bonhoeffer)가 언급되는데 "그는 나찌[*히틀러에 의해서 주도된 국가사회주의]의 사악한 행위에 절대로 침묵하지 않았다. 그는 감옥에서도 간수들을 기쁘게 대했고 또 그들을 함께 사는 사람으로 존중했다."(62) – 16:18에서 헤어는 이 진술의 역사적 진정성에 무관하게 '원칙적'으로 그것이 베드로의 것이 확실하다고 본다. "이것은 예수의 삶의 정황 속에서 전혀 상상 못할 일도 아니다. 왜냐하면 예수는 이미 당시에 행한 자신의 "행위" 속에 있는 그의 운명으로부터 자신의 죽음에 대한 생각을 했어야만 했기 때문이다. 그리고 동시에 거기에서는 εκκλεσια가 기관화된 교회로 인식되는 것이 아니라, LXX나 사도행전 7:38에서처럼 "하나님의 백성들이 모인 공동체"를 의미하고 있기 때문이라는 것이다.(190f.) – 19:13-15의 장면에서 마태와 교회는 14:21과 15:28에서 보여주는 것, 즉 "어린이와 젊은이를 포함해서 교회와 협력하는 삶 속에 있는 권위의 구체적 실제화"에 시간을 들인다는 것이다.(224) – 27:25에 있는 군중들의 말은 마태의 의미에서 전혀 스스로를 저주하고 있는 것으로 이해하면 안 된다고 한다. 오히려 이스라엘이 "전체로서 그들의 메시아를 최종적이며 결정적인 방법으로 거절하고 그 결과 하나님의 특별한 민족으로 선택되지 못한다"는 표현이라는 것이다. 그래서 그 말은 유대인에 대한 공격이라기보다는 이방인 선교에 대한 말로 볼 수 있다는 것이다.(317f) - 27:52f에서 중요한 것은 성도들이 먼저 예수의 부활 이후에 그의 무덤에서 떠날 수 있다는 것을 말하는 것으로 본다. "예수가 먼저 죽음에서 일어나게 될 것이다. 즉, 마태는 구원사의 사건으로 성도들이 나타나는 것이 아니라 그 조짐만 보여준다."(324) 바로 이것이 마태의 빈무덤 이야기에서도 유효하다. 경비병에 대한 지적을 고려하지 않으면 "빈 무덤은 부활의 증거가 아니라 부활의 표적을 보여준다." 그러나 그것은 28:15에서처럼 증거의 이중적 의미를 말한다.(329) 부활은 신약성서에서 전혀 묘사될 수 없다. "이 신비는 부족한 말들로 세속화될 수 없는 것이다 … 이 이야기는 하나님이 신실하기에 신실한 것이다."(331) - 세례명령에서 헤어는 πάντα τὰ ἔθνη가 단지 모든 이방인만을 지칭한다고 본다. 이것은 비록 "유대인을 미래적 제자"로 연결하지 않지만 "마태가 제시하는 교회의 선교가 그 초점을 이방세계로 옮겨야 한다"는 것과 연결된다.(333f.) 세례를 말하는 자리에서(μαθητεύσατεβαπτίζοντες διδάσκοντες) 말하는 것은 마태가 "세례는 지속적으로 제자됨과 가르치는 과정의 중심에 있는 행위로 인식된다는 것"을 말한다.(334)

헤어의 주석은 모든 비평과 적절한 예를 통해서 "학문적인 주석이 가지는 통합적인 이해"를 지향하는 분석에 의미 있는 모티브를 제공할 수 있다는 가능성을 보여준다.

여러 가지 측면에서 비교할 만한 것이 데이빗 가랜드(David E. Garland)의 책이다. 『Reading the New Testament』 시리즈는 폭 넓은 독자층을 가지고 있는데, 또한 이 시리즈의 책들은 각 구절에 대한 주석보다는 "커다란 사고의 단위들과 그것이 저자의 전체적인 사고 속에서 갖는 관계들에 관심을 갖는다."(편집자인 탈벗 [Ch. H. Talbert]의 견해, ix) 이 책은 텍스트가 생성된 종교, 사회적인 환경들이 특별한 무게를 갖는다. 가랜드는 자주 동시대의 자료들을 인용하고 또 전달한다. 그에게는 이차적인 문헌자료들이 그리 중요하게 여겨지지는 않는다.(참고문헌 xiv-xvi)

개요(1-10)에서 가랜드는 먼저 파피아스의 증언(Euseb KG III 39, 15)을 인용한다. 물론 마태복음이 "먼저 유대인을 위해서 저술되었다"고 급하게 결정지어서는 안 된다고 본다. 왜냐하면 다양한 표현들("그들의 회당", "그들의 서기관", "유대인")이 아마도 그리스도인과 유대인이 서로 분리되었던 것을 보여줄 수도 있기 때문이다.(2f.) 가랜드는 마태복음이 안디옥에서 저술되었고 두 자료설이 "우세한 관점"도 가능한 것으로 여긴다.(3) 그러나 분석이 어떤 특별한 가정에서 출발해서는 안 되며, 그것이 텍스트 속에서 다시 발견되어야 하는 것이라고 한다. 왜냐하면 마태는 아마도 "다양한 필요와 문제의식을 가지고 있는 기독교 공동체의 다양성 속에서 광범위한 확산을 의도"했었기 때문이다.(5) 전체 구성의 관점에서 가랜드는 헤어처럼(위 참조) 크게 세 부분으로 나눈다.(1:1-4:16, 4:17-16:20, 16:21-28:20) "복음서를 구성하는 이런 구조방식은 주석가들이 중요하게 여겨야 하는 기독론적 초점을 드러나게 한다."(10)

이 주석은 그 이름("읽기[Reading] … ")과 대체로 잘 어울린다. 이 주석은 마태복음과 직접적으로 병행하며 읽을 수 있다. 일반적으로 가랜드는 텍스트의 적절한 재구성과 그 의미를 전달한다. 그리고 그곳에서 제공되는 원자료에 대한 인용과 그 병행에 대한 참조는 전반적으로 유용하다.

　1994년과 1997년 사이에 후버트 프랑케묄레(Hubert Frankemölle)
에 의해서 두 권으로 된 마태복음 주석이 발간되었다. 1권의 서문
에서(10-14) 프랑케묄레는 물론 "절대적으로 유일한 가능성은 아니
지만, 그래도 지금까지 저자 중심의 성서 텍스트 해석방법을 보충
하기 위한 의미 있는 한 가능성으로 받아주기"를 바라면서 마태복
음에 대한 "독자 중심의 읽기"를 소개한다.(10)[11] 마태복음의 첫 번
째 독자는 마가복음과 Q 또한 "초대교회의 전통과 신앙고백형식
에 대한 전승"도 몰랐을 수 있기 때문에, 주석은 무엇보다 먼저 복
음서 저자들의 편집적 작업을 다루는 것은 아니다.(10f.)

　이 두 권으로 된 주석의 구성은 근본적으로 같다. 비교적 간단한
참고문헌(I, 14-16과 II, 15-18에서, 그런데 각 텍스트의 문단[12])에는 폭넓은 참
고문헌들이 열거된다)과 그뒤로 주석하지 않은 번역이 뒤따른다.(I, 17-
33: 마1:1-9:35; II, 19-58: 마9:36-28:20) 첫 번째 책의 처음 두 장은 기본
적으로 방법론적인 질문에 할애한다.("사람은 읽는 것을 이해한다", 34-
76; "악보로서의 마태복음", 77-127) 두 번째 책에는 간략한 개요를 다룬
다.("기억함으로 확인하기", 59-66) 실제적인 주석은 "마태복음의 연속
적 읽기"라는 제목 하에 나타난다.(I, 128-332; II, 67-560) 거기에서 프
랑케묄레는 본문에 대한 자세한 주석("Vers-für-Vers")은 아니지만
본문과 밀접하게 연관된 주석을 제공한다. 물론 이것이 마태복음

---

11) 프랑케묄레는 지금까지 "독자 중심의 읽기에 따른 주석"이 없었다고 알고 있다.(I, 42) 그러나
　　이것은 어느 정도만 맞는 말이다. 디터 뤼어만(Dieter Lührmann)은 이미 1978년 그의 갈라디
　　아서 주석을 특히 이런 관점에서 저술했다. 주석가는 바울의 역할속으로 미끄러져가서는 안되
　　며 "그것과 함께 최초의 독자편에 서야만 한다."(갈라디아에 보낸 편지, 12; 최근 2001년 3판)
12) 프랑케묄레는 "페리코페"(Perikope)의 개념과 그것으로 표현되는 것들이 주석을 위한 기초
　　라는 것을 논박한다.(I, 47f.)

5-7장을 분석하기 위한 맥락에서는 바뀐다. 그런 의미에서 이제부터 각 구절들이 주석된다고 볼 수 있다.(207-282; 마태복음 8-9장에서도) 그래서 두 번째 책에서는 특별한 언급이 없어도 위와 같다.

복음서는 전체로서 혹은 그의 주석이 전체로서 프랑케묄레에 의해서 14개 부분이 서로 다른 길이로 그 구조가 나누어진다. 마 1:1 "머릿말"; 1:2-4:22; 4:23-9:35; 9:36-11:1; 11:2-12:50; 13:1-53; 13:54-16:20;16:21-17:24-18:35(여기에 19:1-2는 "마치는 말") 19:3-20:34; 21:1-22: 46; 23:1-25:46 "이스라엘과 교회에 대한 심판의 말"(여기에 26:1a이 "모든 말의 결론") 26: 1b-28:15;28:16-20 그리고 "최종결론" 명시적으로 구별된 부설로서의 "기독교적인 기도"에 대한 항목은 없다. I, 282-288 "산위에서 행한 가르침"의 구조에서 프랑케묄레는 "산상설교"라는 개념을 거부한다, I, 205), 이로부터 부설처럼 이어지는 각각의 주석에 대한 조망을 한다.(말하자면 파송의 말 9:36절-11:1 "독자의 선지식은 마태가 독자에게 이미 암시했기 때문이다" II, 67-70; 더 나아가서 II, 159-171 비유를 위한 "선지식" 마태복음 13장)

1장(I, 34-76)에서 특히 프랑케묄레는 우선 이제르(W. Iser)와 연관된 시도인 "독자의 관점으로부터 보는 주석"을 기술한다.(37-42) "절대적으로 우세한 텍스트의 역할"이 "현대의 상대화된 문학이론 속에서 상대화되고 텍스트는 다양한 독자의 층 속에서 어떤 기능을 획득한다." 또한 동시에 그곳에서 독자는 "동화되면서 주어진 텍스트로부터 자유로울 수 없다." 그래서 "역사 비평적 방법의 가치를 해지할 수 없다." 저자의 의도와 독자의 의도는 구별되어야만 한다. 그러나 "그 속에서 상호의존관계는 견지되어야만 한다."(41) 프랑케묄레는 당연히 "해석자"도 독자라고 본다.(42-45) 또한 그는 이것을 갈라디아서 1:8에서 표현된 "바울의 절대적 요청의 하나"라는 이해와 놀라운 방법으로 연결짓는다. "그래서 오늘날 주석가가 특히 현대의 수용이론으로 고대문서를 수용하면서 발생하는 다양한 조건에 대한 숙고를 하지 않는다면 그는 결코 오늘을 대변하는 것이 아니다."(42f.) 프랑케묄레는 마태복음이 "페리코페"가 아니라 서로 얽혀있는 텍스트로 읽혀야 함을 강조한다.(45-52) 만일 프랑케묄레가 더 추가하여 말하고자 했다면, 그는 마태의 총보 (Partitur [*악보를 포함한 합창과 연주를 위한 모든 설명])에서 "복음서 저자 마태의 시각"을 모두 받아들이려고 했다고 할 수 있다. 바로 그 "독자의 시각"이 그 눈길 속에 들어 있는 것 같이 보인다. 즉, "독자"는 마태복음처럼 한 작품을 특히 이야기된 장면으로부터 이해하는 것이지 단일하게 구성된 문학적 통일성으로부터는 아니라는 것이다. 프랑케묄레는 예수의 말이 복음서의 수신자에게 향한 것이었지 본문의 등장인물에게 행한 것이 아니라고 주장한다.(만일 이런 맥락에서 프랑케묄레가 마태복음 10장의 선교의 말은 제자들에게 하는 것이고, 마태복음 23장의 화선언의 말은 바리새인과 서기관에게 했다는 것이 학문적인 문학이론 속에서 "일반적으로 전제된 것"이라고 주장한다면 이것은 내 생각에 옳게 보이지 않는다, 49) 마지막으로 프랑케묄레는 마태가 생각하는 성경(Heiligen Schrift[*구약성경])의 기능을 묻는다.(52-73) 프랑케묄레는 "옛 것"이 "새 것"의 반대개념으로 "부정적인 동의 표현"으로 자리 잡았기 때문에, 즉 "구약성서"라는 개념이 그리스도인에게 … 많은 고대 유대의 선입관으로부터 구속되지 않으려는 주장과 연결되므로 "구약성서"라는 개념을 거부한다.(58)[13] 이어서 프랑케묄레는 "어떻게 바로 읽을 수 있을까?"라고 질문한다.(73-76) 그리고 그 대답으로 구약성서의 역할을 강조한다.(76) "독자의 관점으로부터 마태복음을 분석하는 것과 함께 성서는 그와 동시에

---

13) 프랑케묄레는 그래서 마태의 관점에서 "성경"(Heiligen Schrift) 혹은 "성서"(Bible)라고 말하는 것이 옳다고 한다.(복수로 표현하는 것이 더 좋을 것이다. "성서들"(Heilige Schriften), 76과 비교하라) 그러나 그렇다면 지금 사용하는 기독교적인 언어에서 기독교의 첫 번째 성서가 인정받아서는 안 된다는 것인가? "옛 계약"(Altes Testament)이 없다면, 논리적으로 "새 것"(Neues)도 없는 것이다.

잊어버린 뿌리를 다시 의식하게 될 것이고 그것은 양분과 힘을 준다."(롬11:17절 비교) 그래서 주석은 마태가 구약성서에 많은 영향을 받았다는 사실을 끊임없이 인식해야 하고 그것을 간과해서는 안 된다는 것이다.

프랑케묄레는 2장("총보 [Partitur] 로서의 마태복음", 77-127)에서 구조, 개요, 문학적 형태(인물, 장소, 시간), 등장인물의 대화와 그 이야기의 통합적 기능을 설명한다. 불명확한 것은 마태가 4:17에서 어느 정도는 역사적 예수로 이해되는 화자인 예수와 거리가 있다.(94; 196에서도 비슷하다) 프랑케묄레는 1:1-4:11에 나오는 많은 칭호와 예수의 기능에 대해 언급한다. 그러나 여기에서 분명히 해야 할 것은 마태의 전체적인 의도 아래 "다윗의 자손", "임마누엘", "하나님의 아들" 그리고 "주"가 "역사적" 인물로서의 나사렛 예수와 일치되어야 할 것이다 - 그리고 이것은 마태의 "독자"에게도 유효해야만 한다. 최소한 프랑케묄레가 잘못 이해하고 있는 것은 "3자료 설"에 대한 것이다. 그에 따르면 마가와 Q보다는 "유대적 이야기 해설방법, 특히 신명기가 마태에게 특별한 인상"을 주었다. 그것도 "문학적 형태에서 뿐만 아니라 신학적 주제의 관점"에서도 그렇다. 그래서 프랑케묄레는 여기서 가장 먼저 이해하는 것은 "기독교의 주석가들이 마태복음 안에 있는 이런 성서적 기초를 먼저 발견했어야만 했다."(124)

3장("연속적 읽기")에서 프랑케묄레는 실제적 의미의 주석을 제공한다. 그는 어떻게 (원래의) 마태독자가 각각의 말을 이해하였는가 라는 질문으로 시작한다. 이것이 벌써 1:1의 제목에서부터 폭넓게 펼쳐진다.(128-136) 물론 이런 관점이 "그가 1:1의 제목에서 마태는 성경[*구약]을 잘 알고 있는 독자를 위해서 아브라함과 다윗을 그 시작으로 하고 그 정점으로 성경에서 이야기되는 하나님의 이야기를 땅위에 있는 종족들 특히 이스라엘을 예수와의 관계 속에서 연결한다."(135) 마태가 "성경을 잘 알고 있는 독자"를 전제한다는 것은 대체로 가능하다고 본다. 그러나 그것은 바로 저자의 관점이다 - 왜냐하면 "그 독자"란 프랑케묄레가 전제하고 있는 그런 의미에서 실제로 "성경을 잘 알고" 있다고 분명히 증명할 수는 없기 때문이다.

그의 "독자의 관점"이란 방법은 특히 주석적 어려움을 그 방법으로 대치할 때 문제가 있다. 다시 말하면 4:12-16에 있는 이사야 8:23의 인용에서 "그의 모든 진술 속에 있는 예수의 선포는 이스라엘과 이방을 향한 것으로 이해되어야 하는 계획된 작업"이라고 한다 - "현대적 주석의 어려움"을 마태는 느끼지 않는다.(193)[14] 홍미로운 것은 프랑크묄레가 5:19에서는 $\delta\iota\delta\acute{\alpha}\xi\eta$ $o\ddot{\upsilon}\tau\omega\varsigma$의 주체가 "독자들"인지 다른 사람인지를 묻지 않는다.(220f.) 두 번째 책의 서문에 드러난 문제들이 분명하게 반영되어 있다. 주석가도 또한 특정한 전제 속에 있는 독자(즉, 프랑케묄레 자신도) 중의 하나이다. "이런 점에서 여기에 적절하게 선택한 A.D. 70년의 첫 번째 독자의 관점이 거의 2000년이 지나서 수용되므로 간접적으로 조심스럽게 묘사된다. 마태복음의 첫 번째 독자들이 정말 그 텍스트를 어떻게 받아들였는가에 대한 알려진 증거는 없다."(II, 11f.) 그래서 프랑케묄레는 "더 나아가서 수용 중심의 해석과 역사비평적 해석을 상호보완"하여 생각한다. 그리고 그 목표는 "개방된 방법론들의 조화와 성서본문을 향한 다양한 통로들"이다.(12)

---

14) 프랑케묄레는 루쯔(U. Luz)의 마태복음 I (EKK I/1), 169를 지적한다. 거기에서 스블론에 대한 언급은 "전혀 마태의 컨텍스트와 맞지 않는다." 왜냐하면 예수가 스블론에 있는 나사렛을 이제 막 떠났기 때문이다. 루쯔는 마태의 이 인용을 기독교의 전승에 이미 있었다고 보며, 그래서 이 컨텍스트에서 간접적으로 "발견"되었다고 추론한다.(바뀌지 않은 2002년 5판, 233)

각각의 구절들에 대한 관찰 1:2-17에 있는 "지상의 족보"에 이어서 1:18-25에는 "'천상'의 족보"가 뒤따른다. 마태복음 1:23에 있는 이사야 7:14의 인용은 "독자에게 이 사건에 대한 해석은 성서의 창조신학적인 배경 속에서 실행되어야만 한다는 분명한 지침"을 주고 있다. 구체적으로 "동정녀 마리아의 예수 수태에 관한 신앙고백이 의미하는 것은 무엇보다 먼저 무(Nichts)에서 빛이 비추어지는 창조에 대한 신앙고백을 짐작할 수 있다."(152) 마태복음 1장에서 다루어지는 것은 그 복음서 전체와 마찬가지로 하나님에 관한 것이다. "마태에게는 하나님이나 그리스도의 선택적 구별이 전혀 있는 것도 아니고, 신론과 기독론의 구별이 있는 것도 아니다. 만일 마태가 적어도 두 신성을 목표로 삼았었더라면, 이 [*예수의] 탄생사건에 있는 인간적인 일과 하나님의 창조적인 역사를 구별하는 것"이 빠졌을 것이다.(155) – 8:1-9:35에는 "임마누엘의 프락시스"가 기술되었다. 프랑케뮐레는 거기에서 켐플링(R. Kampling)을 따라 역사성, 특히 예수의 축귀를 아주 강조한다.(294, "오늘날 평준화되어 있는 예수의 기적을 행하는 능력에 대한 것이 … 비판적으로 관찰되어야 한다." 이것은 한편으로 귀신축출이 일상적인 것은 아니었기 때문이고, 다른 한편으로는 역사적으로 가르침과 귀신축출이 하나로 연결되었기 때문이다) – 10:5f.에서 πορεύεσθε μᾶλλον은 그 앞에 있는 부정표현에 따라 비교급이라기보다는 역접의 의미를 가진다고 본다. "이것은 독자의 상식을 교정하기 위해서 주위를 환기시키는 기능을 한다." 즉, 제자나 사도도 "텍스트로부터 잘못 이해할 수 있고 또한(!) '이스라엘을 위한 선교사'로 특징지어질 수 있다." 그리고 이것은 "당시의 독자가 이스라엘을 위한 선교처럼 이방이나 사마리아 선교를 신학적인 문제로 생각하지 않았다는 것"을 의미한다.(II, 76) – 19:13-15에서 프랑케뮐레는 유아세례에 대한 문제를 다룬다. 아마도 그 텍스트는 "독자에게 당시에 공공연하게 논쟁이 되던 문제를 마태가 묘사한 예수의 권위를 가지고 대답하려고 한다. 아이들은 안수와 축복으로 공동체에 받아들여져야 한다." 마태복음에서 어린이의 세례를 말하지 않기 때문에 그러한 프락식스는 "오늘날의 교회를 위해서 가능한 모델적 사례"가 될 수 있다.(II, 278 한 [F. Hahn] 을 예로 들면서) - 여기까지는 전반적으로 주석에 대한 언급을 하지 않았다. 그래서 프랑케묄레는 21:33-46에 있는 포도원과 소작인의 비유에서 "이사야 5:1-7과의 상호작용"이 - "지금까지의 연구서적들에서 처럼 - 이스라엘에 대한 집단적 거절이라고 해석하며 독자를 유도해서는 안된다"고 이해한다. 오히려 이것은 "유다와 이스라엘을 향한 하나님의 깊은 사랑과 관심"을 메타포를 사용해 우회적으로 표현한 것이다.(332f.) 이 "구약인용"에 대한 설명적 주장들은 유감스럽게도 증거가 되지 못한다. - 그는 22:1-14에 있는 혼인잔치의 비유에서 3-7절에 나오는 "초청을 거절한 사람들"이 "한꺼번에 '유대인'으로 동시에 대치된 것은 아니다"라고 올바르게 지적한다. - 프랑케묄레의 관찰에서 가치 있는 것은 27:52f.에 이야기된 사건이 "에스겔 37:7-14에 있는 이스라엘의 부활에 대한 예언자 에스겔의 환상이 성취된 것"으로 이해해야 한다. 그것도 "소 묵시록"(H. Merklein)이라는 의미에서가 아니라 22:23-33에 나오는 죽은 자의 부활에 관한 컨텍스트를 반영하면서 죽음을 관통하는 하나님의 능력에 관한 이야기로 이해되어야만 한다.(II, 504f.) - 프랑케묄레에 의하면 마태복음 28:19은 "세계화"를 의미한다. 제자의 파송은 "유대인이든 유대인이 아니든" 모든 민족을 그 목표로 하며, μαθητεύσατε는 마태복음 전체의 컨텍스트에서 "법률적인 구속력을 가진 차원으로, 즉 긍정적이며 급속하게 그 활동의 필요 불급함과 의무감을 부여하는 기능"을 한다.(547과 548쪽)

프랑케묄레의 주석은 비록 그 모든 연구결과가 모두 균등하게 납득되지는 않더라도 마태복음 주석을 위해 중요하고 독자적인 기여를 하고 있다. 비펠(W. Wiefel)은 프랑케묄레의 두 번째 주석에 대한 서평에서 이 책은 "외부로부터 비평을 적게 받은 … 훌륭한 통일성을 갖춘 연구"라고 정당하게 평가한다.[15]

1998년에는 ThHK에서 이전보다 새롭고 전체적으로는 전통적인 방법에 따라 마태복음을 분석한 볼프강 비펠(Wolfgang Wiefel)의 주석이 그가 사망하기 직전에 출판되었다. 개요(1-22)에서 마태복음은 "교회적인 복음서 저자"에 의해서 쓰였고 이 책은 – 이미 정경에서 각 페리코페를 나누는 무게에 있어서나 특히 수난곡들에서 보여주는 것처럼 – 어쨌든 서양의 교회에 강하게 수용되었다.(2) 비펠은 두 자료설에 따라 연구했다.(2-9) 그는 특수자료에 관하여 "처음부터 공통적인 문학적 출처가 전제되었다고 할 수는 없다"고 말한다.(9) 이어서 저자 마태에 대한 고대교회의 전승, 특히 파피아스의 증언(11-14; 저자, 저술장소, 마태공동체의 관점에서 명확한 독자적인 결정이 들어나지 않는다)과 "최근 100년 간의 마태복음에 대한 연구"(14-22; 비펠은 특히 20세기 후반에 나온 주석과 연구서적들에 대한 간략한 특징을 제공한다)를 비교적 자세하게 정리하여 보고한다. 본문에 대한 분석은 형식적으로 이 주석 시리즈와 일치한다. 처음에 커다란 문단들(1:1-2:23; 3:1-4:25; 5:1-9:38)에 대한 간략한 개요가 참고문헌들과 함께 나온다. 이어서 각 페리코페(1:1-17; 1:18-25 등)에 대한 번역이 관련된 참고문헌과 함께 뒤따른다. 필요한 곳에서는 본문의 역사에 대한 설명이 주어진다.(말하자면 3:15f.; 4:14절) 부분적으로 각 구절에 대한 주석이 아주 짧다. 고대 언어철학적인 측면과 종

---

15) 비펠(W. Wiefel), ThL 124 (1999) 49. 서평전체는 ThL 120 (1995) 883-885 와 124(1999) 47-49를 참조하라.

교사적인 측면에 주의한다. 비펠은 본문의 문학적 특성을 강조하면서 동시에 역사적인 것을 질문한다. 마가복음과 Q에 있는 병행구(즉, 대본)들과 간략한 비교를 하면서 마태의 편집을 찾아낸다. 이 책에는 부설이 없다.

5:1f.에서 비펠은 산상설교의 분석사를 비판적 관점에서 소개한다.(76-78) 또한 5:17-20에서는 비펠 자신의 명확한 주석을 발견할 수 없지만, 다양한 분석을 제시한다.(98-101)("이 부분은 만일 구약의 율법을 예수의 윤리적인 선포를 위한 긍정적 연관성 속에서 자리매김하려는 시도로 이해한다면, 그것은 이방선교를 위해 새로운 문제 앞에 노출되어 있는 공동체를 보여주는 것이다", 101; 비펠이 정말 이 부분을 그렇게 "이해하는 지"는 그 이후에 정확하게 나타나지는 않는다) 6:13도 그와 비슷한 질문에 해당된다. τοῦ πονηροῦ가[*문법적] 중성으로 씌여졌는지 혹은 남성으로 씌여졌는지("아마도 이것을 결정하는 것은 어렵다. 그러나 마태가 13:19과 38에 기록한 것을 참고할 수 있을 것이다", 136) 결론적으로 비펠은 "산상설교와 예수에게 있는 하나님의 뜻에 대한 분석은 유대공동체에 대한 것으로 하나의 질적인 새로운 사건을 의미한다. 이것이 전제하는 것은 하나님 나라의 도래이다. 그것은 [*구약] 성경을 해석하는 것이 아니라, 그것에 대한 권위 있는 긍정을 말하는 것이다."(157)[16] - 마태복음 10장 제자파송의 말에서 비펠은 이 상황이 예수의 삶과 일치한다고 "쉽게 상상할 수 없다"고 쓴다. 만일 예수의 관점에서 "방랑설교"를 역사적 가능성으로 여긴다면 "이것은 일회적인 파송으로 생각되고, 그 성격은 이스라엘을 향한 예수의 사역으로부터 측

---

16) 산상설교의 분석사에 대한 부분에서(위를 보라) 비펠은 어느 정도 레가쯔(L. Ragaz)와 톨스토이(L. Tolstoi)에게 있는 "사회 활동적 분석"을 확인한다. 눈에 띄는 것은 "반제 속에 있는 멧세지의 축소(특히 마지막 두개)와 기독론적인 관련성을 완전히 제거해야 한다"는 것이다.(77)

량될 수 있다."(192) - 아이들의 축복을 구하는 표현은(19:13, 막 10:13 과는 다르게 안수와 기도) 아마도 마태가 여기에서 "어떤 메시아적인 태도를 보았다"고 한다. 비펠은 놀랍게도 제자들의 저지한 이유를 "어린이들에 대한 것이 아니고 혼잡한 예수의 주변"에 대한 것이라고 설명한다.(335) 이 "주변"은 단지 아이들 때문에 "혼잡스러운" 것이다. - 여기까지 해석학적인 문제들이 제대로 다루어지지는 않았다. 말하자면 20:14에서도 간략하다. 거기에는 "주인의 권리"가 표현되었다. "첫 번째 사람에게 생각되었던 기준이 마지막 사람에게도 유효하다고 한다면 그것은 또한 조건 없는 자비로부터 오는 행위인 것이다."(345) - 22:7에서 비펠은 군주의 징벌을 위한 원정이 고대이야기에서 유행하는 모티브라고 주장하는 랭스토프(K. H. Rengstorf)를 참고한다. 그러나 비펠 자신의 견해는 빠져있다. - 23:1-25:46에서 비펠은 적절한 이유를 가지고 담화(eine Rede)의 한 종류로 본다.(393f.) - 27:25에서 비펠은, "자기 스스로에 대한 저주"가 "새로운 토론에서 아주 비판적으로 평가되었다"고 언급한다. 그러나 그 스스로는 그 어떤 선택도 하지 않는다.(474) - 27:52f.에는 "일회적이며 제한적인 사건"이 그려졌는데 그것은 "예루살렘에서만 일어났었던 일"을 명확하게 하는 것이라고 이해한다.(482) 비펠은 그후에 마태가 정확하게 무엇을 말하고자 했을까를 질문하지 않는다. - 또한 여전히 답하지 않는 것은 무덤을 지키는 사람들에 대한 이야기가 마태의 편집인지 아니면 오래된 전승인지이다.(485) - 28:19에서 비펠은 이어지는 "삼위일체적 세례형식"에 대한 말도 없이 "이것이 초대교회의 전승에서 제일 먼저 명시적으로 나타난 삼중적 언어"라고 한다.(497).

1999년에 이미 키너(Craig S. Keener)에 의해서 마태복음 주석이 출판되었다. 일러보기에서 이 주석은 10,000개의 원자료와 2,000

개의 "이차적 자료"를 참조하고 있다.[17] 본문과 각주에 들어 있는 참고문헌과 원자료에 대한 인용은 어느 정도 조금은 혼란스럽다. 이 책은 마태복음 본문을 번역하여 싣지는 않았다. 그러나 키너는 종종 각 구절이나 전체 문단에 그 내용을 특징지을 수 있는 제목을 달아준다. 고대 그리스어에 대한 지식을 전제하지는 않는다. 하지만 가끔 설명하지 않은 채 고대의 문학자료들을 참조하고 있어, 그에 관한 선지식이 요구된다. 부설들은 대체로 동시대의 역사적 배경과 (말하자면 6:19-24에서 "부에 대한 당시의 관점"(229f.) 관련을 갖지만, 동정녀 탄생(83-86)이나 19:9절에 있는 πορνεία가 근친상간을 말하는가와 연결되기도 한다.(467-469)

개요(1-71)에서 키너는 그의 주석이 마태의 "사회사적인 컨텍스트"와 "그의 기독교 청중을 위한 권고가 가지는 특성"과 같은 전승들을 설명하려고 했다.(1) 마태는 거의 유대기독교 공동체의 도움을 받는다고 한다.(3) 동부 지중해의 일반적인 사회 환경을 재구성하는 것은 "마태의 첫 번째 독자들(현대의 독자들에 반하여)이 어떻게 그의 복음서에 접근해야 하는가"에 빛을 비추어 줄 수 있다.(5)[18] 여기에 프랑케뮐레(위 참조)와의 대화가 있었더라면 아주 재미있을 뻔했다. 그러나 프랑케뮐레의 주석과 그의 주석이 마태복음에 한 훌륭한 기여가 여기에서는 전혀 언급되지 않는다.

키너는 비교적 자세히 그의 방법론적인 전제들을 설명한다.(7-16) 그는 두 자료설을 따른다. 하지만 "양식비평"은 반대한다. 양식

---

17) "인용된 이차자료에 대한 참고 문헌"은 150쪽에 이른다.(722-871) "선택된 주제들의 색인목록"은 짧다.(873) 반대로 저자 색인목록과(875-899) 특히 고대문학의 원자료 색인목록은 (900-1040) 방대하다.

18) "가능한 한 최대한의 폭넓은 원자료에 의존하는 것은 마태의 일반적인 사회상(그것이 언제나 그의 지역적 상황은 아니라고 하더라도)을 재구성하는 안전한 방법처럼 보인다."(7)

비평은 단지 어떤 예수전승이 진정한 지에 대한 것만을 다루어야 한다고 본다. 불트만과 다른 이들은 "그들이 역사적 결과라고 생각하고 검증했었던 예수에 관한 보도를 전승한 초기 공동체에 초점을 맞추었다." 하지만 아이러니하게 "우리는 역사적 예수에 대해서 아는 것보다 그것을 전달한 공동체에 대해서 더 아는 것이 없다."(11, 라이트 [N. T. Wright] 를 인용하며)[19] "편집비평"은 긍정적으로 받아들인다. 마태는 마가의 예수를 "유대적"으로 만들었다고 한다. 하지만 마태는 "예수에 대하여 사용 가능한 전승 중에서 확고한 것들을 기초로 해서 예수를 다시 유대화(re-Judaized)"한 경우들도 있다.(13) "문학비평"이라는 이론의 관점에서 키너는 다시 독자중심의 주석으로 향한다. "첫 번째 독자의 관점에서" 텍스트를 이해하는 것이 도움이 된다고 할지라도, 이것은 "아마 초대 기독교 공동체 안에서 그렇게 우세했던 독서방법은 아니다." 왜냐하면 키너가 추측하기로 마태의 독자들은 마가를 알고 있었고 아마도 그들은 마태복음를 "세그먼트 단위로"(in segments) 들었고 여러 번 들었기 때문이다.(15) 사회역사적인 이론에 대해서 키너는, 마태는 "고고학이나 문학적 원자료에서 유래한 구체적인 데이타"를 "모델이나 생성된 문화 패턴"보다 더 선호했다고 본다.(16)

키너는 마태복음의 가퉁(Gattung)을 "전기"(biography)로 구분한다. 복음서 저자는 "역사-전기 작가이며, 해석자이지 반드시 이야기 전달자는 아니었다."(23) 그래서 우리는 무엇보다 먼저 키너가 가퉁을 이렇게 결정한 것에서, 특히 담화의 전승에 있는 역사적 신뢰성을 가정하고 있다는 느낌을 받을 수 있다. "마태 텍스트에 있는 증거가 제시하는 것은 말을 다시 정리하는 자유뿐만 아니라 그

---

19) 이것은 방법론을 잘못 이해한 것이다. 왜냐하면 당연히 우리는 "역사적 예수"를 바로 그 공동체의 전승을 통해서만 도달할 수 있기 때문이다.

의 보수성향적 보도 속에서 그것들을 개선한다.”(31f.) 본문을 나누는(“structure”) 질문의 관점에서 키너는 다양한 이론들 속에서(“시간의 3중적 내러티브 구조와 5중적 담화구조”) 어떤 양자택일이 있다고 생각하지 않는다. “만일 마태가 구술적인 낭독을 위해서 특히 그의 복음을 작은 단위로 나누려고 했다면”(37, Justin의 Apol I, 67을 참조) 본문을 세분해서 나누는 것은 의미가 없다. “마태 저작”에 관해서 키너는 대체로 고대교회의 전승을 따랐다는 입장으로 볼 수 있다고 생각한다. “불확실성이 있을지라도”, 어쨌든 마태는 “확실히 유대인이고 동시대의 유대인과의 대화 속에서 생각하고, 유대의 전통적 입장에서 구약성서를 해석하는 기술을 가졌다.”(40). 저술 장소는 “아마도 시리아-팔레스틴 중 어느 곳”이고 70년대 후반에 저술되었을 것으로 짐작한다.(40과 42쪽) 마태와 그의 공동체는 당시의 유대교와 대결상태에 있었을 것이고 그 결과 그들이 보게 되었던 것은, 마태복음은 “아마도 제자도의 교본과 ‘지침서’(handbook)의 기능으로 예수의 기본적 삶과 가르침이 이방인 선교 속에서 그리고 그들의 지역 회당과의 고착화된 성서적 변증 속에서 유대-기독교 공동체에 중요하게 도입되어야 한다는 것”이다.(49와 51쪽) 복음서 저자는 예수를 교사와 예언자로 그리고 메시아와 왕으로 이해한다. “예수는 율법과 선지자의 마침이며 그래서 누구든지 이스라엘의 유산과 성서를 신뢰하는 사람은 그를 인정해야 하고 뒤따라야 한다.”(68) 간략한 해석학적 설명이 “하늘나라” 이해를 위해서 질문한다.(68-70) 예수의 미래적인 종말론이 현대인에게 “비현실적인 희망”이라는 “몇몇 학자들”의 불필요한 설득, 즉 “하늘나라”는 신화(‘myth’)로 볼 수 있다. “그리고 그것은 그들 자신의 학문적인 영역 안에 있는 생각을 위해서 더욱 실존적 언어로 번역되는 것이 적절하다.”(69, 불트만 [Bultmann], 페린 [Perrin], 탄네힐 [Tannehill], 보그 [Borg]가 언급하며 그 견해를 거부한다. 의미 있는 것은 “미래적인 왕국이 박해와 고난 중에 있는 사람들에게는 그렇게 중요한 것이 아니며, 그들의 희망은 하나님의 정의가 궁극적으로 승리하고 그들을 구원하는 것"이라고 본다(70). - 그러나 이해를 돕기 위해서 제시된, βασιλεία τῶν οὐρανῶν가 마태에게서 과연 무엇을 의미하는가에 대한 것이 그렇게 분명하지는 않다.[20]

키너는 예수의 동정녀 탄생에 대한 전승을 역사적인 것으로 본다. 누가와 마태가 서로 종속되지 않았기 때문에 전승이 놓여있어야만 한다는 것이고, 이것이 "예수의 형제가 예루살렘 교회를 인도할 때" 유래되었다.(85)[21] 1:18-25에서 키너는 마태가 그린 요셉의 도덕적이며 모범적인 태도에 대해서 자세하게 지적한다.(88-95) 베들레헴에 있었던 유아살해는 "역사적 자료도 아니며 역사적으로 못 믿을 것도 아니다."(111) 그러나 [*광야에서] 시험받는 이야기는 최소한 역사적인 것으로 받아들여야 한다고 본다. "예수는 의심의 여지가 없이 때때로 시험에 빠졌을 것이고 때때로 홀로 기도해야만 했을 것이다. 또한 아마도 그의 공적인 사역을 시작하기 전에 금식을 했을 것이다."(136) 이 이야기들로부터 알 수 있는 것은 예수가 "마술사"가 아니었고 또한 "속이는 환상가"도 아니었으며 "정치개혁가"도 아니었다.(139, 140, 141) 14:13-21에 있는 오병이어의 기적은 "중복되는 확증(요한의 이야기는 문학적으로 독립적이다)과 그 결집력에 기초해서", "적어도 빵과 생선으로 차려진 공동식사에 대한 기억은 그 안에서 제자들과 무리들이 종말론적 암시를 보았었

---

20) 비슷한 설명이 마태 2:19-23에서도 발견 된다. "현대의 서구 독자들이 일련의 올바르고 핵심적인 신학적 진술에 가장 많은 관심을 두는 것과는 달리 마태의 동시대 독자들은 예수의 특징과 그들의 신앙을 보다 구체적인 역사적 틀이라는 토대위에서 어떻게 방어할 것인가에 대해서는 그리 많이 배우지 않았다."(112) 키너는 그렇다면 이 두 그룹 중 어디에 속해있다는 것인가?

21) 이것이 바로 누가에게도 적용된다는 것이다. 사도행전의 "우리"-구절이 말하는 것은 누가가 "마리아의 작은 아들로 부터 직접 얻었다"는 것이다.(85)

던 것으로"그 진정성을 받아들여야 한다는 것이다.(403, 마이어 [J. P. Meier] 를 참조) 이어서 "그 어떤 것도 공동식사를 하나의 급식기적으로서 그 이야기가 가지는 특징을 기억나게(적어도 제자들은 그것을 의심 없이 전승을 위한 원자료로 제공했다) 하지 못한다"고 한다. 키너는 "그 어떤 대규모의 공동식사도 그렇게 초기부터 강하게 급식기적으로 전승되었다고 설명하지는 않았다."(같은 곳에서) 16:18에서 베드로에게 한 말은 "고대의 교사들은 보통 그들의 가르침을 유지하려고 추종자들을 모아 공동체를 세웠다"라는 의미에서 역사적이라고 한다. 예수의 임박한 종말에 대한 지적은 그것을 쿰란의 의의 교사가 "이미 했기" 때문에 바른 설명이 아니라고 한다.(427 f.). 27:25절에 있는 무리들의 말을 마태는 반유대적으로 생각하지 않는다고 본다. "마태에게 있어 이 구절 속에서 간구되는 저주는 70년에 성취 되었고, 이 사태 속에 들어 있는 '자손들'은 바로 이 무리들의 다음 세대를 말한다."(671) 무덤을 지키는 사람들의 이야기는 역사적으로 짐작되고 어쨌든 잘 이해할 수 있게 이야기되었다.(696f.) 예수의 제자들이 "그들 중에 누구도 그 무덤을 조사하지 않고 … 예수의 부활을 말했었다고는 생각조차 할 수 없다. 이 빈 무덤은 우리에게 부활의 본질을 말해준다. (그리고 그 몸과 역사)의 목격자는 사실성을 조사한다."(713) 28:19에 있는 세례형식문은 "초대교회의 전통이나 예수 자신에게로 소급될 수 있다." 왜냐하면 "삼위일체적 형식"이 아주 오랜 시기(고전 12:4-6)에 폭넓게 증거 되기 때문이다.(717) πάντα τὰ ἔθνη가 "모든 민족"으로 번역이 되든지 "이방인"으로 번역이 되든지, 근본적으로는 같다고 본다. 어쨌든 마태는 그것을 자신의 동족과 연결하지는 않는다는 것이다. "이방인 선교는 유대선교를 확장하는 것이지 - 그것을 대치하는 것은 아니다."(719)

키너의 주석은 의심 없이 많은 자료를 사용했고 여러 측면에서
얻는 것이 많다. 이 주석은 전반적으로 역사성이라는 관점에서 "변
증적"으로 기술했다. 그러나 본문에 접근하는 통로를 그리 많이 소
개하지는 않았다.

2. 개별 본문에 대한 연구

Warren Carter, Households and Discipleship. A Study of Matthew
19-20 (JSNT.S 103). Sheffield Academy Press 1994, Sheffield 249
S. - Richard E. Edwards, Matthew's Narrative Portrait of Disciples.
How the Text-Connoted Reader Is Informed. Trinity Press Interna-
tional, Harrisburg PA 1997, vii+151 S. - Gerd Häfner, Der verheißene
Vorläufer. Redaktionkritische Untersuchung zur Darstellung Johannes
des Täufers in Matthäusevangelium (SBB 27). Verlag Katholisches
Bibelwerk, Stuttgart 1994, XIII+443 S. - Moisés Mayordomo-Marín,
Den Anfang hören. Leserorientierte Evnagelienexegese am Beispiel
von Matthäus 1-2 (FRLANT 180). Vandenhoeck&Ruprecht, Göttingen
1998, 448 S. - Kenneth G.C. Newport, The Source and Sitz im Leb-
en of Matthew 23 (JSNT.S 117). Sheffield Academy Press, Sheffield
1995, 205 S. - Eung Chun Park, The Mission Discourse in Matthew's
Interpretation (WUNT II/81). Mohr Siebeck, Tübingen 1995, viii+219
S. - Boris Repschinski, The Controversy Stories in the Gospel of
Matthew. Their Redaction, Form and Relevance for the Relationship
Between the Matthean Community and Formative Judaism (FRLANT
189). Vandenhoeck&Ruprecht, Göttingen, 2000, 373 S. - Dieter Trunk,

Der messianische Heiler. Eine redaktions- und religionsgechichtliche Studie zu den Exorzismen im Matthäusevangelium (HBS 3). Herder, Freiburg usw. 1994, XIII+457 S. - Evert 8 and 9 (JSNT.S 152). Sheffield Academy Press, Sheffield 1998, 176 S.

여기에서 소개되는 책들은 마태의 개별 본문들을 다루고 있다. 이 책들은 종종 각각의 장들(Kapiteln)과 그것을 포함하는 커다란 문맥도 다룬다. 그래서 가능하면 이 책들은 마태의 본문 흐름에 따라 이야기하는 것이 좋을 것이다.

모이제 마요르도모-마랭(Moisés Mayordomo-Marín)은 스위스 베른 대학에서 루쯔(U. Luz)의 지도 아래 마태복음의 서두인 1-2장을 연구하여 박사논문을 완성했다. 그는 "새로운 문학이론인 독자중심적 접근이 복음서 주석가들에게 효과적"일 것이라는 연구를 한다.(5) 하지만 이런 이유라면 그는 이 연구의 앞부분인 I장("문학적 수용비평과 복음서주석", 11-195)에서 문학이론에 대한 정리를 어느 정도 했어야 한다.[22] II장은 구체적으로 "마태복음 1-2장에 대한 수용비평적 분석"을 다룬다.(196-365) 이것은 "'홍보적인' 전시효과를 가지고 있을 뿐만 아니라 동시에 본문을 이해하기 위한 학문적 토론에 주석적 뒷받침을 제공하기 위한 것으로 이해할 수 있다"고 한다.(26) 마요르도모-마랭은 I장의 마지막에서 본문분석을 성공적으로 이끌기 위해 수많은 "역사-비평방법적 시도"를 적용하는 것이 전혀 "게으른 타협이 아니며, 수용비평이 어떤 한 방법론이라기보다는 모든 방법론에 앞서 고려해야하는 점을 제기한 것이라고"

---

22) 린데만(A. Lindemann), 공관복음서 연구동향(Literatur zu den synoptischen Evangelien) 1992-2000(I). 전승된 주제들에 대한 방법론과 설명에 대한 토론, ThR 69(2004) 182-227.

강조한다.(188, 376 비교)

　마요르도모-마랭은 "주제에 대한 도입부"(11-26)에서 다양한 방법론의 통합을 이야기한다. 비록 그 스스로 "비교적 한편으로 치우쳐 수용중심의 본문이해를 다룬다"고 할지라도 그것이 꼭 "방법론적 일체성"을 요구하는 것은 아니라고 한다. 특히 이런 맥락에서 그는 "역사-비평적 주석을 대체"하려는 것이 아니라, "새로운 시도와 그 가능성으로서 방법론의 통합을 위해 현대의 다양한 문학이론에 나타난 수용모델을 제공하려 한다."(17) 마요르도모-마랭은 연구사의 각 국면에 대한 전망에서 리챠드(Ivor Armstrong Richards) [문학 비평의 원리, 1926년 2판] 로부터 피쉬(Stanley Fish)에 이르기까지 수많은 연구를 다룬다. 또한 동시에 그것을 자세히 소개할 뿐만 아니라 비평적 포인트도 분명하게 강조한다. 말하자면 전문용어인 "암묵적 저자/암묵적 독자(impliziter Autor/imploziter Leser)"를 부설에서 다룬다.(80-97)[23] 이어지는 부설(120-123)에서 마요르도모-마랭은 시학, 수사학, 역사기술 그리고 성서문학과 관련해서 고대문학의 이론 속에 있는 텍스트의 영향에 관하여 언급한다. 마요르도모-마랭은 "수용비평적 복음서 주석을 위한 적절한 모델을 위한 제안"(132-195)으로 I장을 끝내면서 특히 "독자"의 성(gender)이 가지는 의미와 상호텍스트성에 대한 문제 그리고 세 번째 부설에서는 "저자의 의도에 대한 문제" 등을 설명한다.(170-178)[24]

---

23) "나는 오히려 IA [저자주:암묵적 저자]를 특정한 본문의 요소에 의해서 독사에게 저자의 상(Bild)으로 그려진 것으로 이해해야 한다고 제안한다. 그것은 우리가 바로 실제적인 사람의 상이나 생각을 그의 말과 행동에 의해서 만드는 것처럼 우리는 독자라는 입장에서 텍스트의 언어로 부터 그 저자의 상을 만들게 되는 것이다." 이런 구조에 있는 주석적 가치는 "'실제' 저자와 '본문으로 부터 드러나는' 저자를 구분 하는데 도움을 준다. 그러나 이 구별이 절대적인 것이 될 수는 없다. 왜냐하면 실제 저자의 언어는 단지 본문에 나타난 저자의 형상에 대한 흔적만을 제공하기 때문이다."(95, 이탤릭체는 원저자의 강조)

24) "한 텍스트가 [*독자에게] 줄 수 있는 가능한 영향력이 경험적인 저자 [*읽기를 통해서 경험

마태복음 1:1-2:23에 대한 분석인 Ⅱ장에서 마요르도모-마랭은 먼저 "개인적 읽기가 반영되는 텍스트의 의미지평"에 대해서 질문한다.(196-202, 그는 서두에서 특히 설교 속에 나타나는 마태복음 1-2장에 대한 수용의 다양함을 통계자료로 보여준다. 마태복음 1:1-17에서 그는 "이렇게 설교하지는 않는다"고 평하고 1:18-25의 설교에 대해서는 족보의 관점에서 이런 설교는 "아주 드물다"[25]고 한다) 이어서 그는 "첫 번째 수용에 대한 가설", 즉 텍스트에 대한 짐작 가능한 첫 번째 읽기형태를 묻는다. 1:1-17에 대한 분석이 아주 상세하게 나온다.(206-250) 마요르도모-마랭은 1:1을 "표제"로 설정한다. 여기에 "제목으로서의 기능"이 놓여있다. "1. 주인공이 소개된다. 2. 이야기는 [구약] 성서자료와 상호연관된 많은 족보의 이름들을 통해서 성스러운 존경의 분위기를 획득한다. 3. 구약성서는 우선 상호텍스트성의 연결 틀로 사용하기 위한 계획의 일환이다. 4. 특히 진술의 개방성을 통해서 이어지는 이야기에 대한 관중들의 관심을 일깨운다." 그 다음에 비로써 "마태의 예수이야기에 의미를 줄 수 있는 중요한 것들을 제한해서" 다양한 기대와 친밀감을 줄 수 있는 것들이 뒤따르게 되는 것이다.(216f.) 1:2-17에 언급된 여인들에 대해서 마요르도모-마랭은 그 이름들과 족보구조의 연장이 어떤 특정한 생각에 대한 기억을 일깨우기 보다는 전체이야기에 대한 것이라고 한다. 두 가지 기본적인 사건이 서로 모순될 가능성이 있음을 지적한다. 라합과 룻

할 수 있는 저자(empirischen Autor)]로 부터 의도 되었었는지 아니면 그렇지 않았었는지에 대한 물음에 관계없이 전체적으로 그 영향력에 대한 것은 대답될 수 있다. 만일 어떤 한 작품이 어떤 의도를 강조해서 설명하는 것을 포함한다면 그것은 고려되어야만 한다. 하지만 그것이 작품 전체를 분석하는 도구가 되어서는 안 되고 단지 하나의 전략으로 독자의 기대를 일깨우는 어떤 분명한 역할을 하며 또 의도한 영향을 주기 위한 문서화 작업인 것이다."(185f.) 마요르도모-마랭은 이것을 자기 생각에 따라 보존되지 않은 바울의 편지인 고린도후서 2장 2절 "눈물의 편지"의 예로 설명하는데 거기에 "저자의 의도"가 아주 명확하게 나타나 있다고 강조한다.(186)

25) 이런 설교 분류는 하이델베르크 신학부에 기초한다.

의 이야기는 아브라함의 축복 속에 이방인이 포함된다는 것을 말하며, 그 반대로 다말과 "우리아의 아내"는 "메시아의 [*혈연적] 연결성을 위해서 가장 중요한" 유다와 다윗이 간음한 사람으로 나타난다는 것이다. "따라서 이어지는 읽기 속에서 이방 여인에 대한 모범적인 신뢰가 이 두 명의 위대한 여인들에 의해서 큰 틀을 이룬다고 한다. 마리아는 메시아의 어머니로서 이미 1:16에 있는 색다른 표현에 의해서 다른 4명의 여인들과 비교해서 월등하게 뛰어나다."(249) 마요르도모-마랭은 1:19f.에서 강조한다. 독자가 이미 18절에서 알게된 지식으로 요셉이 예수의 입장에서는 위험한 결정을 하게된 것에 유감을 갖게 된다. 천사의 등장(20a절)에서 "수용자들은 기뻐할 수 있을 것이다. 요셉은 마리아가 그에게 말하지 않았던 사실, 즉 그녀가 이미 오래전에 알고 있었던 것을 알게 된다."(258과 259) 중요한 것은 1:18-2:23에 대한 문학양식을 다루는 부설이다.(330-345) 여기에서 문제되는 것은 "전설" 혹은 "미드라쉬"에 관한 것도 아니고 브라운(R. E. Brown)과 같이 "그저 단순하게 '유명한 사람의 어린시절 이야기'"로 말해야만 한다.(341, 이런 텍스트들을 개괄한 도표를 참조하라, 342-345) 가치 있는 것은 "해석학적 결론의 반영"(346-365)에서 마요르도모-마랭이 영향사에 대한 물음들을 부가시킨 것이다. 1:1-17의 족보는 예수가 유대인임을 강조한다.(351-356) 이것은 수용자들에게 하나님의 예정과 역사에 대한 질문을 하게 한다. "마태와 그의 청중에게 이 이야기는 아직 하나님의 계시로 인식된 것이 아니고, 이제 이 예수이야기가 예언자들의 말과 일한다"는 것을 보여준다. "이러한 '역사신학'의 구조는 비록 오늘날에 우세한 역사분석의 범례 속에서 더 이상 가능하지 않지만, 구약성서를 근거로 삼아 시도하는 종말론적-기독론적 해석을 위한 시도로는 어느 정도 가능하다고 본다.(359와 360)

비교적 짧은 III장(회고와 전망, 366-392)에서 마요르도모-마랭은 강조한다. 본문에 대한 수용비평적인 분석이 "언제나 본문의 의미를 객관화면서 그 본문의 개방성을 요청하는 위험을 감행하는 한" 모험이다.(366) 그래서 "첫 번째 수용에 대한 가설"은 실제적이긴 하지만 더 이상 "각 장면을 느린 화면으로 보게 하는 읽기로서 어떤 한 가능한 방향을 제시하는" 시도라고 할 수는 없다고 결론을 내린다. 결국 원자료에 대한 측면에서 실제적인 본문의 수용이 어떠했는가라고 말해 줄 수 있는 것은 아무것도 없다. 그래서 이 분석은 단지 "우리에게 이런 분석이 역사적으로 설득력이 있는가" 만을 측정한다.(370과 371, 마요르도모-마랭 [382]은 여기서 포퍼(K. Poppers)의 틀릴 수 있는 가능성의 원리(Prinzip der Falsifizierbarkeit)를 참조한다. "분석은 단지 하나 만이 유효한 것도 아니고 또 최소한 틀릴 가능성도 있다") 특히 주목해야 하는 것은 두 결론 부분에서 다룬 "정황에 일치하는 주석"(383-387, 특히 바르트의 로마서 주석 2판의 맥락에서 바르트와 불트만의 논쟁에 대한 것)과 "진리에 대한 물음"(388-392, 특히 "여성 신학적 그리고 해방신학적인 읽기와의 논쟁 속에서, 그것은 근본적으로 뛰어난 윤리를 요청하고 기본적으로 해석의 윤리를 더 강하게 고려한다."392)

마요르도모-마랭은 특별한 요청을 담고 있는 아주 가치 있는 방법론에 대한 "이론적" 토론과 주석에 대한 "실제적" 도움이 되는 연구를 했다!

다음에 소개하는 두 책이 각기 다른 방법으로 마태가 그린 세례자 요한에 대해서 연구했다. 1994년 게르트 해프너(Gerd Häfner)는 프라이부룩대학에서 오버린너(L. Oberlinner) 교수의 지도 아래 마태복음에 나타난 7개의 세례본문을 연구하여 박사논문을 썼다. 특별히 그는 "편집비평"을 전통적인 의미에서 이해한다고 강조한다. "편집자의 의도는 그가 원자료를 평가할 때 고려하는 것을 통해서 드러난다." 물론 전통적인 자료를 받아들일 때 아무런 문제가 없지 않지만, 저자가 사용한 원자료에 대한 지식은 "그로부터 이끌어 주는 생각을 관찰할 수 있도록 한다. 그리고 그것은 공시적인 관찰을 통해 그 근저에 놓여있는 의미를 최소한 더 확실하게 한다."(2)

해프너는 마태복음 3:1-17에서 3:1-6을 위한 원자료는 단지 마가복음 1:1-6일 것이고, 마태복음 3:3에 있는 말라기 3장 1절/출애굽기 23장 20절에 대한 인용의 생략이 마태복음 11:10 Q의 맥락에서 "만족스럽게" 설명된다고 한다.(22) 마태복음 3:7-12에서 그 시작부분은 (사두개인과 바리새인을 설득하는) 마태의 편집이지 Q에서 온 것은 아니라고 본다.(35f.) 복음서 저자가 이 두 그룹을 서로 나란히 펼쳐놓은 것은, 그가 "요한의 반대편에 서 있는 종교 지도자들을 가능한 한 폭넓게 소개한다고 볼 때 바로 이해될 수 있는 것"이라고 주장한다.(55) 마태가 장면 전체를 그렇게 구성한 것은 "먼저 세례자의 준엄한 심판의 말이 예수에 대항해서 반대편에 있는 백성들의 다양한 지도자 그룹에 대한 선제공격으로 이해해야만 한다."(70) 예수의 특별한 입장을 위험에 빠지지 않게 하면서 요한과 예수는 그렇게 같이 연결되어 있다는 것이다. 그래서 심판의 말이 이 양자 간에 근본적으로 전혀 차이가 없다고 보는 것이다. "세례자가 선포한 심판의 위협은 바로 예수와 결합되어 있다."(85, 즉, 마태에게 요한은 예수의 길을 넓히는 자로 보였기 때문에 그의 선포를 예수와 동일한 말로 요약했을 것이다. 마 3:2/4:17, 158) - 세례 장면에 대한 분석에서 해프너는 "의"를 해석하기 위한 폭넓은 성서적 이해를 제공한다.(89-152!) 3:15에서 δικαιοσύνη가 "윤리를 지향하는, 예수에 의해서 또 그의 제자들에 의해서 실현되는 신적인 요청을 말하는 것이 아니라", δικαιοσύνη는 여기에서 "예수의 행함 안에서 그리고 세례자의 종말론적 행위 안에서 관철되는 하나님의 구원의지"

를 말한다. 즉, "의는 여기에서 צדק/ צדקה의 전통 속"에 있다는 것
이다.(142) 해프너는 마태복음 5:20과 6:1이 마태의 이 δικαιοσύνη
를 이해하기 위한 가정이지 법칙은 아니라고 이해한다.(151f.) – 마
태복음 11:2-19을 분석하기 위해서 해프너는 12f.을 "침노의 말"
이라는 관점에서 본다. 마태에 있는 "어두운 표현인" ἡ βασιλεία
… βιάζεται καὶ βιασταὶ ἁρπάζουσιν αὐτήν은 Q에게서 전수받았
고 그 나머지는 텍스트 속에서 많이 뒤바뀐 것이다. 특히 침노의
말과 세례자 요한과의 연결성은 마태의 편집이다. "그래서 마태는
11:2-11에서 보다 11:12f.(또는 11:12-15)에서 훨씬 강한 강도로 자
신이 가지고 있는 원자료를 창조적으로 활용한 편집자로 나타난
다."(208) 실제로 11:12a절에서 그 진술은 오히려 "βασιλεία가 강력
하게 진입하는 것과 맞아 떨어진다"는 것이지, "하나님 나라의 사
자가 당한 끔찍한 비극"에 대한 것이 아니라는 것이다.(233) 이것
을 마태의 이야기 순서가 말해준다. 그래서 이것이 세례자의 죽음
이전에 이야기된다고 보는 것이다.(235) 11:7-15 전체가 말하고자
하는 것은 세례자를 엘리야로 소개하는 것이라고 한다(그래서 여기
에 말라기 3:1/출애굽기 23:20에 대한 인용이 나오는 것이다. 위를 보라) 따라서
본문은 14절로 흐르고 "다시 나타난 엘리야 속에서 마태가 세례
자에 대한 의미를 밝혀주는 결정적인 카테고리를 발견해야만 한
다."(243) – 11:19에서 해프너는 왜 마태가 명백하게 Q속에서 더
본래적인 "진리가 그들의 자녀에 의해서(ἀπό) 옳다 함을 얻게 된다"
를 "그들의 행위에 의해서(ἀπό)"로 바꾸었는지 자세히 질문한다. 그
결정적인 동기는 아마 기독론일 것이다. 마태는 "메시아의 사역은
진리의 사역"이라고 강조한다. 거기에서 주의해야 하는 것은 비록
마태의 기독론에 "지혜적인 요소"가 있지만 그렇다고 마태가 "예
수를 소피아와 동일시해서" 그렇게 구성한 것은 아니다.(278과 279
쪽) – 해프너는 특히 17:10-13에서 마태가 요한을 통해서 엘리야

II. 마태복음　135

가 다시 온 것을 본다고 이해하기 때문에 그 전통과 일치하는 광범위한 유대와 기독교의 문서들을 제공한다. 메시야에 앞서서 엘리야가 먼저 온다는 생각이 그 어떤 유대자료에서도 발견되지 않는다는 결과로 이러한 생각이 의심스런 시대 [말하자면 마태 이전 시대] 로 돌려져야 한다고 요청할 수 있다. 아마도 이런 상상은 결국 초대교회의 전통으로 소급될 수도 있다고 한다. 즉, 마태는 이것을 마가와 Q로부터 넘겨받았다.(384f.) – 21:28-32에서 해프너는 요한은 여기서 "구속사가 유대인으로부터 이방인에게로 전환되는 맥락 속에"서 있다고 생각한다. 두 아들의 비유가 그것과 잘 들어맞는다고 한다. 왜냐하면 그 속에 이런 전환에 대한 생각이 포함되어 있기 때문이다. "여기에서 결정적인 것은 말과 행함이 분리되어 있는 것이 아니라는 것보다 이전에 한 결정을 바꾼다는 것이다." 이것은 특히 32절 마태의 편집적 첨가에서 두드러진다는 것이다. 그것으로 마태는 "세례자에 대한 태도에 대해서 그 의미의 변경"을 암시한다고 생각한다. 그래서 그는 본래 예수의 사역에서 유래한 이 비유에 "새로운 적용"을 제시하는 것으로 이해한다.(399과 499쪽)

해프너는 마태복음의 주석에서 아주 중요한 테마에 대한 많은 새로운 자료들과 주석적으로 명쾌하게 주장한 연구를 보여주었다.

1998년에는 야마사키(Gary Yamasaki)가 킹스베리(J. D. Kingsbury)의 지도 아래 마태에 있는 『세례자의 삶과 죽음』(Leben und Tod des Täufer)을 "독자중심 비평" 관점에서 연구한 박사논문을 출판했다.[26] 이 책은 두 부분으로 나누어져 있다. I부는 독특한 제목인

---

26) 이 연구는 1995년 제출되었고 아마 해프너의 책을 몰랐던 것 같다. 인상적인 것은 1989년 출간된 에언스트

"세례자 요한 연구에 대한 새로운 접근"(12-75), II부의 제목은 "주석"(77-142)이다. 이어서 "결론"(143-148) 그리고 부록에서는 마태복음 21:29-31에 있는 다양한 읽기를 시도한 본문비평을 싣고있다.

1장에서 야마사키는 먼저 라이마루스(Reimarus)에서부터 20세기 후반에 이르는 역사 중심적 연구들을 소개한다.(12-30) 그리고 세례자 본문의 편집비평적 분석을 보여준다.(20-32) 이어서 그는 자신의 독자적인 질문을 시작한다. "마태의 이야기에서 세례요한이 가지는 전반적인 역할은 무엇인가?"(32) - 2장("방법론")에서는 "문학비평적 접근"이 설명된다. 야마사키는 무엇보다 텍스트의 흐름을 쫓는 것이 중요하다고 강조한다. "나는 텍스트를 가지고 진행하며, 계획된 그 어떤 다양한 관점도 한 발 앞으로 나가게 하지 않으며, 분석은 아직 펼쳐지지 않은 내러티브로 향하게 하는 특징들에 의해서 움직이게 한다."(63) - 3장은 "마태복음의 구조"라는 관점에서 다양한 생각들이 논의되는데(64), 이것은 오히려 부정적 결론에 이른다. "독자중심적 비평의 관점에서 마태 내러티브 텍스트는 그 윤곽이 잘 나누어지는 조직적인 구조를 가지고 있지 않다. 말하자면 오경적인 구조, 교차대조적 구조 혹은 삼분적 구조" 그리고 이렇게 선택된 시도들이 [*그 오류가] 그저 마태의 본문만 따라가도 증명된다.(75)

또한 야마사키는 II부의 처음에 그 자신이 단순하게 텍스트를 따라갈 수 있는 것이 아니라고 한다. 왜냐하면 마태복음 3장에 전제된 것처럼 독자는 여기까지, 즉 이미 마태복음 1-2장의 내용을 알고 있어야 하기 때문이다. "처음 두 장에 나오는 내러티브의 장

(J. Ernst)의 방대한 연구인 세례자 요한, 해석, 역사, 영향사가 참고문헌에 실려 있지만 에언스트가 연구사 (그리고 저자색인목록)에는 빠져있다.

면들은 요한을 분석하기 위한 사전정보(pre-information)이다."(77, 이 "사전정보"는 4장에서 아주 간단하게 설명된다, 78-80) 5장은 "요한: 살아있음과 활동"으로 여기에서는 마태복음 3장의 텍스트가 화자의 관점에서 그려지는데(81-100), 마가와 Q(내지는 누가)에 대한 참조는 하지 않는다. 내 생각에 이것은 문제가 없지 않다. 요약에서 야마사키는 화자 "청자"에게 내러티브의 정점을 알리기 위해서 다양한 수사학적 기법 – 부사 εὐθὺς(16b절), 지시사 ἰδού의 두 번 사용(16c절과 17a절), 그리고 명사적 감탄형 φωνή(17a절) – 을 사용해 묘사하고 있다고 강조한다. 그래서 [*이 글의] 수신자는 이 정점에 있는 진술인 "하나님의 아들"로 유도되어졌다고 본다.(100) 그러나 이 맥락에서 그는 εὐθὺς와 φωνή를 마가복음 1:10a과 11a로부터 넘겨받을 수 있다는 사실은 간과하고 있는 것은 아닌가 질문할 수 있다. 여기서 정말 강조되어야 할 것은 마태가 ἰδού를 두 번 사용함으로 특별한 가치를 두고 있다는 것이다. – 6장("묶임과 운명", 101-128)에서는 세례자의 투옥(마 4:12), 금식에 대한 질문(9: 14-17), 세례자의 물음(11:2-15) 그리고 시장에서 놀이하는 어린이의 비유(11: 16-19)와 관련된 것들이다. 예수는 특이하게 3절에 있는 질문에 대해서 직접화법으로 자세하게 말하고 있다. 여기에서 다루는 것은 화자와 청자라는 관점으로부터 과거의 사건으로 이야기하고 있다. 그러나 "이것이 과거를 이야기하고 있다는 특징이 나타나 있지 않아서 그 말은 실제로 청자에게 과거의 말이라는 사실을 잊어버리게 한다. 그는 이런 긴 말은 화자와 청자의 시간적 간격을 공시적으로 만든다. 그래서 청자는 그 장면을 생생하게 느낀다." 또한 이야기 세계에서 예수의 이 말을 듣는 사람이 누구인지 구체적으로 그려져 있지 않다.(126, 물론 마 11:7도 참조) – 7장의 제목은 "요한: 죽음과 사라짐"이다.(129-142) 야마사키는 여기에서 비교적 간단하게 마태에서 그 이후에 나타난 세례자에 대한 언급을 보여준다. 세례자의 죽음이 이미 과거의 사건으로 그려졌다는 것은 "화자에게 13장 마지막에서 요한의 운명을 '예언자의 운명'이라는 모티브로 그릴 수 있게 해준다."(132) 또한 여기에서 기억해야 하는 것은 이런 관점이 이미 마가에게 있었다는 사실이다. 거기에서 마가는 제자들의 파송과 귀환을 이미 일어난 세례자의 처형을 문학적 틀로써 구성한다.

마지막으로 야마사키에 의하면 요한은 예수를 특징짓는 중요한 역할을 했을 뿐만 아니라 3:7-10과 11:16-19에서처럼 유대지도자들의 특징을 보여주기 위한 역할도 하고 있다. 다른 한편으로 마태복음에서 요한의 주요한 역할은 내러티브의 이야기 세계에 있는 것이 아니라 이야기의 구성적 세계에 있다. 그리고 그 유일한 예외는 세례장면이라고 한다. 만일 세례자와의 관계에 대한 것이 없었더라면 마태는 사건을 전개하기 위한 뭔가가 빠진 것 같았을 것이다. "나레이터는 그것이 플롯에 영향을 주지 않게 하려고 자세한 것을 포함하지는 않았다. 하지만 그것은 내러티브의 구성적 세계에는 포함되었다." 즉, 세례자를 언급한 것은 "그런 방법 속에서 화자가 그 내러티브를 경험"한다.(148) 그러나 이것은 전체적으로 빈약한 결론이다.

바로 이런 "내러티브 비평"의 관점에서 에드워드(Richard E. Edwards는 1997년 마태의 "제자 상"(Portrait der Jünger)을 관찰한다. 에드워드는 "내러티브 비평"과 "편집비평"의 차이점에 대해서 복음서는 "에세이보다는 내러티브"라고 생각한다. 에드워드에게 내러티브란 "저자와 독자 사이의 의사소통"이다. 실제적인 저자와 수신자가 불명확한 것처럼 역사적이며 사회적인 컨텍스트가 알려져 있지 않기 때문에 "내러티브 비평은 이야기 자체의 특성을 사용해서 그 목적을 명확히 이야기하기에 가장 적절하다."(4) 이어서 "화자/청자", "실제의 저자/실제의 독자", "암묵적/내연의 저자(implied author)와 암묵적/내연의 독자(implied reader)"에 대한 정의가 "내러티브 방법의 초점은 … 암묵적 독자, 가상적인 구조에 기초한 이야기의 특징적 형태로 그것이 처음부터 끝까지 움직인다"는 이해와 함께 계속된다. 편집비평에 대한 곳에서 추적했던 텍스트의 "편집자"에 대한 관심이 "내러티브 비평" 속에 있는 "가설적인 암묵적 독자"로 대변된다.(5)

에드워드는 후에 "암묵적 독자"보다는 "텍스트에 병기된 독자"(text-connoted reader) [이것의 축약된 표현: T-CR]라고 부르기를 원한다고 밝힌다. 이러한 점에서 그는 완전히 텍스트의 세계("내러티브 세계")에 몰두하기 원한다.(9) 여기에서 질문이 제기된다. "어떻게 T-CR이 마태에 나오는 제자들을 이해하고 영향을 받는가?"(11) 그는 텍스트 안에 등장인물을 소개하는 다양한 가능성이 있다고 한다. 때때로 제자들은 사건 속에서 소개되기도 하지만 때로는 "인물묘사를 위한 사건"도 있다. 특히 그로부터 "TC-R은 제자의 특성에 대한 결정적이고 새로운 정보를 받아서 추가하기도 하고 기존의 응용 가능한 특성에 일부 변경을 하기도 한다."(15) 에드워드는 다음의 11구절을 마태의 제자에 대한 관점에서 "인물묘사를 위한 사건"으로 본다. 4:18-22, 8:18-27, 13:51-52, 14:22-33, 16:5-23, 17:1-13, 19: 23, 20:28, 26:14-25, 26:30-58 [59-68] 69-75, 27:3-10, 28:16-20. 에드워드는 이 본문들의 컨텍스트를 포함해서 모두 해석한다.(그는 또한 거기에서 각각의 결과를 도표를 통해 분명히 보여준다. 그러나 그 기능이 나에게는 잘 이해되지 않는다)

예를 들면 4:18-22에서 에드워드는 먼저 간단한 설명을 하고, (확장된) '문맥'(마태복음 1-4장)과 '직접적 문맥' 특히 4:11과 4:17에 대한 설명을 한다. 'T-CR'가 제자라는 측면에서 이 소명이야기로부터 무엇을 읽는가라고 질문한다. 콘텍스트로부터 그는 특히 세례자로부터 확인된 예수의 권위를 배운다는 것이다. 예수가 이 네 명의 어부를 제자로 부를 때에 그리고 그들이 이 부름에 따를 때에 이 "따르라"는 말의 의미가 명확해진다는 것이다. "따르는 사람은 예수의 메세지에 긍정적으로 응답하는 사람이다. 가장 중요한 것은 따르는 자의 직무와 목표를 그들이 받아들이고 '사람을 낚는 어부'가 된다는 것이다."(27) - 폭풍우를 잠잠하게 한 구절에서 제자로서의 T-CR은 따르는 사람으로서 어떤 중요성에 대해서 배운다는 것이다. "그러나 그들의 무능력은 또한 예수를 의지해야 하는 높은 수준의 믿음과 만난다." 예수는 그들을 "믿음이 적은 사람"이라기보다는 "믿음이 없는 사람"으로 인식한다. 그래서 그들이 예수의 높은 기대를 미래에 채울 수 있는지 그렇지 못하는지 기다리게 된다.(39) 28:16-20에서 T-CR은 몇몇 제자가 의심한다고 표현했을지라도(17절) "제자에 대한 긍정적인 관점을" 가지고 있다. 비록 제자들이 종종 "믿음이 적은 자"로 표현되었지만 예수의 "마지막 사명이 보여주는 것은 그들이 가진 능력의 한계를 인정한다 - 그들은 세례와 '모든 백성'을 가르치는 것을 통해서 '제자를 만드는' 사람이 될 것이다. 예수는 완벽한 권위를 가진 사람으로 그들에게 이전의 기대보다도 더 신중함을 부여한다."(140) 에드워드의 연구는 비록 확장된 진술 속에서 통일성 없이 그리고 불명확하게 마태의 제자상을 반복할지라도 텍스트를 신중하게 인식하는 안내서이다. 특이한 것은 작은 부피의 책이면서도 마태복음에 대한 색인을 가지고 있고 참고문헌은 전혀 싣고 있지 않다.(2차 문헌에 대한 것은 첫 번째 페이지의 '개요'에 있다)

두 권의 책이 마태의 텍스트 속에 있는 갈등을 구체적으로 연구했다.('논쟁대화') 블레더(E.-J. Vledder)는 마태복음 8장 이하에 있는 기적이야기를 근거로 마태공동체와 그 밖의 유대교 그리고 아마도 공동체 내부에 있는 갈등을 묻는다. 레프쉰스키(B. Repschinski)는 '형성기의 유대교'와 마태공동체와의 관점에서 논쟁대화를 연구한다. 여기에서는 당연히 마태복음 9장에 있는 논쟁대화가 특별한 역할을 한다.

1997년에 행한 블레더의 '사회적 주석연구'(socio-exegetical study)의 주제는 마태복음 8-9장의 기적이야기 안에 있는 갈등이다. 블레더는 다섯 가지 가정으로 출발한다.(12) 1. 모든 갈등은 계급 간 혹은 집단 간의 이익문제이다. 왜냐하면 모든 인간적인 노력은 "자신의 이익을 극대화"하는 곳으로 향하기 때문이다. 2. 이것과 연관된 압박에서 살아남는 것이다. 3. 모든 사회와 집단에는 "권력과 권위와 관련해서 유력한 혹은 하위 위치에 있는" 사람이 있다. 4. 갈등은 언제나 변화로 이끈다. 5. "갈등은 언제나 끝이 없는 동심원을 보여준다."(원문의 강조) 이로부터 블레더는 예수가 유대의 지도자들과 갈등관계에 있는 것이 묘사되었다고 유도한다. 이점에서 지도자들은 "로마 지배자들의 이익을 위해서 활동하는 가신이며 그래서 주변인들의 이익을 무시했다." 반면에 예수와 마태공동체는 "주변인, 사회의 낮은 계급에 있는 자들의 이익을 위해서 활동했다."(12f.)

1장에서 블레더는 마태의 기적이야기는 지금까지 양식비평, 종교사비평이나 편집사비평의 관점에서 연구되었다고 한다. 또한 '역사성'("정말 어떠했는가", 독일어 원문) 내지는 "기적을 어떻게 정의하는가에 의지해서 기적의 우연성/가능성"에 관하여 물었다고 한다. 이러한 접근들이 틀리지는 않았다. 그러나 "사회과학적인 접근"은 지금까지 마태의 기적이야기에 적용되지 않았다고 한다. 그래서 그는 이러한 접근을 선택하며,(16) 그 이론적 전제들이 부분적으로 다른 이들과[27) 경계에 있음을 설명한다.(17-56) - 2장에서 블레더는 특히 '구조적 기능주의'와는 거리를 두면서 자신이 선택한 '갈등 이론'을 소개한다.(57-116)[28) 블레더는 갈등을 "지속적인 현재적 반감(의식하던 의식하지 못하던), 반대, 두 사람 혹은 여러 명 또는 집단 간의 불친화성"이라고 정의한다. 그리고 그 지평 위에 있는 "이익, 목표 그리고 가치와 기대가 갈등의 원인"이라고 한다.(111, 위 참조) "농경사회"에는 권위와 영향(력)을 가진 "상부계급"과 권위와 영향이 없는 "하부계급" 사이에 아주 깊은 골이 있다. 마태공동체는 이러한 "농경사회"에 속하고 그 속에는 "언제나 잠재적인 갈등이 현재한다"고 볼 수 있다.(113) - 이 내용이 3장에서 심화된다.("마태공동체의 사회적 위치", 117-167) 먼저 마태가 언급한 사회계층을 설명한다. "도시 엘리트"(황제로부터 대제사장 그리고 서기관에 이르는 [121], "왕"과 예수의 비유에 나오는 인물에서 부자 청년에 이르기까지, 122)와 "주변계급"(바리세인에서 군인과 무덤지기까지, 123) 그리고 "도시의 비엘리트"(요셉으로부터 예수의 가족과 환전상 그리고 20:20과 27:56에 언급된 여인에 이르기까지, 126) 마지막으로 정결치 못하여 외부에 존재하는 "하부계급"(문둥병자에서 귀신 들린 자와 십자가에 함께 달린 강도들까지, 128)이 소개된다. 블레더에 따르면 가장 광범위한 계층은 "시골사람"이다. 여기에 예수 자신과 백성, 노예, 종 그리고 베드로의 장모, 막달라 마리아가 속한다고 본다.(129f.) 마태의 실제적인 장소에 대해서 블레더는 "마태가 비록 도시 어디에 거주했는가라는 관점에서 서로

---

27) 블레더는 이야기 속에서 기독론이 강조되었다고 하는 헬트(H. J. Held), 그룬트만(W. Grund-mann), 게하르트손(B. Gerhardson), 그닐카(J. Gnilka); 교회론이 그 중심에 있다고 하는 톰슨(W. C. Thompson), 부르거(C. Burger), 킹스베리(J. D. Kingsbury) 그리고 루쯔(U. Luz). 마태복음 8장 이후의 논쟁이 마태복음의 전체적 윤곽 안에 있을 것이라고 하는 타이센(G. Theißen)과 살다리니(A. J. Saldarini)등과 비평적인 논쟁을 벌인다.

28) 블레더는 특히 다렌도르프(R. Dahrendorf), 렌스키(G. E. Lenski), 비더(K. Bieder) [(대인관계의 갈등해결을 위한 결정요인(Determinanten der interpersonellen Konfliktbewältigung), 박사논문, 1988년 함부르크)] 와 코세르(L. A. Coser)등을 참조한다.

다른 추측이 제기된다고 할지라도, 그는 본래 도시에 체류했을 것"
이라는 일반적인 합의를 받아드린다. 마태는 "주요 도시공동체, 도
시의 비엘리트로 이루어진 복합적 준 도시공동체"를 사용하는데
그 속의 대다수 사람들은 "원치 않게 주변화"되었다.(134와 139) 자
주 토론되는 질문인 마태공동체가 유대교 회당의 관점에서 "그 안
에 혹은 그 밖에"(intra muros or extra muros) 살았는가에 대해서 블레
더는 공동체의 구성원이 "서서히 유대교로부터 그들을 차별화하
는 과정에 있었다"는 추측으로 대답한다. 비록 그 공동체가 처음에
는 "개방적 공동체"가 아니었지만("즉, 이방인에게 여는 것"), 자기 백성
들과의 갈등 혹은 그 지도자들과의 갈등이라는 측면에서 "하나의
새롭고 더 많이 '개방'의 정체성을 갖게 되고 점차 이방인을 돕는
쪽으로 향했다."(147) 그 공동체는 스스로를 "주변화"되었다고 생
각했고, 그래서 그들의 정체성이 "실제로 주변화"되는 현상과 잘
어울렸다.(160) 또한 그들은 고위계급과 연계해서 그들의 이익을
유지하려고 하는 바리새인들과 갈등상태에 있었다고 한다. 바리새
인들은 "권위를 가지고 있었고 그것을 유지하고 싶었다." 반면에
마태공동체는 변화를 노력하는("가치와 규범과 그들을 통제하는 것에 대
한", 167) 하부계급의 이익을 대변했다고 본다. 3장의 마지막에 블
레더가 강조하며 확인하는 것은 모든 것, 즉 "이론은 꼭 시험이 되
어야만 한다."(167)

　　4장에는 "갈등이론의 관점"에서 마태복음 8-9장에 대한 주석이
나온다.(168-242) 이야기의 전개는 "시간의 흐름"(171-224)과 "본문
속에 있는 인과관계"(224-239)에 따라 묘사되고, 그곳에서 블레더
는 "공시적" 읽기로 제한한다. 즉, 공관복음 병행에 대한 지적이 빠
져있다. 그는 한 특정한 "종합적인 구조"를 발견한다. 즉, 각각 서
두와 "결론"으로 끝맺는 치유이야기의 세 가지 유형으로 보는 것
이다.

그 예로 마태복음 8:1-17을 주석한다. 서두에 예수에 대한 지적과 그를 따르는 무리가 등장한다.(1절) 이어서 세 이야기가 2-4절, 5-13절과 14-15절에 나온다. 결론에서 예언의 성취로 치유와 축사가 구성된다.(16-17절) 블레더는 모든 페리코페에서 예수는 그것을 "유대 공동체로부터의 '사회적 추방'"과 관련을 갖고 있다고 본다. 즉, 제의적 부정과 이스라엘 종교의 유산으로부터 속박되었다.(175, 여기에는 아마 문둥병자와 백부장이 해당될 것이다. 그러나 베드로의 장모는 단지 "그녀가 여자이고 아프기 때문에" 여기에 속해야만 했었다고 본다. 그러나 이것은 아마도 오산인 것 같다. 블레더의 다음과 같은 지적에도 문제가 있다. 즉, 그녀는 치료를 받기 위해서 부탁 하지 않았다는 것이다. 거기에서 분명한 것은 예수가 "그녀가 묻기도 전에 그녀에게 가장 좋은 것을 알고 있었다. 그는 그녀의 관심 속에 있는 이익에 대한 주도권을 가지고 있다", 185) 8:11절에서 블레더는 예수가 비록 이스라엘이 선택되었다는 전통적인 신앙을 공유하지만 πολλοὶ … ἀνακλιθήσονται μετὰ ’Αβραὰμ καὶ ’Ισαὰκ καὶ ’Ιακὼβ ἐν τῇ βασιλείᾳ τῶν οὐρανῶν이라는 말과 함께 "예수가 유대인이 아닌 사람들과 식사를 하는" 9:10-13의 장면을 준비한다.(183, 그러나 이것도 9:10에서 πολλοὶ τελῶναι καὶ ἁμαρτωλοὶ가 유대인이 아니라고 말하지 않기 때문에 아주 의문스럽다) - 중심 부분인 8:18-9:13에서 "갈등이 표면에 펼쳐진다. 그것은 이제 왜 이스라엘이 더 이상 하나님 나라의 일부가 아닌가라는 이유를 말하듯이 확장된다. 여기에서 이익에 대한 갈등의 정당성이 가장 첨예하게 전개된다."(187) 8:21절에서는 제자들 간의 "내부적" 갈등이 새로운 국면으로 나타난다고 설명한다. 예수는 베드로 장모의 치유사건에서 알려지듯이 가족 간의 유대를 반대하지 않는다. 그러나 이 장면에서 "제자도는 충성을 방해하는 어떤 것도 참지 못한다"는 것을 보여주는 것이라고 한다.(191) 4:23과 9:35이 문자적으로 거의 일치한다는 사실로부터 산상설교와 기적이야기가 직접적으로 연결된다고 말한

다.(224)

"인과론"이라는 관점에서 블레더는 갈등이론에 일치하게 "자기 자신의 이익을 추구하는 것이 모든 현상적 갈등의 기초가 된다"는 것을 확인할 수 있다고 강조한다. 그는 "현상태가 유지되기를 바라는 사람들과 그것이 바뀌기를 바라는 사람의 두 기초적 이익집단"이 있다고 이해한다.(228) 예수는 도움이 필요한 사람들은 돕는 사람으로 소개된다. "예수는 비판적 관점을 가지고 왔다. 사회의 '주변으로 밀려난' 사람들의 이익을 위해서"(236, 그 정확한 예외는 9:18의 ἄρχων이다. 그는 비록 "상층부"에 속했지만 예수를 절대적으로 신뢰한다.(215f.) 그래서 "그의 [예수] 자비는 경계가 없다. 그는 모두에게 열려있다. 그의 한없는 자비는 그의 궁극적 권위를 통해서 강하게 되었다 … 질병, 자연, 귀신, 인간 그리고 심지어 죽음 위에서 그의 긍휼은 … 모든 전통과 정결법과 사회적 코드를 초월했다."(236) 독자는 예수의 행동을 넘겨받아야 하는 요구 앞에 있다고 한다. "기꺼이 그리고 열의를 가지고 도움이 필요한 사람들이 그들의 사회적 배경, 종교적 상태 또는 만족한 위치에 있는가에 상관없이 도움을 받아야 한다."(239) 바리새인들이 예수의 권위를 완전히 거부하는 것과 다르게 공동체는 예수의 행함을 통하여 9:15에 분명히 있는 것처럼 기뻐하며 "이제 새로운 시간이다. 결혼식 같은 축제이다"라는 것을 확인한다.(241)

이런 맥락에서 기적이야기는 "그런 관점을 정당화하는 사례이며 공동체의 자기 정체성을 밝힌다." 그래서 그 공동체는 그들을 예수뿐만 아니라 "그들 스스로도 원치 않게 한 부분으로 주변화된 사람들"과 동일시할 수 있었다.(245) 마태공동체와 유대인 지도자들과의 갈등은 또한 동시에 다른 공동체에서와 마찬가지로 "내재적인 저자와 공동체의 지도자 간에 있는 내부적 갈등, 다시 말해서 공동체의 지도자들이 스스로 주변화되어야 한다는 도전"의 시작

을 보여준다.(253; 이런 관련성과 정확히 일치하는 사회학적 연구를 제공한다,
252)

블레더의 연구는 자신의 관점을 확증하기 위해 본문내적인 많은 증거들에 주목한다. 그러나 그의 연구결과는 그런 시도가 정말 완벽하게 수행되었는지 확실하지 않다.

시카고의 로욜라대학에 박사논문으로 제출된 레프쉰스키(Boris Repschinsk)의 마태복음에 있는 『논쟁대화』라는 연구는 "마태와 유대교"란 주제를 그 연구사로 자세하게 다루면서 시작한다.(13-61) 주요 관심은 "편집비평"에 놓여있는데(17-50), 레프쉰스키는 거기에서 편집비평적인 주석은 마태복음서의 수신자가 이방인인지 혹은 유대(그리스도)인가를 묻는 물음에 명확하게 대답하지 않는 것 같다고 이해한다. 그래서 그 문제를 해결하기 위해서는 "사회학적 접근"을 시도해야 한다.(50-56) 그러나 또한 이런 접근방법은 제한적이라고 본다. 비록 마태 스스로 유대교의 다양한 형태 속에 있는 자기 공동체의 상황을 인지하고 있음을 알 수 있지만, "어떻게 형성기에 있는 유대교가 마태의 이의에 반응했었는지"는 대체로 불명확하다. 그래서 사회학적 시도와 편집비평이 서로 보충되어야만 한다. 그리고 레프쉰스키는 새로 나온 마태복음 주석들을 그 분량에 따라서 개관한다.(56-61) 마태의 수신자에 대한 관점은 이전에 사용된 선택적인 방법 대신 "마태복음에는 유대교에서 이방교회로 전이되는 과정을 보여주는 더 유동적인 인식"의 표현이 있다고 한다. 이로부터 레프쉰스키는 "마태공동체의 정체성은 유대교의 안과 밖에서 무엇이었나?"를 질문한다.(61)

2-5장은 마태복음 9장, 12장, 13-19장과 "예루살렘에서의 논

쟁" 등 전체적으로 17개나 되는 "논쟁이야기"에 대한 마태의 편집을 다룬다. 몇몇 예를 들면 마태복음 9:2-8과 그것의 대본이 된 마가복음 2:1-12의 비교는 마태에서 죄사함의 선언에 대한 질문은 과거의 현상이 아니었다. 왜냐하면 9:8에서 알 수 있는 것처럼 아마도 공동체 내부에서 죄사함의 선언이 논란이 되었음을 보여준다. 여기서 이 상반된 인물이 강조되어 설정된 것은 "공동체의 선교현장에서 수행되는 죄의 용서가 반대자들에게서 여전히 논쟁 중"이라는 증거를 보인다. 텍스트에서 예수의 적대자인 율법학자들은 "마태공동체의 국외자로 예수와 대조되면서 놀라는 군중으로 나타난다."(73) 이어서 그는 마태복음 본문을 간략하게 분석, 주석하고 마태의 편집을 요약 정리한다.(73-75) 레프쉰스키는 마태복음 9장에 있는 논쟁대화의 "패턴"에 관하여 기술하면서 복음서 저자는 바로 마태복음의 "논쟁이야기"에 관심이 있었다는 결론을 내린다. "그래서 각 이야기 속에서 논쟁적 특징이 정점에 위치하고 있다." 그리고 이것이 그런 특정한 문학기법으로 표현된 것이라고 한다. 그는 특정용어를 사용해서 장면의 논쟁적 성격을 강조하는데 마태이야기 속에서 예수의 적대자들이 마가에서보다 더 두드러진다.(90f.) - 마태복음 21:1-8/마가복음 2:23-27에서 레프쉰스키는 마태에서는 당연히 유효하지 않은 마가이야기의 역사성에(102f.) 관한 질문을 비교적 폭넓게 반영하여 우리를 놀라게 한다.(104f) - 레프쉰스키는 12:22-37에서 마태가 작업한 Q(누가복음 11: 14-26)에 대한 질문을 상세하게 다룬다. 마태의 편집은 공동체와 적대자 간에 있는 논쟁을 심화했다는 것이다. 군중들은 전적으로 예수의 편에 서 있는데 이 의미는 "마태공동체와 적대자들은 그 둘 사이에 있는 군중들의 신뢰를 놓고 투쟁하고 있다"는 것이며, 그것은 유대교 내부에 있었던 논쟁을 증명하고 있다.(132) 또한 그는 마태복음 12장의 이야기가 전반적으로 마태공동체의 경험과 관계되어 있다고 본다. 동시에 군중들의 태도에 대한 토론은 "마태공동체 안에서 이스라엘 내부의 추종자에 대한 것이 아직 끝나지 않았다"는 것을 보여준다. 그래서 마태는 "원자료에 자신의 창조적인 상상과 목적을 담아서 그 이야기를 다시 전한다."(143과 144) - 마태복음 22:41-46에서 마태는 마가복음 12:35-37의 가르치는 장면(마가이야기 속에 있는 예수의 공개적 가르침)을 의식적으로 논쟁대화로 바꾸었다. "이것은 예수로부터 비롯된 유일한 논쟁이다."(233) 마태는 시편 110:1을 테둘룸으로 사용하면서 전체 장면에서 기독론적 의미를 강조하고 있다.(234)

6장에서(236-293) 레프쉰스키는 마태가 사용하는 논쟁대화가 복음서 이야기에서 갖는 문학적 형태를 질문한다. 서두에는 알베르츠(M. Albertz)로부터 헐트그랜(A. Hultgren)에 이르는 "현대의 양식비평 속에 있는 논쟁이야기"에 관한 도움되는 개요가 있다.(236-245) 물론 이 연구들은 "구조분석"을 전혀 진전시키지 않았다고 평가한다. 그 이유는 "이야기에 있는 다양한 문학적 요소들을 회피하려고 했다." 그래서 레프쉰스키는 이제 다시 모든 논쟁대화 속에 있는 요소들에 대해서 "어떤 것이 … 이야기들을 내러티브의 부분들로 구조화하는 기능을 생성하는가"를 질문한다.(245) 레프쉰스키는 또한 9:2-8 등에서 마태가 사용한 문단구조의 형식적 요소, 즉 이중적인 ἰδού와 이중적인 (ὁ Ἰησοῦς) εἶπεν을 관찰한다. 이러한 병렬은 페리코페의 구조를 네 개의 "내러티브 요소들"로 나누어, 서로 분명히 구별되게 한다는 것이다.(246) 이를 통해서 마태에 있는 논쟁대화는 형식적으로 확장되어 마태가 의도적으로 대화의 형식으로 구성한 "논쟁이야기"에 꼭 맞는 특징을 갖는다는 것이다. "이것이 아마 왜 마태가 마가복음 12:35-37의 어록자료를 완전한 논쟁이야기로 만들었는지 설명하는 것이다."(265) 레프쉰스키는 이것을 "논쟁대화"라고 부르기보다는 "크레이아"(chreia[*양식사연구의 새로운 학술용어 종종 아포프테그마와 대치되며 보다 수사학적 용어이다.])라고 말하는 것이 더 정당한 것인지에 관하여 묻는다. 그의 결론은 "고대 문헌의 크레이아는 복음서의 논쟁이야기라는 현상을 설명하기에 불충분하다. 복음서와 크레이아 모음 사이에 있는 차이는 크레이아의 결함과 논쟁이야기의 단순한 일치를 허용하지 않는다."(283) "삶의 자리"(Sitz im Leben)에 대한 전통적 질문을 제기할 필요는 없지만, 오히려 문학적 기능 그리고 논쟁이 한 양식으로서 수행되고 있는 고대 문헌과의 비교가 필요하다고 한다. 마지막으로 크레이아와 논쟁이야기가 많은 면에서 일치하고 있는 것은 놀랄 일이 아니다.(292)[29]

7장에서 레프쉰스키는 먼저 마태의 논쟁대화이야기 속에 있는 "내러티브 기능"을 묻는다. 마태복음 9장과 12장에서 "마가의 이야기 흐름이 깨지는 것"을 발견하는 것이 중요하다고 본다.(295) 마가복음 2:1-3:6에 있는 이야기가 "마태복음 8:1-13:52의 주축을 이루는 구조 안에 들어있다. 그 둘레에 마태는 예수와 유대 지도자 간에 있는 긴장을 증폭하려는 의도로 내러티브를 구성한다."(306) 예수가 군중들의 지지를 얻는 반면 그 지도자들은 거부되고, 예수의 권위가 인정되고 있다는 것이다. 그래서 바로 이것이 마태에 의해서 새롭게 확장된 컨텍스트에서, 특히 마태복음 10장의 말을 통해(321) 확실하게 들어나고 있다.(309) 따라서 이 이야기에서는 "등장인물"이 중요하다. 예수의 대화 상대자는 어떻게 묘사되었는가? 대적자들은 바로 그들이 예수의 적대자들이므로 더 이상 이스라엘의 정당한 지도자들이 아님을 증명한다고 한다. 마태공동체는 아주 명맥하게 지도력이 이제 그들 자신에게 있음을 주장

---

29) 레프쉰스키는 이런 맥락에서 디벨리우스(M. Dibelius)와 불트만(R. Bultmann)에게서 나타나는 상이한 방법론과 논쟁을 하고 그것을 요약한다.(292) "불트만과 디벨리우스의 결과는 정밀하게 관찰해야함을 요청받지만, 그럼에도 그들의 관찰은 아직도 여전히 유효하다."

한다.(327) 군중들은 일반적으로 긍정적으로 묘사된다고 본다. "예수는 군중들에 관심이 있다. 그는 그의 공생애가 끝나는 23장까지 그들을 지속적으로 가르친다." 27:25의 항거 속에서 마태는 아마도 군중들은 예수를 재판한 대제사장과 장로들의 영향아래 있는 것으로 본다.(329와 331) 그래서 28:16-20에 있는 선교명령이 "공동체의 이스라엘을 향한 선교가 예수의 죽음으로 끝났다"는 것을 의미하지 않는다. 왜냐하면 선교의 목표가 유대인이나 이방인에게 똑같이 향하기 때문이다.(332) 예수 스스로가 이야기의 전반에서 율법을 초월하는 자로, 특히 율법해석자의 관점에서 나타난다고 한다.(337) 그러나 이 율법 위에 있음이 결코 그 적대자들의 행위를 변화시켜 움직이게 하는 것은 아니라고 이해한다. "예수와 유대 지도자들 간의 적대감은 이 논쟁들 속에 있는 예수의 설득적인 주장에도 여전히 영향을 주지 못하고 남아있다."(335)

간략한 결론(343-349)에서 레프쉰스키는 그가 서두에서 했던 질문인 마태공동체가 유대교에 속했는지 그렇지 않은지를 다시 질문한다. 그는 양쪽 다 가능성이 있다고 대답한다. 마태는 이스라엘의 지도력이 적당하지 않다고 증명하고, 마태공동체가 이 지도력을 정당하게 요청하고 있음을 강조한다. 성서의 예언은 예수와 관련되어 있고 그 속에서 성취되었다. 그리고 28:19에서 분명한 것은 이것이 이스라엘에 적용될 뿐만 아니라 모든 민족에게 해당되는 것으로 생각한다. 마태복음의 끝에 있는 이 놀라운 관점은 당시 이스라엘로부터 차별화되어야만 한다. 끝으로 마태공동체는 "바리새인들의 탁월한 위치를 대치"할 뿐만 아니라 "그들의 적대자와는 철저하게 다른 유대교의 형태를 소개"하는 방향으로 향했을 것이다.(346) 유감스러운 것은 바리새인들의 반응을 재구성할 수 없다는 것이다. 그러나 분명한 것은 마태공동체가 "유대의 한 소수 종파로 분석되는 것 보다는 더 복잡하다"고 평가한다.(347)

내가 보기에 레프쉰스키는 세 가지 중요한 관찰로 그의 연구를 끝낸다. (1) 마태는 유대교에 있는 예수를 믿는 사람들의 이야기를 설명한다. 그리고 이것은 그가 "이방인의 기록", 말하자면 마가와 관련되어 있을 때 더 의미가 있다. (2) 28:19의 이방선교를 향한 마태의 놀라운 촉구 속에 있는 글의 특징은 "내부의 관찰자 그룹에 깊숙이 잠재되어 있는 패턴을 깬다." (3) 특히 눈에 띄는 것은 마태에 있는 베드로의 위상이 누가/행전에서처럼, 마가와는 다르게 더 높여졌다는 것이다. 레프쉰스키의 연구는 분명한 방법론적 기초 위에서 텍스트에 있는 시험 가능한 것들로부터 시작해서 언제나 논의되는 중요한 질문인 마태의 신학적, 사회적 위상에 대한 차별화된 결론을 도출했다.

마태의 축귀(Exozismen)에 대한 편집사, 종교사적인 연구인 트룽크(Dieter Trunk)의 박사논문이 클라우크(H.-J. Klauck) [당시 뷰어쯔부르크대학]의 지도하에 출판되었다.(1994년) 이 논문의 문제는 역사적 문제제기와 실제적인 상황이 분명하게 구별되지 않는다.

트룽크는 A장("입장결정")에서 "오늘의 사회적 컨텍스트"의 입장에서 "신앙과 축귀가 … 다시 강한 관심"을 가지고 있다고 문제를 제기한다.(1)[30] 그는 방법론에서 그는 텍스트를 "설명할 수 있는 증거가 있어 보이는 곳에서만" 그것에 맞는 역사적 질문을 던지며 텍스트를 분석하겠다고 한다.(3) 간단하게 정리한 연구사(3-6)에서

---

30) 트룽크는 자신에게 충격을 주었던 1976년 "카톨릭 영성운동가들이 행한 축귀로 음식을 거부하고 귀신들린 상태에서 죽어버린 한 여학생" 사건을 지적한다. 그는 이 논의에서 "카톨릭 전통에 있는 사제들의 축귀행위가 현대적 세계관과 일치하지 못했다"는 것을 분명히 보여주었다고 한다.(2)

트룽크는 마태복음에 있는 축귀가 지금까지는 하나의 단일한 주제로 연구된 적이 없었다고 한다.(5) B장("현상들")에서 그는 "귀신들림"과 "축귀"를 어떻게 정의해야 하는가를 설명한다. 그 전제는 어쨌든 귀신의 존재에 대한 믿음이 있다는 것이다.(7-28) 내가 보기에 트룽크는 예수전승에서 축귀는 "무게 있는 위치를 차지한다"고 강조한다. 물론 어느 정도 놀라운 것은, 그가 "역사적 예수연구에서 대개가 확실시 하는" 예수가 "신비 치료술사와 축귀사였다"는 것을 전혀 논의하지 않고 전개한다.(35) 그리고 예수는 "축귀를 위해서 시간을 정해놓고 고행과 기도하는 것을 중요하게 생각했었을 것"이라고 한다. 유혹이야기가 비록 "전설적 특징을 보인다"고 하더라도 다음과 같은 관점을 가지고 있다. "치유의 이런 사실 관계들은 본래 독자적인 해석을 해야 한다. 예수는 마귀와의 대면에서 세상의 내면에 마귀가 있음을 배웠다."(37) 트룽크는 "심층심리학을 이해하려는 노력에서 축귀를 치유의 방법과 비교할 수 있을 것"이라고 특별히 강조한다. 그러나 "전체와 분리된 관점 속에 있는 위험이 지양되어야 하고 신화의 실제적인 내용과 신학적 진술이 유지되어야 한다."(39).

C장에서 트룽크는 ∬1장을 마태복음 12:22-37에 있는 바알세불 페리코페로 시작하면서 마태의 축귀이야기를 분석한다.(40-241) 트룽크는 전체적으로 마가와 Q로 결합된 본문들을 전통적인 통시적 방법으로 분석한다. 그리고 이어서 그 본문의 형성사를 재구성한다. 예수가 가진 능력(Charisma)이 그를 바알세불의 힘으로 귀신을 쫓았다는 외부의 공격에서 구할 수 있었다는 것이다. 그래서 그것에 관한 전승 속에(아마도 진정성이 있는) 예수의 말이 첨가되었다.(막 3: 24f., Q 11:20, 막 3:29) 왜냐하면 그곳이 바로 그런 로기온을 모아서 결합하는 적절한 곳이었기 때문이었다. "해명을 위한 근본적인 의도에서부터 이런 방법으로 예수의 귀신축출에 관한 이론

이 성립되었다."(90) 이와 반대로 마태는 "귀신축출 이론"을 거부하고 귀신축출에서 치유의 특징을 강조했다. 이 논쟁은 이제 "기독론으로 드러났다. 해명과 선포는 상호 교차적이다." 그 배후에는 마태공동체가 바리새파의 도전에 직면해 있었다는 사실이 있었고, 그것은 "기독교의 귀신축출 현장에 대한 것"이다.(92) - ∬2에는 마태복음 12:43-45에 대한 주석이 뒤따른다. 트룽크에 따르면 "귀신에 대한 비유"로 "고대문학에서의 귀신관, 즉 정확히 팔레스틴의 귀신론"을 제공한다.(94) 마태는 45e절(οὕτως ἔσται καὶ τῇ γενεᾷ ταύτῃ τῇ πονηρᾷ.)을 통해서 유대전쟁 중에 있는 유대민족의 운명을 암시하고 있다고 한다. 또한 그곳에서 종말론적 색채를 간관해서는 안 된다. "귀신이야기에 있는 비관론은 유대민족의 운명(27쪽과 25쪽을 참조하라)이라는 관점에서 마태의 어두운 비전과 부합하고 그 시대의 바리새파 유대교에 대한 심각한 적개심을 드러낸다."(101) - ∬3에서는 "독립적인 전승" 안에 있는 귀신축출을 주석한다.(8:28-34, 15:21-28, 17:14-20) 그는 공시적 그리고 통시적 분석 후에 결론을 도출하고 각각의 역사성을 고려한다. 그런데 놀랍게도 여기에서 합리적인 설명을 한다. 그래서 "거라사의 전승은 지리적으로 유명한데, 역사적으로는 그 사건이 근본적으로 요르단 동쪽에서는 기술될 수 없다. 또한 돼지를 치는 사람들의 놀람은 물질적 손해에 의한 것이다." 그는 이것이 예수의 귀신축출 전승에 덧씌워졌다고 본다. "귀신 쫓는 자인 예수는 이 지역에 있는 귀신 들린 자에 대한 소문을 들었고 그 이유 때문에 그를 찾았었는지? 아니면 그 반대로 귀신 들린 자가 유명한 귀신 쫓는 자에 대한 소식을 들었었는지?"(136) 8:29에서 마태는 귀신 쫓는 일과 기독론의 호칭인 υἱός τοῦ θεοῦ를 결합한다. 그런 면에서 이 페리코페는 "바알세불 전승의 간접적 기독론을 뛰어넘는다."(140) 마태복음 15:28도 이와 유사하다고 본다. 심리학적 연구는 역사성에 대한 물음을 설명하기 위해서 "단지 그 한계 내에서 기여할 수 있을 것이다." 또한 기적이야기에서도 "확실한 설득력"이 필요하다고 한다. 그래서 "그것이 정말 그러했는지에 대한 관심뿐만 아니라 정말 그것이 원칙적으로 어느 정도 가능한 것인지" 물어야 한다는 것이다. 그에 대한 설명으로 "각각의 영적인 능력을 통한 치유와 특히 귀신축출에는 그 전제가 중요한 역할을 하고 있음"을 보여준다.(153) "심령술적인 설명"(Parapsychologische Erklärung)이 근본적으로 폐쇄될 수는 없지만, 그럼에도 이야기 속에 있는 "역사성에 대한 의심"은 "훨씬 '경제적'이고 설득력 있는 이해모델"이라고 한다.(154) 마태는 이 이야기를 가지고 예수의 이스라엘에 오심과 이방인 선교를 향한 교회의 파송 사이에 있는 긴장을 "연결하는 설명을 제공"했다. 그것은 마가의 대본과 달리 "예외적으로 확장되었고 축소되지 않았다."(155) — ∬4에서는 사마리아에서의 귀신축출과 9:35-11:1에 있는 그에 관한 말들을 주석한다. ∬5에서는 마가와 다르게 생략된 것들에 대한 것이다. 마태는 마가복음 1:21-28의 이야기가 "자신의 기독론에 걸맞지 않고 심지어 부분적으로는 어긋나기 때문에" 건너뛴다. 왜냐하면 마태는 예수의 ἐξουσία를 증명하기 위해 굳이 귀신축출이 증거로 필요하지는 않았다.(204) — ∬6에서 트룽크는 마태에 있는 기적전승의 "삶의 자리"에 대하여 질문한다. 그리고 7:15-23을 통해서(24:10-12) 거짓 선지자에게 "먼저 그 권위가 쟁점"이 되는 것이지 선포의 내용이 문제되는 것은 아니라는 것을 찾아낸다. "복음서 저자의 기독론적 그리고 교회론적 이해에 도전하는 적대자들의 요구가 내 생각에는 마태의 기적이야기들이 편집되는 중요한 '삶의 자리'이다." 그래서 그것은 제자들의 기적 행함에는 별로 관심이 없다는 것을 보여주고 있다. 이 논쟁은 고린도후서 11장 이후에 가시화되는 바울의 문제와 비교할 만하다고 본다.(228) — 트룽크는 "중간결과"로 마태가 아마도 귀신축출에 많은 관심을 갖고 있지는 않았음을 보여준다. 왜냐하면 그런 주제가 그에게는 중심 모티브가 아니었을 것이다. 즉, "신념에 가득차 치료를 구하는 사람들의 태도가 마태에게는 믿음으로 생각되었다. 그래서 그것이 치료로 이어진다."(238)

D장에서 트룽크는 종교사학적인 맥락을 소개한다. 먼저 구약과 유대교에서의 귀신론과 랍비들의 기적이야기가 소개된다. 헬레니즘 자료에서 공관복음의 귀신축출과 일치하는 것은 단지 세 개의 텍스트만 발견된다고 한다. 요세푸스의 Ant 8:46-48, 루키안의 Philops 16, 그리고 philostrat VitAp 4:20의 텍스트들에 등장하는 귀신 축출자들은 모두 예수 운동이 생겨난 지역에서 유래되었다고 한다. 그리고 그 텍스트들은 그 어떤 것도 공관복음서 보다 앞서지 않는다. 또한 그 당시 아주 많은 귀신 축출자들이 있다는 가정은 매우 의심스럽다고 본다.(357) 랍비들의 이야기는 마태의 귀신 축출이야기와 근본적으로 다르다고 한다.(372) - 독립적인 부분(ʃʃ10)에서 트룽크는 마술(Magie) [유사한 해결책]을 다룬다. 여기에서 중요한 것은 마술이 본질적으로 혼합 종교적 성격이라는 것이다. 그래서 단지 종교의 "하부구조"로 존재하고 그것은 예수의 기적이야기와 명확히 구분된다.(376과 380)

"영향사"라는 제목에서 트룽크는 변증가들의 귀신축출, 특히 저스틴(Dial 85:2f.)을 다룬다. 그곳에서 예수의 기적이 예언을 통해서 선포되었던 것과 그 예언자들이 "지속적으로 있었던"것 그리고 예수는 마술사들이 쓰는 기술을 사용하지 않았고, 기적을 통해서 어떤 이익도 얻지 못했다는 것을 지적하며, 그 전승이 정당함을 주장했다는 것이다. 그리고 그런 이해가 마태에게도 해당된다.(425)

트룽크의 책은 "현실화"라는 부분으로 끝을 맺는다.(431~434) 그곳에는 예수가 제자들에게 준 귀신을 쫓으라는 사명이 "한 번도 교회가 상응하지 않았던 사명"이라고 한다. 이 사명을 어떻게 완수해야 하는가는 "귀신적인 것이 어떻게 이해되고 해석되어야 하는 지"에 달려있다고 한다. 또한 "마태(그리고 누가)가 귀신축출을 치유 은사로 분류한 것처럼, 교회의 삶에 합법적인 자리를 마련하는 바른 처사"를 해야 한다.

박응천(Park, Eung Chun)은 시카고대학에서 베츠(H. D. Betz)의 지도 아래 그의 박사논문인 마태의 『제자파송의 말』(마태복음 10장)에 대한 해석을 연구한다.(1995) 박응천은 전승사적으로 그리고 편집사적으로 분명한 원자료가설(Quellenhypothese)에서 출발한다.(4. f.) 그에 의하면 먼저 방랑선교사들을 위한 지침을 보유한 구두전 승(아람어 혹은 그리스어)이 있었다. 이것이 그리스 말로 문자화되었고 마가와 Q의 이전전승("Ur-Q")에 각각 수용되었다. Q는 QMt(마태복음 9:35-11:1 속에 작업되어 있다)과 QLk(누가복음 10:1-20 속에 작업되어 있다)의 두 가지 형태를 포함하고 누가복음 9:1-6을 위한 기초는 마가복음이었다. 마태는 그의 제자파송의 말 속에서 이미 존재하던 이방선교를 그 출발점으로 삼는데, 그것은 또한 마태복음 1:1f. 에 있는 아브라함과의 연관 속에서 벌써 알 수 있다고 한다.(창세기 12:1-3을 비교) 이런 기초에서 마태는 "이방선교가 쉽게 인정받을 수 없지만 온 세상을 위한 세계선교라는 비전으로" 그의 독자적인 선교신학을 전개한다.(7f.) 그래서 마태복음 10장의 말은 복음서 저자에게 커다란 의미가 있으며, 그것은 여기에서 예수의 "선교"가 교회의 "선교"로 넘어가는 획을 긋기 때문이라는 것이다. 28:19f.은 먼저 "이방인을 포함"하는 관점이 나타나고 이것이 "모든 민족을 포괄하는 '세계'선교"라는 생각으로 확장된다. 특히 이것이 10:40과 28:20b이 서로 관련을 맺으면서 알 수 있다.(8f.) 연구사(9-31)는 지금까지 마태복음 10장에 대한 철저한 연구가 부재했었다는 확

인으로 끝을 맺는다.[31]

2장에서 박응천은 마태복음 9:35-11:1의 본문증거를 연구한다.
그는 동시에 그리스 성서본문에서 제시하는 본문의 구조뿐만 아
니라(32-42) 그 본문의 역사도 조사한다.(본문비평, 42-60) 그 결과 두
경우 안에 있는 전승을 확인한다. 본문의 단락인 9:35-11:1은 그
본문으로 잘 짜여져 있고 또 그것이 Nestle-Aland27에 따라 "잘 증
명된다."[32] - "문학분석"에서는(3장) 마태복음(63-70)과 공관복음서
병행에 있는 본문의 "표면구조"를 자세하게 질문한다.(70-78) 마태
복음 9:35-11:1은 대체로 신중하게 구성되었고, 그 "대본이 벌써
최종적으로 공관복음 선교이야기의 원자료로서 이른 시기에 편집
되었었다."(78) - 본문 분석에서는(4장, 80-166) 재차 사용된 원자료
에 대한 각각의 질문이 명시된다. 10:5b과 6에 나오는 이스라엘에
만 국한하여 파송하는 제자파송의 말은 "선교가 이스라엘에 국한
되기를 바라는 특별한 유대교 그리스도인들을 대변하는 QMt의 편
집층으로부터 유래"했다. "마태는 이 QMt 구절 속에서 초기 기독
교 선교의 역사적 발전단계를 보여주는 중요한 화석을 발견했다."
그래서 15:24은 10:5f.와 이어지는 세례명령 사이에 있는 중간단
계로 볼 수 있다.(98) 박응천은 거기에서 10:7f.에 대한 아주 중요
한 역사적 자료들을 제공한다. 고대 의사들의 활동(100-103)과 방랑
설교자들과 의사들의 일반적인 휴대용구에 대한 정보들이 그것이

---

31) 박응천은 1990년에 나온 웨버(D.J. Weaver)의 "마태의 선교 이야기"(Matthew's Missionary
Discourse)라는 연구를 아주 비판적으로 본다.(이것에 대한 나의 긍정적인 평가를 ThR
59[1994] 159f.에서 보라) 내 생각에 박응천은 레빈(A.-J. Levine)에 의해서 1988년에 출판
된 중요한 책인 "마태의 사회 역사에 있는 사회 윤리적인 차원"(The Social and Ethnic Di-
mensions of Matthen Social History)을 고려하지 않은 것 같다. 이 책도 특히 마태복음 10:5f.
을 다룬다.(ThR 59[1994] 155f.를 보라)

32) 물론 박응천은 N-A27판 10:32의 [ ] 속에 있는 toi/j를 읽어서는 안 된다고 결정한다. 이것은
Huck-Greeven의 공관복음대조에서의 읽기와 일치한다.

다.(103-116) - 5장에서 마태의 "선교신학"(167-186)에 대해서 묻는
다. 그곳에서 다시 28:19에 대한 10:5f.의 관계가 중요한 역할을 한
다. 박응천은 "10장 5b-6의 배타적 선교는 마태공동체에서 더 이
상 유효한 것이 아니다. 그것은 옛것이고 지나간 전통이다. 마태는
단지 초기의 교회 역사 속에 있었던 이스라엘에 대한 선교의 지리
적 구분을 보전하고 있다"라고 다시 한 번 강조한다.(177) 마태의
기저에 있는 "이방인에 대한 관심"은 특히 4:15과 5:13과 14-16
에 있는 Γαλιλαία τῶν ἐθνῶν("세계선교와 관련해서 행한 제자들에 대한
두 진술" 즉, "너희는 이 땅의 소금이다"와 "세상의 빛이다"가 보여주는 것은 "선교
의 지평이 이미 세계화되었다는 것이다", 181)에서 강조되고 또한 8:5-13
과 15:21-28에서 부각된다고 한다. 마태 21:43에 나오는 포도원
소작인의 비유에서 첨가된 말 ἔθνος는 교회를 말한다고 본다. 교회
는 "하나님의 뜻을 완수하고 그 왕국의 결실을 맺는다. 이 새로운
'민족' 그 협소한 지역주의를 뛰어넘고 그들이 유대인이든 이방인
이든 그리스도인이 되고자 한다면 모든 민족에게(πάντα τὰ ἔθνη) 개
방한다."(184) 반면에 21:28-22:14절에 있는 세 가지 비유에서 유
대인은 한 독자적인 집단으로 이해된다. 그러나 이 차이는 25장에
있는 비유에서 무효가 된다. "유대인과 이방인 사이에 있는 구별은
종말론적 구원의 판단기준으로 아무런 역할도 하지 못한다." 왜냐
하면 그 심판은 각 개인에 대한 것이기 때문이다. "이것이 아마도
이방인을 아우르는 세계선교를 가능하게 하고 새로운 민족을 만
들 수 있게 했을 것이다. 그 속에서 모든 사람에게 공평한 구원의
기회가 주어지는"(186). - 6장에서 다시 한 번 간략하게 결과들을
요약하고 끝을 맺는다.

카터(Warren Carter)는 마태복음에 대한 이 연구동향을 서술하는
두 번째 부분에서 소개해야만 하는 책 두 권을 출판했다. 그 중

1994년에 출판한 책은 19-20장에 대한 주석적 연구에 관한 것이다. 카터는 텍스트와 "청자"(audience)의 관계를 질문한다. 특히 "실재적 청자"(autorial audience)에 대해서 묻는다. 즉, 마태가 생각하고 있는 수신자가 누구일까라는 것이다. 이것은 구체적으로 카터가 서문에서 밝히는 것처럼(9f.) 마태복음 19-20장 속에 나타나 있는 이해하기 어려운 페리코페들의 순서에 대한 문제인 것이다. 그래서 그 질문은 어떻게 19-20장에서 "청자들이 이 내러티브에서 영향을 받아 마태의 제자도에 대한 결집된 개념을 구성하는가"(이 두 질문은 지금까지의 연구에서 적절하게 설명되어지지 않았다고 한다. 16쪽과 29쪽을 참조)라는 것이다.

카터는 세 가지 방법론을 사용한다. "독자-중심비평"(W. Iser 와 P. J. Rabinowitz), "역사비평" 그리고 "사회과학적 모델"(V. Turner "지속의 개념 혹은 정형적 한계성") 그의 논지는 다음과 같다. 독자들은 마태복음 19f.에서 "네 개의 주체적인 가정 경제코드"(남편-아내, 아버지-아들, 주인-종, 점유이득)를 만나지만, 곧 "계층적이고 가부장적인 가정에 기초한 가정 경제코드의 거부와 어쨌든 그것을 옹호하며 실천하는 마태의 예수 운동은 제자들에게 어느 정도 시대를 뛰어넘는 평등양식이다." 즉, 그들은 전통적 계층형태에는 대안이 있고 그것이 "1세기 후반 안디옥 공동체"에도 유효하다고 듣고 있다.(40-46 참조)

1장에서는 이미 머리말에서 언급했던 질문을 다시 한 번 자세히 다룬다.(15-29) 카터는 2장에서 자신의 방법론적 전제를 기술한다. 그는 그곳에서 마태가 사용했던 전승을 강조한다.[33] 역사비평의 과제는 1세기의 "실재적 청자"와 현재를 연결하는 것이라고 한

---

33) 공관복음 전승에 대한 질문이 비록 최종적인 답을 줄 수 없지만, 마가-우선설을 수용하는 입장에서 그것은 "적합한 질문"이라고 한다. 그러나 "명확한 대안의 부재 속에서" 마가, Q 그리고 M [특수자료] 이 마태의 원자료였다고 가정할 수 있다는 것이다.(33의 각주 1)

다. 그 이유는 1) 텍스트 자체가 당시의 상황에 관한 정보를 포함하고 있고, 2) 다른 원자료에 대한 우리들의 지식이 증대했고, 3) "고대 세계상을 해석하는 공동체들과의 대화 속에서 재구성을 위한 정보를 제공하고", 4) 그것이 또한 "문학이론과 사회과학적 모델"과 일치하기 때문에 그 기록된 간격을 뛰어넘을 수 있다는 것이다.(40)[34]

내용면에서 마태복음 19:3-12는 "청자"쪽에서 이미 결혼과 이혼에 대한 전통적인 법규를 전제하고 있다. 바리새인들이 그것을 옹호하고 예수는 그것과 반대로 그로부터 주어진 계층구조를 거부한다. 그래서 그는 "하늘나라의 현존에 기초하여 현재 지배적인 가정 경제조직의 대안으로 그 구조에 반대해야 함을 주창한다."(57) 예수가 남편이 그의 아내와 헤어지면 안 된다고 가르치기보다는, 자신의 아내와 "성적으로 그리고 영적으로 하나로 결합되어, 그들의 부모와 가진 관계를 초월한다"고 가르친다.(63) 19:3에서 바리새인들이 던진 질문은 "제한되지 않는 남성의 권력"을 암시한다. 그리고 그것은 예수로부터 근본적으로 배제되었다. "남편과 아내는 상호신뢰의 관계 속에 결합되었다. 예수에 의해서 결혼관계에 대한 이해가 바리새인들의 질문과는 달리 명확하게 표현되면서 심화되었다."(71) 주석에서는 결혼과 이혼에 관한 고대의 1차 자료가 상세히 설명된다.(72-82) 여기서 "청자"는 예수를 시험하는(πειράζοντος 19:3, 4:1-3과 비교) 바리새인들의 질문과 그것에 대답하는 예수에게서 "지배적인 문화패턴"에 대한 문제 제기뿐만 아니라 근본적인 대안, 즉 "변화를 원하는 다른 소수의 목소리"를 듣는다.(87) - 19:13-15에서 청자들은 "하늘나라 가정경제의 모든 구

---

34) 카터가 시도한 방법은 그의 책 "마태, 스토리텔러-해석자-복음서저자"를 설명하는 곳에서 소개하게 될 것이다.(마태복음에 대한 두 번째 연구 동향보고를 참조하라)

성원은 그들의 신분(어른/어린이) 혹은 나이(젊은/성숙)에 관계없이 신적 축복과 현존의 수용자로서 자격이 있다"는 사실을 듣는다는 것이다. 또한 동시에 분명한 것은 "제자는 인생에서 소외된 길, 일반적인 계층과 사회패턴의 모서리에서 산다."(113, 114) - 그래서 19:16-30에 있는 부자청년이야기는 예수가 전통적인 물질의 가치를 거부하고 있음을 보여주는 대목이다. 부자청년은 예수와 "동행하며, 그의 재산을 자신의 정체성을 세우는 일에 사용할 것을 중지하고 다른 사회구조를 창조하는 일에 써야 한다"는 부름을 받았다는 것이다. 새로운 시대에는 "부가 계층구조를 세우는데 사용되어서는 안 되며 하나님의 축복과 모든 제자들을 위한 상급으로 사용되어야 한다."(144, 145) - 마태복음 19장에서 이야기하는 세 가지 가정경제에 대한 주제가 또한 마태복음 20:1-16에서 비유로 나타나는데 그 주요 인물인 "집주인"(οἰκοδεσπότης)은 여러 면에서 그것과 잘 맞아 떨어진다. 이 비유는 "청자에게 반-가정경제-구조의 기초를 연상케 하고 하나님나라의 현실성이 분명한 가정 경제구조라는 것을 보여준다." 그와 동시에 "그 기초에 있는 한계인식이 중요함을 재차 강조한다.(160) 또한 20:17-28은 "삶의 두 가지 길"을 대조하고 있다 - 하나는 "이방인들의 예로 '지배'(상부와 하위구조)"로 표현되는데, 예수는 그와는 반대로 그것을 "그의 가르침과 다른 사람의 목숨을 위해서 죽는 종의 모습 속"에서 세운다.(172) 이어지는 페리코페 20:29-34는 결국 "하나님의 체휼하시는 자비와 권능은 어려운 환경 속에 있는, 그들의 부족을 깨닫고 하나님의 도움을 간청하는 모든 제자에게 유용하고 … 그런 삶 속에서 예수가 그 어려움과 괴로움에도 불구하고 제자들과 함께 지금 있다는 것을 확증한다." 그래서 "청자에게 그 한계인식 속에서 살아가는 용기를 주는 기능을 갖는다. 그것은 또한 19-20장과의 상호작용 속에서 반-가정경제-구조적 삶의 방식이 대안적 가정경제라는 것"을 강

조한다.(203)

요약에서 카터는 마태복음 19장 이하에서 지금까지 유효했던 구조들과 꼭 불일치한 것만을 다루지는 않는다고 언급한다. 예수는 그 대안적 길을 가르치시며, 그런 이유에서 "청자는 이 컨텍스트 안에서 하나님의 계획인 공평한 가정 경제구조를 이해하게 된다. 한계인식과 반-구조적 삶의 방식은 하나님의 뜻에 의해서 정당화된 것이다."(207) 그래서 마태공동체는 유대회당 특히 회당의 지도자들과 정면으로 대결하고 있는 공동체라는 것이다. "마태공동체와 유대교 회당과의 분리는 그들의 정체성과 예수의 선포에 대한 의무이다. 그것은 마태공동체를 하나님의 뜻, 현존 그리고 통치에 순종하는 집단으로 인식하며, 유대교 회당이 그 현실을 거부하고 있음을 폭로한다."(210)

카터는 이어서 "마태의 실제적 청자"에 대해서 묻는다. 과연 이 텍스트의 실제 수신자는 어떻게 반응했었을까? 이것은 텍스트의 존재 근거에 대한 기능을 묻는 것이지만, 동시에 존재하는 실재는 다른 것으로 대체하는 기능도 있어, 이론적으로 두 가지 대답이 가능하다고 한다. 나아가 "중복 기능은 그것이 갱신된 서약을 이끌어 내는 도전을 주면서 그 현실성을 확증하고 그것이 구현되는 것을 증폭한다"는 것은 생각해 볼 가치가 있다고 한다.(211) 카터는 이제 뭔가 놀라운 것을 전제한다. 즉, 마태복음 19장 이하의 "실제적 청자"는 이 텍스트의 많은 부분이 마가에게 소급되기 때문에, 진술의 많은 부분을 이미 알고 있을 것이라고 한다. 마태는 그들에게 근본적으로 새로운 것을 제공하지는 않는다. 게다가 이 텍스트는 이미 "제자와 비제자 사이"를 구별하고 있다. 특히 19:13-15에서는 제자들에 관한 이야기를 하며 예수의 교훈을 전하고 있음을 보여준다. 이것은 "아마도 제자들의 삶의 방식을 바꾸라는 교훈을 보여주는 것이다."(212) 이런 관찰로부터 카터는 결론에서 "현재의 제자"

에게는 어떤 결과가 발생하는가라는 질문을 던진다. "어떻게 그런 자기인식과 삶의 방식이 현재의 영성, 삶의 방식, 교회론에 영향을 줄 수 있는가? 이 질문은 실천과 반성을 요청한다."(218)

뉴포트(Kenneth G. C. Newport)는 마태복음 23장 바리새인을 겨냥한 말에 따라 그 원자료들과 "삶의 자리"를 연구한다. 먼저 "서론"에서 몇몇 연구결과를 소개한다. 원자료 비평을 위한 중요한 가설에 대한 연구는(1장) 마태복음 23장을 설명할 수 없다는 결론을 이끌어낸다. "삶의 자리"(Sitz im Leben)에 대한 물음은(2장) 마태이전 전승이 "유대교를 마주보고 그 안"(intra muros vis-a-vis)에 있는 반면, 마태 자신은 "분명히 그 바깥"(manifestly extra muros)에 있다는 대답을 한다고 본다. 마태복음 23장에 전제되어 있는 유대의 상황에(3장) 관하여 2-31은 그 본문이 주후 70년 이후에 생성되었다고 전혀 볼 수 없는 반면, 32-39은 그 반대로 "이전의 원자료를 후기에 편집했음을 더 잘 설명한다"는 것을 분명히 보여준다.(12f.) "마태복음 23:2-31은 유대 그리스도인의 배경에서 생성되었는데, 그 속에는 유대교의 '주축'이 되는 율법, 성전, 회당 그리고 지도력 등이 여전히 고려되고 있다." 그래서 이 텍스트의 "삶의 자리"는 복음서 저자 자신의 삶의 자리가 아니라는 것이다.(68) 유일한 예외는 아마도 "랍비"라는 호칭일 것으로 생각한다. "이 호칭이 70년 이전의 장치로 사용된 것은 상당히 설득력 있다."(116)

이러한 기초에서 마태복음 23장에 대한 주석을 한다.(4장, 117-156) 2절, 3절 그리고 23절에는 유대 종교를 왜곡하지 않고 인정하며, 16-22절은 제단과 성전의 위대함이 전제되어 있다. 이로부터 "마태복음 23:2-31은 단일한 원자료로부터 왔고 그것을 마태가 변경 없이 그의 복음서 안에 삽입했다"는 것을 추측할 수 있다.(124) 4절도 마찬 가지라고 한다. 이 비난은 서기관과 바리세인에게 할라크의 요구를 따르라는 것이 아니라, 그들 스스로 그것을 지키지 않고 있음을 말한다.(127). 마태가 원자료에서 넘겨받은 것은 31절로 끝나는 데, 그것은 ὥστε μαρτυρεῖτε ἑαυτοῖς ὅτι υἱοί ἐστε τῶν φονευσάντων τοὺς προφήτας라는 비난에는 이전의 본문과는 달리 화선언이 뒤따라오지 않기 때문이라고 이해한다. 아마도 마태는 원자료에 있었던 "화선언"을 생략했고 "그 끝을 조상들이 행한 선지자를 죽인 범죄를 '채우라'는 말로 대치"했다.(149) 23:32-36에서 뉴포트는 "바울의 데살로니가전서 2:15-16a에서 이 본문과 유사한 사고방식이 나타나며 몇몇 핵심단어가 일치하고 있는 것에서 … 이것이 마태 이전의 어떤 원자료에 이미 잘 알려져 있었다"는 가능성을 주장한다.(150쪽의 각주 1, 171 참조) 그래서 그는 33-36절을 마태의 편집이라고 생각하고 누가에 있는 병행(눅 11:49-51)이 "누가의 마태 사용을 보여주는 사례"로 볼 수 있다.(152쪽, 굴더 [M. Goulder]를 인용) 5장에서 뉴포트는 마태복음 23장과 마태복음에 있는 다른 본문들과의 관계를 묻는다. 특히 산상수훈(157-167)과의 관계에서 "분명한 연결고리"가 있다고 한다. 반면에 23:25f.와 15:1-20과의 비교에서는 단지 일치하는 몇몇 주제어들만이 발견된다고 한다. "이 두 페리코페의 일반적인 외양은 율법을 이제 서로 다른 권위를 가진 어떤 것으로 제시한다."(169) - 이어서 뉴포트는 마태복음 23장이 "그리스도인의 반-유대주의"적 관점에서 주석할 동기가 전혀 없다고 결론내린다. 마태 이전 텍스트가 들어 있는 23:2-31은 유대교를 전적으로 인정하고 있음을 전제하며 동시에 "그 전제를 배경으로 정교하게 부각되어 들어나는 특징"을 가지고 있다.(182)

3. 전체개요와 소논문들

DAVID R. BAUER / MARK ALLAN POWELL (eds.), Treasures New and Old. Recent Contributions to Matthean Studies (SBL Symposium Series 1). Scholars Press, Atlanta, GA 1996, xiv+454 S. - WARREN CARTER, Matthew. Storyteller - Interpreter - Evangelist. Hendrickson Publischers, Peabody, MA 1996, xii+322 S. - HAROLD ANTHONY J. SALDARINI, Matthew's Christian-Jewish Community (Chicago Studies in the History of Judaism). The University of Chicago Press, Chicago/London 1994, (VIII+) 317 S. - GRAHAM STANTON, A Gospel for A New People. Studies in Matthew, T&T Clark, Edinburgh 1992, xiv+424 S.

마태복음 주석은 방법론에 따라 다양하게 나누어진다. 그런데 그 방법론과 내용적으로 연결된 인식들은 종종 경계에 머물러 있다는 평가를 받는다. 특히 자주 토론하는 주제 중의 하나는 마태에게 있는 유대적 특징에 대한 논쟁이다.

먼저 소개할 책은 다시 마태-우선설을 고수하려는 시도를 보인 연구이다. 1989년 마태-우선설에 기초하여 마가가 생성되었다고 연구했던 릴레이(Harold Riley)[35]는 1992년 마태가 누가나 마가보다 더 예수 당시의 팔레스틴적 배경에 가깝다는 연구서적을 출판했다. 이런 관찰은 또한 그 병행구들에서도 유효하다고 주장한다.(2) 릴레이는 명확한 이유를 들지 못한 채 마가(혹은 마가나 누가 공통)에

---

35) The Making of Mark (이것에 대해서는 ThR 59(1994) 73f.를 참조하라).

빠져있는 마태부분이 후에 첨가된 것이라고 추측한다.

   그래서 6:7-15에 있는 주기도문이 6:2-4, 5-6, 16-18에 있는 연결고리를 단절한다. 말하자면 그것은 후에 이차적으로 첨가되었다.[36] 마태복음 10:18이 누가복음 21:12와 마태복음 13:9의 원자료라는 것이다. 마태 텍스트에서 나타나는 이방인(καὶ τοῖς ἔθνεσιν)이 병형구절에서 빠져있기 때문에, 이것은 분명히 후대의 삽입을 보여준다. 다시 말해서 짧은 형태의 마태가 있었는데, "그것을 원마태로 볼 수 있고, 거기에 한 명 혹은 여러 명의 편집자가 순차적으로 첨가하거나 변경하여 [*마태가] 만들어졌다."(5)

   11장에서 릴레이는 자신의 추측을 증명하고자 시도한다. 그는 "Dubletten" [*동일한 내용의 변경된 삽입]을 말한다. 그래서 무덤에서 천사가 한 첫 번째 말(28:5와 7)이 28:9과 10에서 반복되는데 이것이 분명한 후대의 삽입이다. 그러므로 요한복음 20:1-18의 현현을 참조하여 그것에 대한 완전한 버전(Version)을 만든다"는 것이다.(21) 또한 "내러티브의 연속성"이라는 관점에서 지금의 마태 텍스트는 일치하지 않는 점이 있다. 마태복음 14:22-33과 마가복음 6:45-52을 비교하면 베드로가 물위를 걷는 것이 거의 마태에 첨가된 것을 보여준다.(26f.) 첨가를 보여주는 확실한 대목이 마태복음 24:3-25:46에 있는 종말에 대한 말이다. 릴레이는 이어서 "종말론적 담론의 역사"를 재구성한다.(45) 원-마태 텍스트는 단지 24:4-9, 10:17-22 [후에 이차적으로 미루어졌다], 24:15-22과 29-36만을 포함한다, 그후에 그것이 확장된 것이라고 한다. "꼭 동일한 사람이 했다고 할 수 없다." a) 누가복음 12장에서 보이는

---

36) 산상수훈 안에는 "원마태"(Proto-Mt)와 후대의 첨가가 반드시 서로 구별되어야만 한다고 본다.(61-68)

것과 같이 동일한 자료에 의해서, b) 달란트의 비유에 의해서, c) 25:31-46에 있는 심판에 의해서 확장되었다. 그렇지만 이곳에서 설명하는 "원-마태"는 마가복음 13장과 근본적으로 일치하고 있다는 강한 느낌을 받는다고 한다. 릴레이가 재구성한 마태복음 13 장 비유의 말도 마찬가지로 본다. 그것이 원래 1-15절과 18-23절 에서 생성되었다는 것이다. 3:31-35은 추가된 것인데, 마가는 단지 이 겨자씨에 대한 비유와 이 비유를 종결하는 결론만 넘겨받았다.(51-55) 어떤 경우에도 누가와 마가가 마태 1-2장에서 아무것도 넘겨받지 않은 이유를 설명할 수 없기 때문에 "원-마태"가 마태복음 3장에서 시작하는 것이다.(70f.) 마태복음 10장은 지금 보다 훨씬 짧았을 것이라고 한다. 11:1에 있는 형식은 "편집자의 작업"으로 본다.(78) - 원-마태는 전체적으로 28:8b에 있는 여인들의 메시지로 끝난다고 한다. 마가가 16:8에서 왜 유독 여인들의 침묵을 말하고 있는가는 설명할 수 없다고 본다. 그러나 이것이 마가를 주석하는데 전혀 어떤 어려움도 주지 않는다.(91f.) 원-마태는 "사건의 실제적 기록과 아주 근접해 있는 이야기로 예수를 따르는 사람들 사이에서 예수의 선교가 직접적인 충격을 주고 있다는 사실에 집중하고 있다."(93) 이차적인 것은 모든 이방인 선교에 관한 암시들로 ἐκκλησία - 본문과 선교명령 그리고 세례명령들이 거기에 해당하는 것이라고 한다.(94-99)

이어서(101-113) 릴레이는 누가가 근본적으로 어떤 방식으로 원-마태 텍스트를 쫓고 있는지 그 변경이나 첨가들에 대해서 서술한다. 그러나 누가가 그렇게 했다는 설득력 있는 신학적, 문학적 설명은 보이지 않는다. 릴레이는 야고보서(주후 47/48년 기록)와 두 데살로니가서(주후 50/51년 기록) 서신이 원-마태에 대한 지식이 있었다는 것,(약 1:22f./마 7:26, 살전 4:16/마 24:31) 즉 원-마태가 왜 40년대 말에 편만했어야 했는지를 증명해 보인다. 마가와 누가가 여전히 첨가된 것들을 모르고 있었기 때문에,(115f.) 그 첨가작업이 늦어도 65(그러나 70년 이전)에 시작되었다는 것이다. 히브리어로 원-마태를 쓴 저자는 사도 마태였다고 본다.(118)

이 책은 위에서 언급한 마가에 대한 책들을 평가하면서 끝을 맺는다.(129f.) 만일 원-마태 안에 일치하는 부분이 전혀 없었다면, 어떤 이유로 마가가 그렇게 많은 마태-자료를 삭제했느냐는 질문(이것은 나 역시 ThR 59[1994]에서 제기했었다)에 대한 깨끗한 해결이 된다고 본다. 마가가 가장 오래된 복음서라는 주장은 비교적 짧은 복음서가 먼저 형성되었을 것이라는 "느낌에 영향을 받은 것"이다. "감정이 자연스럽지 않은 것은 아니다. 하지만 초창기에 있었던 더 간단하고 더 짧은 복음서는 마가가 아니라 원-마태였다고 생각한다."(130)

릴레이의 책은 다시 한 번 마태-우선설이 더 이상 유지될 수 없다는 확신을 갖게 한다. 여기서 제기된 원-마태-가설은 공관복음서의 상호연관성뿐만 아니라 현존하는 마태의 형성에 관하여도 전혀 설득력 있는 설명을 하지 못한 제2선에 머물러 있는 가설이다.

1992년에는 그레이함 스텐톤(Graham Stanton)도 마태에 있는 중심신학과 역사에 대한 질문을 제기하며 연구한 중요한 책을 선보였다. 방법론에서 스텐톤은 편집비평이 "마태연구의 중요한 기초적 도구"로 유효하다고 간략하게 언급한다. 거기에서 그는 또한 "몇몇(전부가 아니라) 문학비평적 접근 그리고 신중한 사회학적인 인식"이 추가되어야 한다고 주장한다.(7) 스텐톤은 책의 제목으로 선정한 "새로운 사람들"의 개념을 강조해서 설명한다. 마태는 절대 "참된" 혹은 "새로운 이스라엘"이라고 말하지 않았고 마태복음 21:43

로부터 "새로운 사람들"이라는 개념이 더 적합하다.(11) 특징적인 것은 마태가 중요한 두 곳에서(4:23과 9:35) 예수의 선포를 명시적으로 τὸ εὐαγγέλιον τῆς βασιλείας라고 표현한다. 그리고 26:13로부터 마태가 예수의 행적을 εὐαγγέλιον으로 보고 있다는 전제가 가능하다. 이런 이유로 결론에서는 "마르시온"(Marcion)에 이르기 이미 오래전에 '복음'은 씌여진 예수의 이야기"였다.(16과 17쪽)

이어지는 16장의 연구는 세 부분으로 나누어지는데, 부분적으로 이미 발표되었던 논문을 다룬다.(18f.) 첫 부분(I)인 "새로운 그리고 이전의 방법론"에서 스텐톤은 전통적인 두-자료설과 연결된 편집비평의 가치를 강조한다. 사회[역사]학적 관점은 바울의 수신자가 그것에 일치하게 고린도에 있는 것과 비교할 때,(85) 마태복음은 그 생성된 장소에 대해서 정확한 것을 아무것도 말할 수 없는 문제가 있다고 지적한다.(108f.) 특별한 견해를 밝히지 않으면서 스텐톤에 의하면 "사회학적 모델이 우리들의 역사적 지식에 있는 간격을 메울 가능성이 있다고 생각하지는 않는다."(87) 물론 다마스커스 문서와의 비교(89-106)에서 "사회학적 관찰"은 전체적으로 "어떤 흥미 있는 신선한 질문을 제공하고 이어지는 엄정한 역사적 연구를 자극한다."(104) 마태와 다마스커스 문서를 전반적으로 비교하면 특별한 그룹과 "모체 그룹"(parent body) 사이에 있는 긴장을 발견할 수 있다. 특히 "새로운 그룹"의 발생 원인은 그들이 "혁신적"이었기보다는 "다른 길로 빠진 모체그룹"때문이다.(105) 이와 일치하게 마태는 여기에 그 전통이 유지되고 있는 "정당한 형식"을 포함하고 있다고 한다. "이것은 분리에 대한 책임을 져야 하는 새로운 공동체가 아니다. 이스라엘은 그들의 완고함, 눈멀음 그리고 사악한 지도자들 때문에 하나님의 아들, 그들의 메시아 예수에게 응답하지 못하는 실패를 했다."(106)

이런 기초 아래 두 번째 부분(II)에서 "길이 나누어짐"이 서술
된다. 마태와 유대교와의 관계(146-168)는 "새로운 공동체"가 여전
히 "유대인의 미움" 앞에 놓여있다는 것으로 결정된다. 그래서 반
유대주의에 대한 비평을 바리새인과 서기관들에게 직접 하기보다
"마태공동체가 어느 정도는 뿌리에서 단절된 소수 '종파'(sect)로서
걸맞는 의"에 관한 것을 표현하고 있다.(157) 제자파송의 말은 마
태시대의 πάντα τὰ ἔθνη와 관련되어, "'모든 민족'이 개별적으로는
이스라엘도 포함하고" 있기 때문에 이스라엘이 버림을 받았다는
말은 전혀 가능한 것이 아니다.(158) 24:20에 첨가된 μηδὲ σαββάτῳ
는 마태공동체가 안식일을 지킨다는 것이 아니라 - 유대전쟁 - 이
후에 유대인이 안식일 날 죽음을 피해서 도망가는 일이 "일부 유
대인 지도자들의 적개심을 더 자극할 수 있다는 것"을 말하는 것
이다. 또한 이 마태 본문은 "팔레스틴 사람들을 위한 복음"을 말하
는 것이 아니라 "겨울"과 "안식일"의 겹침이 "그때에 도망가는 것
을 어렵게 한다"는 강조의 병행을 보여준다.(206) 스텐톤은 마태공
동체에서 일부 이방인을 받아드린 것이 그리스도인과 유대-그리
스도인 사이에서 첨예한 갈등을 빚고 있었다고 추측한다. "마태는
부분적으로 이방인을 계속 용인하라는 지도자들의 결정을 강화하
기 위해서 복음서를 썼다." 완전히 결정적인 분리가 있었던 것은
아니라는 것이다 - 그 분리는 "상호간의 몰이해와 의심의 결과"로
되었을 것이라고 이해한다.(281)

　세 번째 부분(III)은 "마태에 대한 연구들"을 특히 산상수훈과 마
태의 구약사용 관점에서 다룬다. 스텐톤은 베츠(H.D. Betz)의 논지
를 산상수훈의 문학적 특성에서 자세하게 토론한다.(310-318)[37] 산

---

37) 스텐톤은 베츠의 소논문들을 다룬다. 그의 주석은(아래 376-379 쪽을 보라) 이 보고서를 쓰
　　는 시점에 아직 출판되지 않았었다.

상수훈이 발췌요약문학(Epitome)의 가퉁(Gattung)에 들어간다는 견해는 올바르지 않다고 본다. 그리고 산상수훈에는 전혀 반(反)바울적인 진술이 들어있지 않다고 생각한다. 언어적인 근거들로 말할 수 있는 것은 마태의 저작이나 편집에 전혀 반대되지 않는다고 한다. 그리고 여기에는 기본적으로 마태의 다른 부분과 산상수훈 사이에 신학적 차이점이 없다는 것이다. 7:21-23에서 예수는 누가복음 6:46에서 보여주는 것처럼, 스스로 재판의 "변호자"일 뿐 아니라 재판관이라는 것이다.(317) 구약의 사용에 대한 많은 토론에서 스텐톤은 마태가 사용한 것은 전부 LXX라는 사실을 발견한다. 마태는 마가와 Q가 사용한 구약의 인용을 넘겨받으면서 LXX를 수용하여 따른다. "[그러나] 마태의 성실성은 LXX에 있는 것보다는 원자료에 있는 본문 형태를 그대로 인용했다."(358, 스텐톤은 자기 글에서 이 부분을 특별히 강조하고 있다) 이것은 기본적으로 예언의 참조 인용에도 해당된다.(363) 결론적 요약에서 스텐톤은 재차 마태에서 중요한 테마인 "특수성"(10,5f)과 "일반성"(28:19)를 다룬다. 마태의 원-수신자는 "본능적으로 어떤 부분이 과거에 속한 이야기이고 또 어떤 부분이 지금 벌어지는 그리스도인의 공동체적 삶에서 중요한 것"인지를 알았다. 그들은 5:23f 와 23:5f에 있는 가르침이 더 이상 성취되지 않을 것을 알았고, 마태복음 10장에서는 5절 이하가 고려되지 않는 상태에서, 근본적으로 "수신자들에게는 권유와 위로로 들렸다."(380)

스텐톤은 이 책에서 분명한 신학적 그리고 역사적 입장을 보여주고 제시하고 있다. 여기에서 특색 있는 것은 그가 얼마나 신중하게 예외적인 견해들을 대변하고 있는가 하는 것과 그것을 타당한 근거로 사용하고 있다.

또 읽어야 하는 책으로 1994년 살다리니(Anthony J. Saldarini)가 연구하여 출판한 마태의 『유대-그리스도인 공동체』(Christian-Jewish Community)가 있다. 살다리니는 마태 "그룹"(살다리니는 의도적으로 그룹이라고 말한다)이 그리고 또한 복음서 저자 자신이 예수를 메시아와 하나님의 아들로 믿는 유대인이라는 것을 보이고자 했다. "마태 그룹은 미약한 소수로 여전히 다른 사람들에게서 그들이 유대인이며 유대인 공동체로 인식되기를 생각"한다.(1) 그래서 "유대-그리스도인"이라는 표현이 적절하다.(4) 살다리니는 납득할 만한 토론도 없이 마태복음이 시리아에서 생성되었다고 주장한다. 마태복음은 "가능한 한 1세기 시리아 전반에 있었던 유대인과 예수를 믿었던 유대인들의 사회-역사에 대한 확장된 지식의 빛 속에서 구체적으로" 읽혀져야 한다.(4, 26쪽 참조) 마태 그룹은 율법전체를 예수 전통에 의해서 해석하면서 그것을 지키고 있었다. 마태는 바로 다른 유대교의 지도자들을 향해서, 특히 이제 생성되는 랍비적 유대교를 향해서 자신의 유대교에 대한 이해가 올바르다는 것을 보이고자 했다.(7)

1장에는 동시대의 유대교적 상황에서 마태의 입장이 설명되었다. "이단과 분파주의에 대한 부담은 랍비와 기독교 양 지도자들에 의해서 그들 자신의 그룹을 조성하게 하고 그들의 적대자들과 구별하게 되었다."(17) 이런 그룹들의 존재는 유대교와 기독교가 꼭 그렇게 예리하게 구분될 수 없다는 것을 보여준다.(25) 2장에서 살다리니는 마태가 유대인을 말하기 위해서 사용한 개념들("유대인", ὄχλοί "이 세대", λαὸς - 27:25의 πᾶς ὁ λαὸς 등에서 이것이 전혀 구속사적 입장에서 강조된 개념이 아니라 "이스라엘 대부분을 일컫는 사회적 정치적 표현"이라는 것과 예루살렘과 그 곳의 지도자들이 [33] 실제 적대자가 아니라고 파악한다, 44-67)을 다룬다. 마태는 단 한 번도 구속사에서 이스라엘이 버림받는다는 것을 말하지 않는다고 한다. "마태에게 유대인 선교는 여전히 열려 있다."(43) 마태의 지평에서 [*모든] "족속"은 로마제국 내에 있는 모든 민족을 말한다고 한다. 그래서 마태복음 2장의 동방박사들이 헤롯에게 가며, 가버나움의 백부장 등 몇몇이 대체로 긍정적으로 그려진다. 그러나 "내러티브 안에서 이방인들은 이스라엘과 비교하여 이차적 특징을 가지고 있고 그들의 이야기는 부분적이며 완결되지 않았다."(82)

　5장에서 살다리니는 현대의 사회학적, 인간학적 이론의 관점에서 마태 그룹을 설명한다.(84-123) 마태 "그룹"이 비록 독자적인 "공동체"라고 불릴 수 있다고 하더라도 그들은 여전히 유대 공동체의 일부라고 한다. 아직 그들에게는 "정형화된 강령"이 없었고 유대 공동체의 지도자나 교사와 논쟁을 벌이지 않기 때문에 꼭 예수에게만 "랍비"나 "교사"라는 호칭을 사용해야 한다고 하지는 않는다.(91) 마태 그룹은 에센파들과 비교되는 유대교 내의 한 소수 종파였다. 마태의 변증적, 설득력 있는 언어는 "그의 그룹과 다른 그룹의 경계를 분명히" 하는데 사용된다. 그래서 ἐκκλησία라는 단어의 용례가 설명되어야만 한다.(115와 119) - 6장은 토라(124-164)의 이해에 대한 부분이다. 마태는 자기 그룹의 구성원들이 안식일에 "의식적으로 그리고 자발적으로" 선을 행하고 그래서 유대의 실제적인 대화에서 소외되어 있지 않다는 것을 보인다.(133f.) 음식과 정결례에 관한 것도 그것이 율법에 있는 한 지킨다.(141) 그리고 또한 성전과 사제들을 위한 세금도 용인한다. 그러나 마태는 "그들이 납부를 사회적 미덕이라 치부"하고 "(이제 로마에 내는) 반세겔-세금도 그들 그룹이 취한 실용적 입장"으로 여긴다.(147) 가족관계의 입장에서 마태복음 19장에서 요청된 것들은 "모두 외부의 압력 하에 있는 작은 공동체가 이제 새롭게 건강하고 안정되기 위해서 중요한 것들이다. … 소속원들은 그룹의 기본요소를 형성하는 관계를 역동적으로 창조하고 유지하여야만 한다. 만일 그들이 하지 않는다면 그 그룹은 존재하지 못한다."(151) 할례에 대해서 살다리니는 그것이 마태 시대에 토론의 중심에 있었던 것은 아니라고 추측한다. 할례를 받지 않은 이방인들은 "공식적인 '개종자'나 '하나님을 경외하는 자'가 아니었지만 그렇다고 꼭 이방인이라는 것도 아니다." 이것이 마태 그룹에서도 동일하게 적용되었다고 한다. "어떤 이들은 할례를 했지만 다른 이들은 하지 않았다."(160)

마태의 기독론(7장, 165-193)에서 살다리니는 "예수에게 붙여진 모든 행동, 이름, 관계성은 전부 유대적"이라고 본다.(167) 이것은 이미 시작하는 첫 구절 1:1에서부터 분명하다.(171) 예수의 하나님 아들 됨에 대한 전승인 1:18-25은 유대적 배경에서만 이해할 수 있다.(175f., 1:18과 20b에 있는 진술들이 물론 그것으로만 이해되는 것은 아니다) 예수가 외부인에게 특히 선생으로 인식된다면 이것이 하나님의 아들, 사람의 아들, 메시아 라는 호칭과의 관계에서 그 하위의 칭호로 규정되는 것은 아니라는 것이다. 그 이유는 여기에서는 예수의 가르침과 그 연결성이 발견되기 때문이다.(179) 그런데 여기에서 가장 중요한 표현은 1세기 말 실제적인 유대 종말론적 토론과 일치하게 사람의 아들이라는 표현이라고 한다.(190f.) 마태가 세기의 전환기에 있었던 그리스도교-유대인 관계에 있는 차이점을 전하는 중요한 증거라는 것이다. "그리스도교와 유대교의 경계가 중첩되어 있고 종교의 중복적 혼합이 예외적 이라기보다는 정규화를 이루었다." 그러므로 또한 마태 그룹은 "어떤 한 변이가 아니라 점진적 혁신 속에서 더 일반적인 형태로 발전된 그리스도교"라는 것이다.(203)

유감스럽게 이 책은 풍부한 색인목록을 갖추었음에도 참고문헌을 싣지 않았고 내용적으로 가장 중요한 참고도서만이 결론 뒤에 나온다.(211-297) 이즈음에 작고한 살다리니는 마태-분석에 있어 아주 가치 있는 독특한 연구를 보여주었다.

마태에 대한 12개의 소논문과 쉬나켄부루크(R. Schnackenburg)와 루쯔(U. Luz)의 논문을 포함한 SBL-세미나가 1996년 바우어(David R. Bauer)와 포웰(Mark Allan Powel)에 의해서 편집되어 마태복음 13:52과 연결된 『오래된 그리고 새로운 보물』(Treasures New and Old)이라는 제목으로 출판되었다.

주요 세 부분이 "구성"(이 안에 하그너 [D.A. Hagner]의 마태에 대한 삶의 자리, 갈란트 [D.E. Garland]의 성전세에 대한 마태의 이해, 스노드그라스 [K. Snodgrass]의 마태의 율법이해), "나레이션"(이 안에 바우어[D.R. Bauer]의 족보에 대한 연구, 포웰 [M.A. Powell]의 마태의 인물묘사 분석을 위한 "형식론자의 문학이론"이 가지는 의미, 위버 [Dorothy Jean Weaver]의 마태의 정치적 지도자 묘사에 있는 풍자) 그리고 마지막으로 "수용"(프레전트 [R. Pregeant]의 마태에 나오는 지혜구절, 앤더슨 [Janice C. Anderson] 의 마태:설교와 이야기, 쉬나켄부르크 [R. Schnackenburg]의 "해석학적 반성을 위한 시험연구"[38]로서의 마태, 루쯔 [U. Luz]의 마태복음 25:31-46 페리코페와 그 영향사,[39] 스코트 [B. B. Scott]와 던 [Margaret E. Dean]은 산상수훈을 "듣는 입장"에서 이해하려는 시도를 한다. 이것은 산상수훈이 컨텍스트상에서 이미 이야기이고 복음서가 큰소리로 읽혀졌다는 것에서 듣는다는 것은 정당성을 갖는다. [311] - 당연히 이 연구논문들에는 마태 당시에 그리스어를 어떻게 소리내어 읽었는가에 대한 설명이 빠져있다)

인상적인 연구는 이 책의 마지막 논문인 르빈(Amy-Jill Levine)이

---

38) 원래는 그닐카(J. Gnilka)의 기념논문(1989)에 들어 있는 독일어 논문이다.
39) 이것은 근본적으로 짧은 서론이 첨가된 루쯔의 마태복음 주석(I/3, 1997)과 일치하는 부분(514-544)으로, 마태복음 25장에 대한 소개와 영향사가 다루어진다.

특히 와인라이트(Elaine Wainwright) [아래 346-349쪽을 보라]와 여성신학적인 주석에 대해서 논쟁한 마태복음 9:18-26에 관한 연구이다. 마태가 묘사한 이 주요 기적 속에서 예수가 정결법을 어겼거나 사회적 통념을 부쉈다고 보는 것은 완전히 잘못되었다는 것이다. 예수는 "율법을 폐기하는 자 혹은 성(gender)이나 정결치 못한 것 때문에 소외된 개인을 만나러 온 사람"으로 묘사된 것은 아니라는 것이다.(393) 혈류병으로 고생하던 여인이 성전으로 갈길이 막힌 것은 맞지만, 그렇다고 그녀가 사회로부터 격리된 사람은 아니라고 한다. "그런 사람이라고 해도 종교행위로부터 차단되지는 않았었다."(389) 그 여인은 도움이 필요해서 예수를 찾은 것이고, 예수는 그녀의 청을 들어준 것이다. 이것과 비슷한 것이 회당장과 그의 딸 이야기라고 본다. 그는 여기에서 심지어 한 발 더 나아갈 수 있다고 한다. "예수는 공공연하게 많은 것을 여인 그리고 아이들과 함께 공유한다. 말하자면 그의 육체는 그들의 형상 속에서 묘사된다. 여인들은 고난을 당하고, 아파하고, 예수의 뒤에서 겸손한 자세로 나타난다. 그들은 신앙을 지키며, 침묵한다." 이것이 바로 예수의 운명과 일치되는 것이다. 이것과 똑같은 것이 바로 회당장 야이로의 딸의 경우라고 한다. 예수는 그녀와 같이 죽고, 그녀처럼 슬픔을 안겨주고, 또 그렇게 부활하게 된다. "따라서 여자의 형상이 그리스도의 형상에 대한 모델을 제공한다." 그래서 여기에서 다루는 것은 "여성문제"가 아니고 오히려 "만성적인 병에 걸린 육체를 치료하는 것은 다른 사람을 변화시키는 중요한 일이 될 수 있으며 - 심지어 그리스도는 이런 출혈, 죽음, 질병의 치유에 관여한 것이다. 여인들의 문제는 바로 여기서 나타나는 성차별 그리고 반유대주의이다. 그러나 더 나아가 그것은 바로 인간의 문제이다."(396과 397)

한편 1996년에는 또한 전통적인 방법인 역사비평적 방법에 따라 언제나 저자와 연관을 가지면서 읽기("역사적 청자")의 관점에서 마태를 이해하려는 카터(Warren Carter)의 책이 출판되었다.(물론 카터가 중시하는 것은 먼저 "청자"에 대해서 개별적인 질문을 던지기 전에, 3; "복음서 본래의 저자, 저술시기와 저술장소"에 관한 것과 문학적 가통에 대한 것이다, 10)

I부("마태 읽기 전", 13-115)의 2장에서 카터는 "문화의 교차단계"라는 제목 하에 마태복음의 저자문제를[40] 다루고 3장에서는 문학적 가통에 대해서 묻는다. 그리고 마태는 목격자가 아니라고 한다. 마태는 "고대의 전기나 이야기로 예수에 관한 선포를 전달하는 기능을 하고 있다." "알 수 없는 목회적 신학자가" 그의 공동체가 처한 특별한 상황 혹은 공동체의 믿음을 말하기 위해서 다양한 예수에 대한 전승을 모아서 구성했다고 보는 것이다.(마가, Q, 그리고 마태의 특수자료) 아마 마태는 주후 70년과 80년 사이에 안디옥에서 기록되었을 것이라고 추측한다.(49) 카터는 4장 "청자의 종교적 전통"이라는 제목에서 마가, Q 그리고 마태를 아주 세밀하게 비교한다. "역사적 청자"는 전승을 신뢰했다고 가정을 할 수 있다. 그리고 마태는 "청자의 지식과 경험, 확신 그리고 그들의 정체성과 삶의 태도를 확언하고 재구성하여 보여준다."(72) 카터는 살다리니(A.J. Saldarini) [위를 참조] 와는 조금 다른 가정에서 출발한다. 즉, 마태의 청자들은 국외자였다는 것이다. 그들은 "회당에서 뿐만 아니라 사회에서도 소외되었다."(96) 7장에서 카터는 수신자들의 읽기능력과 저자가 독자처럼 공통적으로 "내러티브의 구성요소"인 것을

---

40) 카터는 저자와 관련해서 습관적으로 질문되는 "그"에 대한 전제를 비판한다.(3) 그러나 2장에서 여전히 "그"에 대한 얘기를 하고 있다.

묻는다. 그리고 특히 그는 성서에 대한 지식이 있다는 것을 전제한
다.(103-115)

　II부에서("마태읽기") 카터는 마태-텍스트로 들어가는 통로를 제
공한다. 이미 마태복음 1장으로부터 청자는 "저자가 하나님의 관
점에서 이야기하고 있다는 것을" 배울 수 있다.(121)[41] 세례 장면에
서부터 예수는 그 행위와 가르침을 통해서 "하나님의 관점"을 대
변한다. "예수는 가르치고 하나님의 뜻을 준행"하기 때문에 이 이
야기는 큰 예외 없이 예수의 행위를 전한다.(130) 그는 이어서 마
태의 플롯을 질문하며, 마태의 구성을 밝히기 위한 다양한 시도
를 보여준다.(10장, 149-158) 그는 스스로(11장, 159-175) "청자가 마태
복음을 구성하고 있는 주요 6개의 장면을 인식한다"는 가정을 한
다. 6개의 열쇠가 되는 장면들(1:18-25, 4:17-25, 11:2-6, 16:21-28, 21:1-
27, 28:1-10)이 "내러티브 블록"을 전개한다. 1:18-25는 1:1-4:16 속
에서, 4:17-25는 4:17-11:1 속에서, 11:2-6은 11:2-16:20 속에
서, 16:21-28은 16:21-20:34 속에서, 21:1-27은 21:1-27, 66 속
에서 28:1-10은 28:1-20 속에서 연관성이 깊다. 이어서 21장에서
는 내러티브의 "배경"인 갈릴리, 예루살렘 그리고 하늘과 땅, 전제
된 시간적 배경들에 관한 개요를 다룬다. 13-16에서 카터는 등장
인물을 설명한다. 예수는 "하나님의 현존을 대리하는 자"(단지 8:10
과 26:37에서만 그의 인간적인 감정을 알 수 있다고 한다, 206)로, 적대자들은
"하나님의 뜻을 거역하는 자"로 제자들은 "신자들의 모형"으로 이
해된다.

　짧게 기술된 III부 "마태를 읽은 후"에서는 지금까지의 결과가
요약되고 현재의 전망을 담고 있다.("마태와 현재의 종교경험", 262-270)

---

41) "관점(aspeck of point of view)"의 측면에서 카터는 B. 우스펜스키(B. Uspenski)의 책 A Po-
etics of Composition, Berkekey(1973년)과 연관되어 있다.

마태는 "인간의 삶은 하나님과의 관계 속에서 존재한다"고 보며, 그래서 아주 낯선 것이 현재화되는 것을 이해해야 한다고 말한다.(263) 또한 마태는 기독교 공동체의 정체성과 삶을 위한 원자료로 볼 수 있다. 문제는 성서가 자주 경시되고 어렵다고 여겨지는 것이라고 본다. 그러나 또 다른 한편으로 "성서를 읽는 것이 자동차 후면에 붙이는 스티커 정도로 사용되는 것이다. '성서는 그것을 말한다, 나는 그것을 믿는다. 그 문제가 해결된다'." 그래서 카터는 연구에서 "이 '그것'이 결코 자기 증거가 아니다. 성서의 내용들은 해석을 요구한다. 그리고 청자들의 적극적인 활동이 그것의 의미를 구체화한다"는 것을 보여준다.(269)

이 연구서는 일반적으로 인정된 것에 기초한 학문적 정보와 동시에 마태복음 주석[42]에서 더 필요한 자극들을 제공하는 좋은 책으로 꼭 읽어볼 필요가 있다.

4. 개별주제에 대한 전문연구서들

DALE C. ALLISON, JR., The New Moses. A Matthean Typology. Augsburg Fortress, Minneapolis MN 1993 (=T&T Clark, Edinburgh), xvi+96 S. - WARREN CARTER, Matthew and the Margins. A Socio-Political ans Religious Reading (JSNT.S 204). Sheffield Academic Press, Sheffield 2000, xx+636 S. - BLAINE CHARETTE, Restoring Presence. The Spirit in Matthew's Gospel (Journal of Pentecostal Theology.

---

42) 여기에 카터의 책 "가정경제와 제자도"(1994)가 있다. 위의 212-215쪽을 보라.

Supplement Series, 18). Sheffield Academic Press, Sheffield 2000, 160 S. - CELIA M. DEUTSH, Lady Wisdom, Jesus, and the Sages. Metaphor and Social context in MTTHEW's Gospel. Trinity Press International, Valley Forge, PA 1996, x+260 S. - PAUL HERTIG, Matthew' Narrative Use of Galilee in the Multicultural and Missionological Journeys of Jesus (Mellen Biblical Press Series, 46). The Edin Mellen Press, Lewiston, NY u.a. 1998, ix+189 S. - MICHAEL KNOWLES, Jeremiah in Matthew's Gospel. The Rejected-Prophete Motif in Matthean Resaction (JSNT.S 68). Sheffield Academic Press, Sheffield 1993, 376 S. - JON LAANSMA, 'I Will Give You Rest'. The Rest Motif in the New Testament with Special Reference to Mt 11 and Heb 3-4 (WUNT II/98). Mohr Siebeck, Tübingen 1997, XV+459 S. - JAMES LAGrand, The Earliest Christian Mission to 'All Nations'. In the Light of Matthew's Gospel (University of South Florida International Studies in Formative Christianity and Judaism, 1). Scholars Press, Atlanta, GA 1995, xi+290 S. - PETER LUOMANEN, Entering the Kingdom of Heaven. A Study on the Structure of Matthew's View of Salvation (WUNT II/101). Mohr Siebeck, Tübingen 1998, XIII+34 S. JEAN MILER, Les citaions d'accomplissement dans l'Évangile de Matthiew (AnBib. 140). Editrice Pontificio Instituto Biblico, Roma 1999, 420 S. - JEROME H. NEYREY, Honor and Shame in the Gospel of Matthew. Westminster John Knox Press, Louisville, KY 1998, viii+287 S. - DAVID C. SIM, Apocalyptic Eschatology in the gospel of Matthew (MSSNTS 88). Cambridge University Press, Cambridge 1996, xvii+282 S. - GUIDO TISERA, Universalism according to the Gospel of Matthew (EHS XXIII/482). Peter Lang, Frankfurt am Main usw. 1993, xiv+388 S. - ELAINE MARY WAIN WRIGHT, Towards a Feminist Critical Reading of the Gospel according to Matthew (BZNW 60). Walter de Gruyter, Berlin / New York 1991, xxiii+410 S. - ARMIN WOUTERS "… wer den Willen meines Vaters tut". Eine Untersuchung zum Verständnis vom Handeln im Matthäusevangelium (BU 23). Verlag Friedrich Pustet, Regensburg 1992, 458 S.

아래에 설명할 책들은 마태 주석을 위한 신학적 혹은 역사적 질문과 주제들을 다루고 있다. 먼저 (1.) 마태를 특별한 관점에서 읽어야 한다고 강조하는 전문연구서들을 다루어야만 할 것이다. 이어서 (2.) 특히 내용의 문제를 연구하는 책들을 살피게 될 것이다.

1. 어떤 텍스트를 분석할 때 그것이 언제나 특정한 전제에서 출발한다는 것은 적어도 불트만이 지적한 "전이해"란 말로 이미 알려져 있다. 이것은 방법론에서도 예외는 아닐 것이다. 그러나 만일 이것이 프로그램화 된다면 그런 주석은 전제된 가정을 전반적으로 확인하는 것에 불과하다는 위험성이 있다. 이제 아래에 소개할 책들에서도 그런 위험성을 전부 넘어선 것처럼 보이지는 않는다.

웨인브라이트(Elaine Mary Wainwright)는 이미 1991년에 퀸스랜드(Queensland) 대학에서 마태복음에 대한 『여성 신학적 비평』분석으로 박사논문을 썼다. 이 책은 짧은 개인의 이력("일반이력", 1-3; "학업이력", 4-7)을 소개한 "개요"로 시작한다. 특히 그녀는 어떻게 텍스트가 "가부장적 사고를 지원하고 인간중심적 세계관을 합법화"하면서 여성과 교회를 위한 성서로 의미가 있을지 질문한다. "여성 신학적 성서비평"은 "어떤 성서학자도 객관적이며 중도적 입장을 취할 수 없고" 다만 "자신의 입장을 대변"한다고 전제한다. 이것은 구체적으로 "여성의 입장을 대변하는 것, '여성교회'의 미래를 지향하는 것, 그리스도교 전통의 변화를 위한 것, 그리고 하나님의 말씀을 해방시킬 때 더 주의 깊게 성서적 언어로 표현되어야 하는 것"이라고 한다.(6f.)

1부("이론적 기본틀")에서는 여성 신학적 성서해석방법과 그 비평기준들이 일반적으로 소개되었고(9-58), 그곳에서 웨인브라이트는 이미 마태복음을 여성 신학적으로 연구한 책들을 보여준다.(55-58, 「진정한 여성 신학적 읽기」로 마태연구를 시작한 앤더슨(Janice Capel Anderson)의 연구논문 「마태: 성(Gender)과 읽기(Reading)」[43], 56) 웨인브라이트의 논문은 이 논문과 같은 맥락에 있다. 그녀는 여기에서 "전체 복음서의 빛 속에서 여인들이 등장인물로서 기능하는" 마태의 텍스트(이야기들)에 집중한다.(58)

2부("텍스트 속에 함유된 것", 59-153)에서는 그 제목에 일치하게 마태를 "내러티브 비평적 읽기"의 방법으로 소개한다. 여기에서 특히 여자들이 등장하는 텍스트들에 주목한다. 또한 짧게 그 본문의 주석적 상황을 다룬다. 이어서 "여성 신학적 비평", "내러티브 비평" 그리고 "포함해서 다시 읽기(An Include Re-reading)"가 뒤따른다.

예를 들면 예수의 족보 1:1-17은 아주 남성 중심적 관점에서 형성되었다고 본다. 그러나 "이 배타적인 심볼"이 다섯 명(!)의 여인들을 언급하면서 깨진다고 한다. 성서에 언급된 이 네 명의 여자들은 이스라엘의 역사에 등장하는데, 그들은 각각 특별하고 위험한 상황, 즉 "가부장적 결혼이나 가족의 구조 속"에 있었다. 이로부터 마리아의 관점에 대한 결정적인 질문이 제기된다. "마리아가 자신이 처한 상황을 남편에게 이야기했지만, 그녀의 남편이 예수의 탄생과 연관이 없다면, 그것이 어떻게 위험하고 예외적인 상황인가?

---

43) Semeia 28(1983) 3-27.

어떻게 그녀의 상황이 가부장적인 것을 비평한다는 것인가?"(68과 69) 1:18-25에 대한 분석에서 남자와 전혀 무관한 마리아의 임신이 "여자를 생산의 수단으로 상징하는 남성 중심적 관점의 족보에 아주 심각한 비평을 가하는 기능을 하고 있으며, 따라서 역사의 보이지 않는 측면을" 의미하고 있다. 그러나 바로 "가부장적 사회와 그 법률 안에서 위험에 빠진" 여인과 아기의 다른 편에 하나님이 함께 하시는 것을 보여주고 있다.(73과 74)

마태는 또한 4:17-10:42과 11:1-16:20에서 여인들에 관해 이야기하고 있지만(8:14f.과 9:18-26, 그리고 15:21-28에서) 반면에 16:21-20:34에서는 단지 한 번만 세베대의 어머니에 대해서 언급한다.(20, 20f.) "패미니스트 독자"는 여기에서 새롭게 "예수를 따르는 사람 중에 남자와 마찬가지로 여자가 포함되어 있음"을 기억한다. 그리고 이 텍스트에서 예수의 제자도에 대한 가르침이 "성별(gender)에 구애 되는 것이 아니라는 것"이고 그 점에서 이 여인은 "제자도 실수할 수 있음을 대표적으로 보여주며, 그것은 남자 제자 역시 마찬가지이다. 그녀가 제자로 부름을 받았을 때 그녀의 아들들도 함께 부름 받았다는 것이 더 설득력 있고 독자도 그것을 예상한다."(121)

이런 관찰의 첫 번째 결과를 웨인브라이트는 다음과 같이 정리한다. "여성신학의 해석학적 관점에서 출발한 비평적 읽기"는 우리를 "해석학적 반성과 교정"으로 그리고 또한 "복음서 텍스트의 함축적 읽기"로 이끈다. 이제 성서텍스트는 "예수이야기에 참여한 여성과 남성의 공동 이야기로" 읽을 수 있다.(152)

이러한 기초에서 각각 "텍스트의 형식 속에 함축된 것"이라는 제목이 붙어 있는 3-6부에서는 다시 몇몇 텍스트에 대한 주석적 연구를 시도한다.(공관비교, 전승과 편집 등) - 1:1-17에서 웨인브라이트는 이스라엘의 역사에 나오지만 여기에서 언급한 네 명의 여인들이 아마도 유대의 전승 속에서는 이전에 한 번도 이스라엘 전체적인 역사의 맥락 속에서 주목받지 않았다는 사실을 보인다. 따라서 공동체의 전승이 이것을 문제 삼고 있다.(170) 또한 "가부장적 문화가 지배적인 상황에서 마리아의 임신이 비정상적인 것으로 여겨지는 것"처럼 다말, 라합, 룻과 우리아의 아내도 "그 문화와 반대되는 비슷한 처지에" 있었을 것이라고 본다. 이것이 명백히 "마태공동체 안에 있는 여인들에게도 중요한 전승"이었기 때문에 마태의 마지막 편집이 더 이상 총체적 압력을 가하지 못했을 것이다. "그러나 이것은 우세한 남성 중심적인 내러티브의 관점과 요셉전승에 의해서 뒤덮여진 것들과 상호작용했다."(174와 175) - 8:14f.에서 웨인브라이트는 브와스마르드(Boismard)의 주장에 잇대어서 여기에는 세 명의 모든 복음서 저자가 각기 다른 편집 작업을 가한 치유이야기가 놓여있음을 대변한다고 이해한다. 그리고 마태에게 놓여있는 이 전승은 오래된 소명이야기라는 것이다. 여기에 편집적으로 추가된 것은 예수와 베드로의 이름이라고 한다.(187) 웨인브라이트에 의하면 9:18-26이 마가에 전혀 종속되지 않았다. 혈류병에서 치유된 여인을 부르는 말인 "딸"에서 예수는 그녀가 $\beta\alpha\sigma\iota\lambda\epsilon$ $\iota\alpha$의 구성원인 것을 말하는 것이다. "이것은 아들만이 아니라 딸과 아들의 $\beta\alpha\sigma\iota\lambda\epsilon\iota\alpha$이다." 마태의 텍스트에서 주의해야 할 것은 여인이 예수와 헤어지는 것(막 5:34c; 눅 8:48c)이 빠져있다는 것이다.(203) 마태복음 8-9장에 나오는 세 명의 치유된 여인들은 "마태공동체에서 보존하고 있는 초기 기독인들의 기억을 반영한다."(214) 전체적으로 웨인브라이트는 마가우선설을 전제하고 있다. - 15:21-28 마가복음 7:24병행에서 웨인브라이트는 비교적 복잡한 텍스트의 이전역사를 가늠한다.(244f.) 원래 이것은 꼭 이방선교에 대한 것이라기보다 "예전(liturgy)에 참여한 여자들의 적극적인 활동에 대한 정당성, 성서의 빛 속에서 예수의 삶과 사역을 반영하는 그들의 공

동체 신학에 참여"하는 것에 관한 것이라고 본다.(245) - 28:1-10
에서 특히 여자들의 역할이 강조되고 있다. 그들이 예수의 부활 복
음을 제자들에게 전달한다. 그런데 그들 중 몇몇은 의심한다는 것
이며(28:17), 28:1-10과 16-20은 원래 한 단위인 "남자제자와 여자
제자들의 선교위임"으로 보아야 한다.(314)

결론인 7부("역사 속에 함축된 것", 319-352)에서는 얻어진 결과들을
역사적으로 정리한다. 먼저 마태의 "내러티브 세계"라는 관점에서
만일 마태공동체가 23:8-12에 따라서 "그룹 간의 파당이나 통합"
으로 상징된다면 이것이 여자들에게는 그들이 "가족적인 혈연관
계의 자리에 있기 때문이라기보다는 그들이 예수의 주변에서 그
를 지도자와 메시아로 삼은 공동체에 함께 모여 참여했기 때문에
단지 가정경제의 한 일원으로만 여겨지지는 않았을 것이다.""마
태 내러티브의 상징적 세계"에서 μαθηταί의 개념이 동시에 남자와
여자를 말한다고 하는 것이 그렇게 극단적인 견해는 아닐 것이라
고 본다.(328과 335) 이것의 유비가 마태의 실제 공동체에서도 유효
하다. "복음을 수용한 후 세워진 어떤 가정교회에서 여자들은 그
사역과 지도력에서 적극적으로 활동했었다." 또한 "소명이야기의
형식을 보이는 베드로 장모이야기를 소개하는 것은 마태공동체
정서의 중심에 자리하고 있는 여자들의 제자도에 대한 전승에 강
한 기초를 세울 수 있었을 것이다."(343과 345)

결론적 요약(353-357)에서 웨인브라이트는 오늘날 교회를 위
한 결과를 도출한다. 마태가 전한 여인들의 이야기는 "만일 예수
의 선포에 의해서 포함되고, 해방되어 가며 또 해방되어진 한 공
동체의 비전이 구체적으로 표현된 것을 찾는다면, 그것은 가부장
적이고 폭력적인 사회 속에 있는 여자들과 어린이들에 관한 것이

다."(357)[44] 비록 웨인브라이트의 주석과 해석학적 결과에 찬성할
수 없다 하더라도 이 책은 꼭 페미니스트적 입장에 서 있다고만
볼 수 없는 유익하고 아주 근본적인 관점을 보여준 훌륭한 결과를
도출했다.

다음에 소개하는 쇼이어만(G. Scheuermann), 니레이(J.H. Neyrey) 그
리고 카터(W. Carter)의 책들은 말하자면 텍스트, 즉 마태를 의도적
으로 특별한 "관점"에서 읽으려는 시도가 꼭 문제될 수 있는 것
은 아니라는 관점을 보여주는 것 같다. 쇼이어만은 1996년 클라욱
(H.-J. Klauck)에게서 지도받은 뷰어쯔부룩대학의 박사논문에서 마
태에 관한 사회-역사학적 분석을 시도한다. 거기에서 그는 먼저
양식사로부터 사회-역사학적 문제가 제기되었다고 옳게 강조한
다. 또한 "신약 성서학에 있는 사회학적 연구"을 위한 원자료의 부
족을 문제로 지적한다. 그래서 "신약성서 이외의 문서들을 … 비
교하는 시도"를 통하여 "원시기독교의 원자료를 기록한 것과 같은
유사한 현상"을 그곳에 적용한다.(11f.)

A부분에서 쇼이어만은 먼저 마태를 그와 일치하는 고대문장,
즉 비문으로 전달된 아테네의 이오바켄(Iobakchen, 늦어도 약 주후 2세
기로 추정), 라누비움(Lanuvium, 주후 136년)에서 출토된 조각상 더 나
아가 쿰란의 공동체 규약 등과 비교한다. B부분에서 그는 C부분인
마태의 텍스트를 조사하기 전에 주후 1세기 유대교 회당에 관한
텍스트들을 조사한다. 내 생각에 쇼이어만은 마태공동체가 생성된
지역을 당연히 시리아 안디옥지역으로 가정하고 있는 것 같다. 그

---

44) 여기에서 어린이들을 언급한 것은 좀 놀랄만하다. 왜냐하면 마태의 텍스트에서 어린이에 관
    하여 말하는 19:13-15를 웨인브라이트가 그 앞에서 전혀 다루지 않았기 때문이다.

는 다음과 같이 생각한다. "마태복음의 공동체는 유대교와의 논쟁 속에서 유사하게 생성되었다는 증거가 뚜렷하고 그 '백성'들에 대한 개방성이 분명하다." 마태복음 공동체와 유대교 회당과의 연결성은 "일반적으로 인정"하는 것으로 본다.(13) 방법론적으로 정당하게 수용할 만한 것은 텍스트를 비교할 때 마태에서 시작해야지 그 반대로는 불가능한 것으로 이해한다.

짧게 서술한 개요(17-28)와 이어지는 A부분에 있는 단체의 정관에 대한 상세한 분석(29-93)은 대체로 많은 정보를 준다. 그곳에서 텍스트들을 네 가지 주제로 정리한다. 수용, 종류와 수집의 순서, 정규화를 통한 비준, 일치됨의 기능과 과제, (27) 즉 기본적 질문을 위한 기준에 대한 것들이다. 주후 1세기의 회당에 대한 것은 B부분(95-133)에서 세 가지 "분명한 기준"을 통해서 관찰한다.(예루살렘의 테오도토스 [Theodotos] - 비문), 알렉산드리아의 필로 공동체, 로마의 유대비문, 95-108) "체계적 심화"라는 제목에서 쇼이어만은 먼저 회당이 법률적 기관인가를 질문한다.(109-112, 물론 새로운 사실은 없다) 그는 회당의 기능과 과제를 조사하면서 특히 "직제"를 다룬다.(112-129, 쇼이어만은 부르튼 [B. Brooten]의 논지를 쫓아 "개별적인 경우에 회당 안에 있는 여자들의 지도력을 발견할 수 있다"고 한다, 128) 그리고 회당의 건축구조가 의미하는 바를 전한다.(129-132)

이런 기초 아래 C부분(135-258)에서는 마태본문에 대한 주석이 수행된다. 마태복음 18장("공동체의 의무", 139-195)에서 쇼이어만은 마태[공동체]의 역사적 내규를 발견한다. 한편으로 마태복음 18:15-17은 교회의 훈육규정으로 원칙적으로 제명이 가능하며, 18절에는 주의 말을 통해서 그것이 더 강화되었다고 본다. 또 다른 한편으론 잃어버린 양의 비유가 이 훈육규정에 앞서 있고(12-14절), 제한이 없는 용서를 말하는 예수의 말이 그 뒤를 따른다고 한다.(21f.절) 이것이 공동체 안의 실상과 복음서 저자("개인" 혹은 전혀

"개별적인 투쟁"이 아니라 "공동체의 전반적 흐름"을 대변하고 대표한다.)의 강조 사이에 있는 갈등을 분명히 하고 있다.(193쪽 각주 393) - 복음서 저자는 "하나님의 심판이 여전히 앞에 있거나 아니면 미루어져 있기 때문에 오늘날에는 말할 수 없는" 하나님의 심판에 대해서 말하고 있는 것이라고 한다. 이러한 관심은 "공동체 안에서 형제, 자매로 협력하는 구조를 생성시킨다."(193과 194) 즉, "교회 조직에서 말하는 엄격한 의미의 서열이 마태복음 18장에는 빈약하다." 15절과 17, 18절은 예외적이어서 어떤 질문도 제기할 수 없지만, 특히 여기에서 문제가 되는 것은 최고 심의기구가 관여된 순서를 보여주는 것으로 볼 수 있다. 이것은 "제도화된 참회의 이행에 관한 증거를 보여주며, 그것에 대한 최종적인 심의를 전체(지역) 공동체가 책임진다"는 것을 말한다.(195, 원문의 강조를 따름) 18장 17절에서 ἐκκλησία는 "지역공동체의 총회"(249)라고 한다. - 이것에 대한 유비를 쇼이어만은 마태복음 23장에서 발견한다.("평등한 형제, 자매적인 공동체", 196-234) - 끝으로 마태복음 5:17-20과 28:19-20a("마태복음공동체 안에 있는 '가르침'", 235-249)에서 쇼이어만은 설명한다. 마태에게서 사용되는 단어의 범위 안에서 διδάσκωδιδαχή는 "하나님의 뜻을 전달하는 최고의 수단"을 말한다.(237) 이 가르침은 또한 5:19의 ὃς ἐὰν이 보여주는 것처럼 "어떤 한 사람이 독점할 수 없었다"는 것이다. 여기에서 복음서 저자는 비록 이 가르침이 꼭 어디에서 수행되었는지 말하지는 않지만 어쨌든 구체적인 교육이 이루어졌다는 사실을 상기한다.(241 f.; 248f.을 비교) 28:19f.에서 쇼이어만은 24:9절과 14절의 πάντα τὰ ἔθνη가 이스라엘 앞에 있는 이방 백성들이기 때문에 28:19f.도 "아직 알려지지 않은 이방(백성)으로 [복음의] 수신자"들이라는 관점을 가정해야만 한다고 주장한다.(246) 이것을 뒷받침하는 전거는 "예수의 선포 전체"가 그렇다는 것이다. 그래서 이것은 전도설교라기보다는 "예수의 가르침과 꾸준히 토론하는 것" 특히 그의 행위와 토론하는 것이다.(247f.)
μαθητεύσατε의 요청이 목적하는 바는 "제자들이 모이는 공동체를
세우는 것이고 그 속에서 그들의 삶이 늘 새롭게 하나님의 가르침
을 따르고 지향하는 것"이라고 본다(248).

이어서 쇼이어만은 마태공동체가 이오박카이 [*열광적 디오
니소스축제 그룹] 혹은 쿰란의 에센공동체 보다도 "그 조직이 전
체적으로 취약"했고, 회당보다도 "그 체계적인 활동이 미약"했음
을 보여준다. 이것으로 이 공동체는 성직자의 지도가 결여되어
있는 "평신도 체제"로 볼 수 있다.(257) 짧게 기술된 "전망"(257f.)
에서는 당시 교회의 현실에 관하여 서술한다. 여기에서 로마서
11:16b-18(마태 텍스트가 아니라)이 인용되면서 유대인과의 관계가
전면에 직접적으로 등장한다. 마태에게 중요한 것은 그의 공동체
안에서 "모두에게 요청되는 것은 공동체적 삶의 완성을 위한 책임
을 깨닫는 것"으로 그것은 "긴장이지만 또한 그것으로 생명을" 얻
는다.(258)

쇼이어만이 논문에서 언급한 많은 정보들은 상당히 가치 있고
마태-주석을 위한 진보를 이루었다. 그러나 특정한 신앙고백적 교
회의 상을 지향하며 실행한 지속적인 비평은 마태에게 뭔가 현대
적 옷을 입힌 듯이 보인다. 또한 특히 눈에 띄는 것은 적어도 마태
공동체에서는 기대할 수 없는 특정한 계층적 요소들을 오히려 강
조하고 있는 것이다.

니레이(Jerom H. Neyrey)는 1998년 출간한 책에서 마태를 고대의
사고관념인 "명예와 수치"의 관점에서 보여주려고 한다. 이런 의
미에서 마태는 그리 낯선 사고관념으로 뒤덮여 있는 것은 아니라
고 본다. 왜냐하면 "복음서 저자는 초기인문교육(progymnasmata)에

서 발견할 수 있는 것과 같은 전통적 교육방법으로 훈련되었고 그것은 수사학 교과서에서 배운 다양한 장르의 수사학적 칭송과 비난이 들어 있다는 것"이다. 마태는 "엔코미움(ecomium)에 아주 근접하며 그것은 '에코미아적 전기'(ecomiastic biology) '혹은 약간 다른 장르'"라고 한다.(4와 5쪽)

I부에서 니레이는 마태 텍스트를 "다른 말"(in other words)로 읽는다. 동시에 그는 먼저(1장) "문화적 시좌에 있는 명예와 수치"에 대해서 쓴다.(13-34) "명예"는 대중의 눈앞에 새롭게 드러나는 가치와 명성을 말하며, "수치"는 그와 반대로 대중으로부터 인정과 존경을 잃어버리는 것이라고 한다.(32와 30쪽) 이런 배경(2장 35-68)에서 마태를 읽으면 예수에 대한 환호와 명성이, "기록"과 "획득"된 영예로 언제나 강조되는 것을 볼 수 있다는 것이다.(말하자면 2:1-4; 3:11-13, 17; 4:24f; 7:28 등)

II부("마태와 수사학적 칭송", 70-162)에서 니레이는 다시 마태와 관련이 있는 고대 문학의 수사학적 관점을 설명한다. 그 예로 마태복음 1-2장에 대한 주석에서는 일반적인 "문화와 수사학적 의미"를 고려하지 않는다. 그러나 "수사학적 칭송과 비난"이 예수의 명예라는 관점에서 발견되고 그로부터 다음과 같은 분명한 질문이 제기된다. 마태의 묘사가 어디에서 고대문학의 유형에 부합되며, 어디에 그것을 위한 비판기준이 있는가? 그리고 특히 "어떤 점에서 이 내러티브 목적이 수사학적 엔코미움, 즉 칭송과 명예와 유사한가?"(94와 95쪽) 그래서 예수의 명예가 이미 그 족보에서 가시화되어 보여준다. "그의 육신의 아버지는 다윗 왕조에 속한 사람이며, 그의 어머니는 분명하게 하나님의 사랑을 받은 사람이고 하나님은 기적적인 방법으로 아들을 주었다."(99) 그 다음 장면에서 예수의 교육과정을 설명하지 않는 것은 엔코미움에 비추어 그리 이상한 것이 아니라고 한다.(103) 그것은 고대 문학의 독자가 이미 예수가 "독특하고 고상한 사람"이라는 것을 분명히 알고 있기 때문이다.(105) 예수의 십자가 자체는 - 하나님의 역사를 통한 - "고귀한 죽음"을 보여주는 것이며,(7장, 139-162), 성전의 성막이 찢어지는 것과 지진이 발생하는 것, 무덤이 스스로 열리는 것과 같은 것이 그것을 증명하고 있다.(141-148) 하나님을 부르는 시편 22편의 말들 속에는 전혀 의심할 수 없는 예수는 "경건과 충성"을 보여준다. 또한 "중요한 사실은 하나님이 그의 요청에 대답하시고 우리가 이해하는 의미에서 예수의 경건을 확증하시고 심지어 그의 명예를 회복하신다."(159) 예수의 죽음은 자발적인 것이었고 다른 이익을 얻게 되었다. "그것은 승리자에게 어울리는 죽음이지 노예나 희생의 죽음이 아니다."(162)

III부는 산상수훈의 세 부분과 관련이 된다. 5:3-12에 있는 μακάριοι라는 표현은 "복이 있다"라기 보다는 "명예가 있다"를 의미한다. 5장 3절의 πτωχοί는 "최근에 고난을 받은 사람으로 그가 가지고 있던 물질, 부유함, 땅, 사회적 지위 그리고 가족을 비극적으로 잃은" 사람으로 본다. 이것이 5:4, 6, 11절에서 이어지는 (원래의 본문으로 간주되는) 축복선언에서, 특히 5:11절에서 분명히 확인된다.(172f.) 또한 그는 10:34-38의 배경이 설명되어야만 한다고 생각한다. 가족의 파괴는 명예의 파괴를 의미한다. 그러나 πτωχοί에게 약속된 것은 그들이 하나님으로부터 새로운 명예를 얻게 된다.(179f.) 나머지 축복선언들도 그와 유사하다. 예를 들어 "평화를 만드는 자"는 복수하기 보다는 화해하기에 힘쓰는 자라는 것이다. 즉, 그는 "이웃들의 눈이 기대하는 행위를 하지 않았기 때문에 불명예스러운 자였다." 하지만 이제 "예수를 통하여 명예를 얻게 되었다."(185) 물론 니레이가 축복선언을 종말론적 관점에서 이해하는 것처럼 다소간 불명확한 것들이 있다. - "문화적 관점"에서 읽혀지는 반제들도 그 같은 이해를 보여준다. 예수의 제자는 기존의 행동양식을 버려야만 한다는 것인데, 특히 당시 중동의 지중해 연안에 있는 남자들이 결정하던 부부관계, 말하자면 "육체적 폭행, 여성에 대한 성적 우월 혹은 기만"과 같은 전형적 이해를 버려야 한다. 그들은 부부간에 정조를 지키지 않고, 그 보상도 하지 않고, 또 불의와 모욕에도 복수하려 하지 않았다. "그래서 이런 백성들은 유약한 자, 무기력한 자, 명예를 지킬 어떤 이유도 없는 가치 없는 자, 이용당하는 자, 수치스러운 자로 여겨진다."(211) - 마지막으로 6:1-18도 이런 관점에서 읽어야 한다. 일반적으로 "명예"라는 것은 특히 공적인 명망을 말하며 동시에 반드시 하나님으로부터 인정받아야만 한다는 것이다.(212-222)

니레이는 이어서 "마태는 예수가 전통적인 명예추구의 성향을 파괴하려 온 것이 아니라 그것에 대한 관심 속에서 개혁하려는 것"으로 파악한다. "가치, 존경 그리고 칭찬은 여전히 제자들의 목표이며, 예수 자신도 이것을 관대하게 허락한다. 그러나 그는 명예에 대한 전통적인 정의에 도전한다."(227) 이것은 비록 모든 예수의 제자들이 자신의 운명에 확실히 만족하지 않을지라도 축복선언에서는 그것을 말하고 있다. 또한 여기에서 강조되는 것은 니레이가 가능한 한 마태를 전체적으로 읽는 방법을 제시하고 있다는 것이다. 따라서 마태에게 이 프로그램을 적용하면 바로 "명예와 불명예"와 관련된 설명서를 썼다는 느낌이 강하기 때문에 어떻게 보면 "완벽"한 저술이다.

카터(Warren Carter)는 위에서 소개한 『마태. 이야기전달자 - 해석자 - 복음서저자』(Matthew. Storyteller - Interpreter - Evangelist)"를 1996

년에 출판하고[45] 2000년에는 『마태와 그 주변』(Matthew and Margins)
이라는 연구에서 방법론뿐만 아니라 내용적으로도 특별한 "읽기
방법"을 기초로 연구한다. 그는 "백과사전적인" 주석 작업을 피한
다.[46] 또한 "마태를 여러 가지 다양한 방법으로 읽을 수 있다는 것
과 어떤 읽기가 다른 읽기에 의해서 더 풍부하게 될 수 있다는 것"
을 알고 있는 것 같다. 그가 제공하는 "읽는 방법"은 어떻게 보면
"비망록"을 가지고 있다. 그러나 "모든 마태 읽기가 다 비망록을
가지고 있지 않은 것"에 주의해야 하는데, 그 차이는 단지 몇몇 주
석에서 "다른 사람이 하지 않는 자신들의 비방록을 명시적으로 만
든다는 것"이다. 카터의 "특별한 비망록"은 마태를 "문화적 주변"
으로부터 읽어야 한다고 가정한다. "마태의 복음은 대응 내러티브
이다. 이것은 예수께 헌신한, 하나님 나라의 현존을 고수하는 소수
의 제자 공동체가 자신들의 저항을 기록한 작업"이라는 것이다. 이
복음은 "이 공동체를 지배자인 로마제국과 유대회당의 통제로부
터 그들을 유지하는 힘을 준다. 그것은 예수가 하나님의 구원이라
는 목적을 성취하고, 하나님의 나라를 세우거나 로마제국을 포함
하는 제국을 통치하는 그의 귀환을 선취한다."(xvii) 이로부터 얻어
진 텍스트로 접근하는 통로는 마태가 "아마도 거대한 도시인 안디
옥에 사는 작은 소수 그룹에서 기인하고 그곳을 이야기하였기" 때
문에 적절하다.(xviii) 또한 이것이 미국교회의 발전과 일치한다고
본다. 그러나 카터 자신의 경험인 그의 고향 뉴질랜드는 "문화의
변경을 오랫동안 점유했었다."(xix)

---

45) ThR 50(2005) 344쪽 이하를 참조하라.
46) 카터는 557쪽 각주 1번에서 분명히 데이비스/알리슨(Davies/Allison) 과 루쯔(Luz)의 "과도
하고 현란하게 여러 권으로 출간한 주석들"을 지적한다.

서론(1-49)에서 카터는 몇 가지 질문을 제기한다. 그는 버리지(R. Burridge)와 함께 복음서들을 "교육하거나 예수에 대한 칭찬과 감탄을 유도할 뿐 아니라 '청중들을 따르게 하는 모델'로서의 기능을 가진" 전기물(βιοι)로 본다.(8) 마태복음의 저자에 대한 질문에는 대답할 수 없다고 한다. 저작 장소는 안디옥이며 그 시기는 어쨌든 22:7절 때문에 70년 이후로 볼 수 있다고 판단한다.(14ff.) 카터는 안디옥과 같은 도시에서 간주될 수 있는 정치적, 사회적 상황을 서술한다.(17-24) 기독교 공동체와 "마태의 청중"은 둘 다 사회의 상호 교차계층(cross-section)을 대변한다.(26f.) 그 공동체의 크기가 어느 정도인지 짐작할 수 없지만 분명한 것은 아주 작은 그룹일 것이라고 가정한다.(28f.) 그들은 가까이에 있는 유대교 회당과 긴장 속에 있었다고 생각한다.(30-36) 그들은 특히 로마제국에 저항하며 살던 공동체로 이해된다. 예수는 (로마)의 십자가형으로 죽었다. 그러나 "그의 부활과 권능으로 도래하는 재림은 로마권력의 한계를 폭로한다. 복음은 대안적 세계를 건설한다. 그리고 그것은 제국의 요구들에 저항하는 것"이다.(43) 이어서 카터는 마태의 특별한 관점에 대한 설명 없이 "적은 무리"에 관한 정황을 서술한다.(43-49) 그렇다면 그와 유사한 다른 "적은 무리"들은 전혀 없었을까?

책의 전체적인 부분은 미드라쉬를 주석한 방법에 따라 총 6개의 "내러티브 블록"으로 마태를 나눈다.(위의 ThR 70[2005] 345쪽을 참조하라) 본문과 그 본문에 대한 분석이 분리되어 있지 않지만 마태 텍스트의 진술들이(근본적으로 NRSV 번역에 따라) 이어지는 주석에서 단지 굵은 활자로 인쇄되어 강조될 뿐이다. 카터는 예수의 족보에 있는 여인들에 대해서 자세하게 설명한다.(59-61) 동정녀 임신("하나님의 어떤 행위에 의한 수태")에서 그는 이해가 좀 부족해 보인다. 즉, "고대 사회에 그런 많은 병행"이 있었다는 것이다. 또한 예수가 "인류 중에서 위대한 자 중의 하나"라는 것을 말하려고 했다.(67) 마태복음 2장의 제목은 "제국의 반격"으로 삼았다.(73-89) 헤롯은 마태복음에서는 알 수 없음에도 "로마의 분봉왕"으로 소개된다.(73) 2:22에 대한 설명에서도 그와 유사하게 이것이 수신자에게 "제국의 치명적 위협이 변경에 있는 제자 공동체에 편만한 것"이라고 말한다.(73, 88에서도 비슷하게) 어떻게 나사렛에서 그 가족이 아무 위협 없이 살 수 있었는가에 대해서 카터는 말하지 않는다. 카터는 모든 편집사적인 질문을 거부한다. 5:3에서 그는 강조한다. "영의 가난함"이 문자 그대로 그 의미를 가진다. 여기에서 의미하는 것은 "가난한 자들이 영적인 사람들이 된다는 것"이 아니라 "그들은 경제적으로 가난한 사람들이고 그들의 존재와 영혼은 경제적 불공정으로 인해서 상처받았다는 것"을 말한다고 생각한다. 축복선언은 "하나님의 행위로 현존하는 제국의 구조가 멸망하는 것"을 칭송한다.(131과 132) 그러나 거기에서 카터는 누가복음 6:20과의 관계를 언급하지는 않는다. 6:10에 있는 주기도문의 세 번째 기원에서 카터는 "이 청원은 이전의 두 청원에서처럼 엘리트주의, 제국주의, 군국주의와 물질주의에 저항하고 그것이 상식으로 받아들여지는 것을 거부한다"고 본다.(165) 이 기도는 전체로서 "로마제국의 법에 따라 통치되는 세상 속에서 … [*그것의] 심오한 전복을 기도"한다. 그리고 기도하는 사람들은 "그들 스스로를 하나님의 목적을 이루는 지체로 헌신하여 지배적인 문화현실과는 반대로 살아가는 공동체의 삶 속에 지금 있다."(169) 22:1-14의 비유(누가병행이 언급되지 않는다)가 말하는 것은 왕이 먼저 엘리트에 속한 사람들을 향하고 있음을 보여주는 것이다. 이들이 자기 민족에게 거절된 후에 그들을 "다른 민족이 아니라 사회적 계층이 낮은 사람들"로 대치한다. 하지만 11-13절에 나오는 손님들은 "엘리트 지도자들"과 같은 죄를 지었고 같은 운명에 처해있다는 것을 지적한다.

카터의 이전 연구가 정말 읽어야만 하는 책이었다면 『마태와 그 변경』(Matthew and the Margins)은 읽을 때 사람을 좀 지치게 한다. 이 책이 주석하고 있는 것은 이미 일반화된 것들이고 카터가 자주 반복하여 설명하는 마태의 정치적 의도도 그리 새로운 것이 아니다.

2. 이제 여기에서 설명하는 연구들은 부분적으로 조직적인 질문을 제기하면서 어느 정도 특정한 본문의 복합체를 다루는 개별적인 신학적 주제들에 몰두한다. 우터스(Armin Wouters)는 뮌헨대학에 제출한 박사논문에서 마태의 윤리("행위에 대한 이해"에 관하여 질문한다. 그는 "마태에서 예수의 요청을 따르는 행위가 제자의 존재성에 어떤 가치를 갖고 있는가"를 설명하려고 한다. 왜 마태에게 행위가 그처럼 중요한가?(17) 우터스는 연구경과를(17-37) 주석서와 전문연구서적으로 구분한다. 이로부터 그는 세 가지 단위 주제를 추출한다. 질문해야 하는 것은 (1.) 행위의 전제사항들, 즉 마태에게 사람은 하나님과 어떤 관계 속에 있는가? 그리고 이것이 행위를 이해하는데 어떤 영향을 끼치는가? 또 주의해야 하는 것은 이 분석에서는 "바울에 의하여 주입된 카테고리로부터 결정해서는 안 된다"는 것이다.(38) 그래서 질문해야 하는 것은 (2.) 구원사의 관점이 반영된 것, 말하자면 계약의 카테고리와 관련된 것, 즉 이것은 사람이 하나님과의 관계를 위해서 하는 행위에 어떤 의미가 있는가 하는 것이다. 그리고 또 물어야만 하는 것은 (3.) 혹 사람이 "그의 행위를 통해서 영생을 얻을 수 있는지 아니면 얻어야만 하는지" 그리고 동시에 "요청과 심판의 결합이 … 단지 행위와 보상을 의미"할 수 있는지에 대한 것이다.(37, 38, 40, 41) 방법론적으로 우터스는 "복음서 저자에 대한 연구와 조사에서 그에게 직접 주어진 자료들을 활용하는 한" 편집사적 분석을 전제한다고 볼 수 있다.(44)

II장에서 우터스는 인간의 행위에 대한 미래적 의미를 묻는다. 그곳에서 그는 "하늘나라"(5:20, 7:21, 18:3, 19:23f., 21:31f.)에 대한 진술들에 대한 자세한 주석을 제공하고 이어서 다양한 basilei,a-진술을 분석한다. 전체적으로 마태는 설명한다. "한편으로 인간의 구원을 선물과 하나님의 독자적 사역으로, 다른 한편으로는 인간이 아무 것도 하지 않는 것은 아니다."(101) "하늘나라"(βασιλεία τῶν οὐρανῶν)의 개념과 함께 의미하는 미래가 요청하는 것은 "사람으로 행동하게 하고 그로부터 적절한 준비를 하게 한다." 현재는 "인자의 바실레이아 개념을 통해서 구체화되고 그것에 따라 통치"되는 것이다. 하나님의 통치(βασιλεία τοῦ θεοῦ)는 "예수를 따르는 사람들에 의해서 현실화된다."(102, 103) 25:31-46이 그린 심판의 상(像)에서 우터스는 "인자의 아주 보잘 것 없는 형제들"이 의미하는 것은 모든 사람들이 아니라 "위험 속에 있는 사람들로 인자에 의해서 그 내밀한 관계 속으로 들어가게 되는 사람"을 말한다. 인자의 도래는 "민족들로 나누어진 이 세상이 … 위험에 처한 사람들을 향해 관심을 보여야" 하는데 이스라엘은 그 "민족"에 속하지 않는다. "복음서 저자는 바로 선교에서처럼 다른 곳에서도 이스라엘에 대한 심판을 문제 삼고 있다.(19, 28) 여기에서 중요한 것은 이방선교의 종착점에 대한 것이다."(145, 148)

III장의 제목은 "제자와 하나님의 요구"이다. 22:1-14의 비유가 보여주는 것은 하나님의 구원계획이 아직 끝나지 않았다. "잔치가 시작이 되어야 모든 잔치에 초청된 손님이 확정된다." 그리고 이 것은 이제 "전제조건이 없는 초청이었음을 보여준다." 동시에 분명한 것은 마태에게 있는 "포기할 수 없는 요청들에 우선하는 것은 방해받지 않는 구원에 대한 확언이며 이것은 인간의 기본적 정서에 무관하다." 사람은 "의식을 가지고 살 수 있고, 그래서 하나님으로부터 선사된 미래를 가지고 있다"(166과 201을 비교하라). 만일 마태가 하나님의 정의에 대해서 말한다면 그것이 의미하는 것은 하나님 자신이 "예수가 하나님의 뜻을 선포하는 곳에서 사람에게 요청한 것을 실행한다는 것이고, 하나님은 예수의 사역 속에서 그의 행위를 이루신다는 것이다."(272, 마태 6:33을 참조하며) 마태에게서 δικαιοσύνη의 개념은 "하나님의 목표와 사람의 행위와의 일치를 노력하는 것이며 반면에 θέλεμα τοῦ πατρός는 사람이 그것과 함께 행동할 수 있게 주어진 것"이다.(272f.) 이로부터 예수의 이 요청을 받아드리는 사람은 특히 제자라는 결론에 이른다. "단지 예수 안에서 하나님이 새로운 방법으로 역사하신다는 사실을 인정하는 사람만이 그 요청을 전체로서 이해할 수 있고 마침내 행할 수 있다." 거기에서 어떤 사람은 한 개인으로 행동하기를 요청받았지만 "그러나 그는 다른 제자와의 연대 속에서 행해야 한다."(295f., 18:10-14를 참조)

IV장("미래와 과거 사이의 긴장 속에 있는 공동체")에서 우터스는 공동체를 배움과 용서의 장소로 본다. "여전히 하나님은 인간의 모든 노력 앞에 그 주도권을 가지고 있으며 죄로 인하여 간과했던 공동체 의식을 회복시킨다." 회개를 향한 외침은 "하나님께로 새롭게 방향을 설정하는 요청들이며 예수를 따름으로 서로 연결되는 것"을 말한다. 왜냐하면 용서를 받는 것은 "예수와 관련되고 그가 건네는 잔 [**성찬의 잔] 을 마시는" 사람에게만 해당되기 때문이다.(358) 18:15-18은 공동체가 죄인에 대한 용서를 허락해야만 하는가에 대한 판단에 대한 것이 아니라, "오히려 공동체에 잔류하는 자에 대한 판단"을 말하며, 그래서 그들의 성찬 참여를 말하는 것이다. 그러므로 공동체는 예수의 가르침을 수용한 곳일 뿐만 아니라, "예수의 현재성에 근거하여 그의 제자에게서" "도움과 용서를 경험하는" 곳이다.(359). 공동체가 이런 고상한 의미를 경험한 것은 "이스라엘인이 행한 거절의 결과이다." 구약성서 계약과의 "유비"

속에서 공동체는 "우주적 권위가 부여된 부활하신 자와 함께하며 현재 도움을 받는 긍정"을 포함한다고 본다.(403, 28:20을 참조하여)

우터스의 연구는 마태의 행위에 대한 이해를 묻는 질문으로 귀결된다. 즉, "사람이 하나님의 제안에 따라 올바르게 살 수 있는가에 대한 것이다. 그러므로 이 제안에 행위로 응답해야만 하는데, 만일 응답을 거절한다면 그는 하나님이 주관하시는 미래에서 제외된다"는 것이다.(413) 나는 이것을 마태 안에 전반적으로 전제되어 있고 그가 전개하는 약속과 요구에 대한 이해를 적절히 설명한 것이라고 본다.

앨리슨(Dale C. Allison)은 1993년에 출판한 연구에서 마태의 예수는 모세-유형론에 따라 이해해야 한다는 것을 보여준다. 앨리슨은 그의 연구에서 데이비스(W. D. Davies)와 공저한 방대한 주석(ThR 70[2005], 179-182를 참조하라)을 보충하고 데이비스가 전개한 논지(xi)[산상설교의 배경(The Setting of the Sermon on the Mount), 1963]를 심화한 것으로 생각한다.

"개요"(1-8)에서 앨리슨은 언제 수신자들이 그 텍스트에 관한 다른 텍스트를 가지고 있었고, 그 텍스트의 특성을 알고 있었을까를 연구하면서 자신이 품은 의문을 설명한다.("상호텍스트성") 그는 그 예로서 상호텍스트성의 세 가지 다른 유형을 마태복음 2:1-20을 가지고 설명한다. a) 2:11에 있는 ma,goi에 관한 본문에서 그들이 가지고 온 보물을 열었다(ἀνοίξαντες τοὺς θησαυροὺς)는 표현은, LXX에 있는 기술적 전문용어 중의 하나와 일치한다. 즉, 마태는 이것을 스스로 생각했다기 보다는 "차용"했다. "하지만 그것은 마태에게도 독자에게도 언제 그것을 차용했는지 혹은 언제 그것을 배웠는지 알지 못하고 다른 어떤 배후텍스트(subtext)에 대한 암시도 없다."b) 2:1의 표현이 비록 "어떤 배후 텍스트도" 지시하지 않지만, 그것은 성서적 표현방법이다. "그리스어 성서를 잘 아는 독자는 - 그리고 마태는 그런 생각을 가지고 썼다 - 아마도 이스라엘의 거룩한 역사와 예수이야기 사이에 있는 연속성을 인식했고, 그 안에 있는 심오한 의미를 예상하며 진지하게 읽었을 것이다."(6) c) 그래서 누구든지 그런 방법으로 2:19를 읽으면 곧 바로 출애굽기 4:19이 그 배후텍스트로 생각할 수 있다는 것이다. 여기에서 이미 분명한 것은 모세와 예수 사이에 특별한 관계가 있다고 보는 것이다. "이 두 사람의 역사는 하나님의 지속적인 신비한 섭리 속에 있고, 마지막 것이 첫 번째가 된다는 원리에 따라서 그 유사점이 자세한 것까지 아주 강하다."(7) 앨리슨은 그가 신학적이라기 보다는 순전히 역사적으로 주장하고 있다는 것을 강조한다. 그에게 중요한 것은 마태의 모세-유형론이 신학적으로 정당한가 그렇지 못한가를 보이는 것이다.(7f.)

　I부(9-134)에서 앨리슨은 모세가 어떻게 (마태 이외의) 유대와 그리스도교 문헌에서 "모형"으로 이해되었는지 설명한다. "그 율법수여자는 마태 이전과 이후 그리고 중간시대에도 언급되었고 공공연히 중요한 종교적 인물의 전형으로 이해되었다."(23) 유대교에서는 특히 여호수아, 열왕기의 왕들 그리고 바룩이 여기에 해당되었고 메시아까지 오시기로 기대하던 "모세와 같은 예언자"로 여겨졌다. 모세와 비교하는 것은 어떤 한 사람을 높이고 "그를 이상적인 왕, 종, 예언자, 율법수여자 혹은 중보자로 여기는" 기능을 한다고 이해한다.(93) 기독교에도 예수와 모세의 모형적 관계가 특히 누가/행전(개관 98-100)에 있고 후기의 문헌, 즉 4세기부터 종종 베드로와 모세가 비교된다고 한다. 바울은 고린도후서 3-4장에서 그런 모형론을 한 사람과 관련지어서 설명한다. 이 모티브는 콘스탄틴

황제와 누르시아의 베네딕트(Benedict von Nursia) 때까지 지속되었다. 주목할 만한 것은 모세의 상이 문헌증거도 없이 일반적으로 아주 설득력 있게 그려지는 것이다.(133) 그런데 이것이 마태에서는 다르다. "마태는 유대인이었고 성서와 유대풍습 그리고 그의 교회에 깊이 젖어 있던 사람이며, 비록 이방인 선교에 참여하지만 근본적으로 유대적이다."(133)

II부(135-290)에서는 이제 마태복음 1-2장을 넘어서 "마태에 있는 새로운 모세"가 설명된다. 예수의 유혹이야기는 성서의 텍스트에서 뿐만 아니라 성서 밖의 전승에서도 광야에 있던 이스라엘을 기억나게 한다고 한다.(165-172) 그러나 이와는 반대로 종종 마태복음 8-9장에 있는 기적이야기에는 전혀 모세-유형론이 나타나지 않는다는 가정도 있다.(207-213) 하지만 마태복음 28:16-20에서도 모세와 예수의 분명한 병행을 확인할 수 있다고 본다. "여호수아에게 율법을 위임하는 율법수여자와 같이 그의 생애의 마지막에 율법을 위임하고 더 나아가서 그의 후계자에게 하나님의 영속적인 현존을 약속하는 것이 예수에게서도 똑같다."(266, 앨리슨은 이런 맥락에서 모세가 죽지 않고 하늘로 승천했다는 전승을 제시한다) 앨리슨의 결론은 마태는 "여전히 규범이며, 위대한 사람이며, 약속성취의 상징인 모세 속에서 그리고 출애굽사건이 종말론을 선취하는 역사가 된 것 안에서 그의 책을 구성했다." 예수가 모세를 고려했다는 것을 언급하지 않지만, 이미 전제되어 있다고 한다. 5:21-48에서는 "모세가 요구한 것보다 더 많이 요구"하는데, 이것은 11:25-30에 따르면 모세가 더 요구한다기보다는 "하나님과 그의 백성 사이에 최고의 중보자"인 예수의 요구라고 한다. 그러나 거기에 모세를 폄하하고자 하는 의도가 있는 것은 전혀 아니다.(273, 274) 이렇게 마태는 예수가 해석학적 열쇠로 유대인의 성서를 이해했고 그 반대도 가능하다고 본다. "유대인의 성서는 그에게[*마태] 예수에게서 나타난 풀 수 없는 종교적 의미를 해결하는 해석학적 열쇠였다." 여기에 변증법적 관계가 있다고 본다. "과거는 현재를 알려주고 현재는 과거를 알려준다."(289)

7개의 부록에서 앨리슨은 이 주제에 대한 연구방향을 비평적으로 소개한다.(291-328) 이 책은 광범위한 참고문헌과 색인으로 끝을 맺는다.

앨리슨의 주석과 텍스트에 대한 관찰은 결연하고 설득력이 있다. 그러나 만일 그로부터 전반적으로 마태의 신학을 이해하기 위한 근본적인 결과가 도출되었다면 당연히 더 토론했어야만 할 것이다.

마태에 있는 이방선교의 동기가 무엇인가에 대해서 다음의 세 연구가 질문한다. 티세라(Guido Tisera)는 그가 그레고리안대학에 1993년에 제출한 박사논문에서 마태의 "보편주의"(Universalismus)를 말하면서 "이방민족을 포함하는 구원"(1)에 대한 설명을 한다. 서두에서 그는 예레미야스(Joachim Jeremias)로부터 르빈(Amy-Jill Levine)까지 수행되었던 다양한 연구관점을 간략하게 소개한다.(1-11) 이이서 그는 자신의 연구방법을 기술한다. "최종본문"의 형태는 그 가능한 생성역사와 독립적이며, 오히려 "그들의 관계 속에 있는 역사를 재구성 하는 것"이 중요한 것이라고 이해한다.(13)[47]

티세라는 마태에서 사용되는 ἔθνος/ἔθνη개념으로부터 마태복음 1:1-17, 2:1-12, 8:5-13과 15:21-28의 주석을 제공한다. 예수의

---

[47] 이 책에는 물론 마태에 병행하지 않는 진술들이 아마도 더 무게가 있을 것이라고 간주되는 증거들이 곳곳에서 제시된다.

족보에 나오는 여인들은 예외 없이 이방인들이다.("우리아의 아내"의 경우도 말하자면 이방여인이다. 46) 2:1-12에는 이방선교에 대한 특별한 언급이 나타나지 않는다고 본다. 동방박사들은 예수의 제자가 되지 않지만, 중요한 것은 그들이 예수탄생에 관한 긍정적 반응을 보인 것이라고 한다.(75) 4:15에 있는 Γαλιλαία τῶν ἐθνῶν이라는 표현의 의미는 갈릴리가 "이방적"(어느 정도 유대적이지 않다는) 특성을 가지고 있다는 것이 아니라 '갈릴리 민족'이라는 의미로 이해할 수 있다. 그곳에서 4:16과 연관되어 알 수 있는 것은 "예수의 갈릴리 사역은 갈릴리에 있는 부활하신 분의 제자들을 통해 세계선교명령의 선취"라는 결과가 나온다. 예수는 "갈릴리에 있는 이스라엘뿐 아니라 그 민족을 위한 종말론적 빛"이다.(92와 98) 많이 논쟁되고 있는 10:5f.의 용례에 대해서 티세라는 그것은 "다른 곳에 있는 이방인에 대한 관심"과 꼭 긴장 속에 있을 필요는 없다고 본다. "파송 혹은 '보냄'"의 관점에서 이 금지명령은 28:19에 이르러 소멸된다고 한다. 그래서 이제 말할 수 있는 것은 먼저 "종말론적 성격 안에 있는" 배타적 선교가 "이방인을 향해서 개방되면서 그 종말론적 완성을 향한다."(143, 157) 이로부터 티세라는 28:19에 있는 πάντα τὰ ἔθνη의 사용은 실제적으로 "유대인들을 배제하지 않은" "모든 민족"을 의미한다고 한다.(306) 티세라가 제공한 연구는 근본적으로 전혀 새로운 것은 아니다. 그러나 특정한(혹 실제적) 신학적 관심 때문에 주변으로 밀려나야만 하는 것들에 관한 올바른 주석적 통찰을 보여주고 있다.

라그랑(James LaGrand)도 비록 "초기 단계에 대한 특정한 관심", 즉 주후 33년에서 63년까지의 시기에 집중하면서 마태의 "이방선교"에 대해 질문한다. 라그랑은 마태가 바울서신보다는 늦지만 그래도 70년 이전에 기술되었다고 가정한다. 당시의 중요한 문학자

료는 히브리 성서였고 마태는 "이스라엘 문학의 컨텍스트에서 읽혀져야 하는 것"이라고 주장한다.(14)

I장은 "이스라엘과 민족들"이라는 제목 아래 연구사라고 불릴 수 있는 개요가 현재와 당시의 신학적, 정치적 지형도 안에서 소개된다.(17-45) 이어서 고대문학의 원자료들이 조망된다.(47-74) 라그랑은 "초기기독교 선교는 히브리 성서를 바탕으로 하고 그것이 근본적인 문서"라는 전제에서 출발한다. 동시에 그는 놀랍게도 "창세기에서 말라기('문서'들을 포함해서)에 이르는 성서 내러티브의 형식"이 "히브리 성서"의 기본 틀이라고 추정한다. 라그랑은 포로 후기 초까지 이스라엘이 자기이해를 위해서 사용한 성서언어에 관하여 질문하고(47-65), 그것을 LXX와 "동시대에 근접한 문헌"(75-94)에서 조사한다. 또한 그는 거기에서 유사비문, 쿰란문서, 필로와 요세푸스 그리고 바울(87 각주 34, "바울의 이름을 가지고 있는 모든 정경적 서신은 오늘날 연구에서 '바울적'으로 인정된다")을 살피고, 그 밖에 신약성서와 특히 디다케에 전승된 제목을 지적한다 - 제목들 중에서 문제가 되는 것은 주후 70년 이전에 저술된 문서들로 특별히 그 제목이 '우리 주의 12사도를 통한 민족들을 위한 가르침'이다.(93)[48] 끝으로 라그랑은 아주 짤막한 "개념의 후기 궤적"(Later Trajectories of the Concepts)을 시리아 기독교(96-98, 여기에서 그는 클레멘스 1서와 디오그네티우스서를 고려한다)와 랍비 유대교 안에서 그것을 개괄한다.(98-100) 획득한 연구결과에 대한 언급은 없다.

II장(105-252)은 "예수와 민족들"에 대한 것이다. 라그랑은 특히 "민족들에 대한 약속이 '네 권의 복음서 안에서 예수에게서 일

---

48) 이차적인 이 제목에 대해서는 K. 니더비머(Niederwimmer)의 디다케(Die Didache), KAV I, 1989, 82쪽을 보라.

치'한다는 것"을 강조하려 한다.(107) 각 복음서 저자는 "모든 민족을 향한 메시아적 선교라는 용어 속에서 그의 복음서를 구성했다."(107) 라그랑의 중요한 논지는 다중적인 증거가 역사적 진정성을 보증한다. 그래서 마태복음 15:21-28, 마가복음 7:24-30 병행, 혹은 마태복음 8:5-13, 누가복음 7:1-10과 같은 본문이 그 증거인데 그것은 예수가 그의 사역에서 이미 ἔθνη를 염두에 두고 있었다.(109f. 23번 주석)

라그랑의 연구는 기본적으로 마태에 관한 것이 아니고 예수에 관한 것이다. 마태는 예수의 진정성에 대한 신뢰할 만한 역사적 증인의 역할을 한다. "예수의 전 생애, 그가 죽음으로부터 부활한 것에 관한 옹호가 그에 대한 신비 안에서 [*구약] 성서의 성취로 이해해야만 한다." 명확한 것은 예수도 그것을 "자신의 사역을 위한 지침으로 받아드렸다"는 것과 또한 그가 제자들에게 그것을 전달했다는 것이라는 견해이다. "그들은 제자로써 하나님의 사역자로 - 그들이 그 방법을 완전히 이해할 수 없었지만 - 모든 민족을 향한 이스라엘의 선교를 위해서 준비되었다.(251, 원문에서 강조) 라그랑의 연구는 전체적으로 그리 세밀한 작업으로 보이지 않는다. 그래서 이 연구는 마태신학의 연구영역에서 방법론적으로 어떤 기여도 하지 않는다.

1998년 허틱(Paul Hertig)은 특정한 해석학적 관점으로부터 마태에 있는 선교이해를 묻는다. 그는 티셀튼(A.C. Thiselton)[The Two Horizont, 1980]과의 연결 속에서 여러 층(horizons)을 구별한다. 먼저(첫 번째 층) 텍스트는 본래의 컨텍스트 속에서 발견되는 것이다. 이어서(두 번째 층) 그 본문의 현재적 이해가 중요하다. 여기에 세 번째 층으로 "선교적 컨텍스트"가 나오고, 이것이 "해석자의 컨

텍스트와 본래의 컨텍스트 양자간"의 역동적인 대화 속에 위치한
다.(20)

　주석적 연구의 출발점은 마태복음 4:12-17 속에 있는 이사야
9:1f.의 사용이다. 마태는 갈릴리의 유대인들은 유대교 내에서 주
변적이고 동시에 이방 민족들에게 개방적임을 분명히 표출하고
있다. 그러나 이제 갈릴리는 "예수의 오심을 통해서 하나님이 역
사하시는 중심지"가 된다.(43) 그래서 복음서 저자는 갈릴리가 바
로 메시아적 예언의 목표라는 것을 보여주고 있다. "마태는 유대
인들을 위해서 유대-그리스도교를 유대교의 토양에 확고하게 심
어야 하고 또한 동시에 이방인들을 위해서 유대-그리스도교의 보
편성을 보여주어야만 했다."(45) 아마도 마태의 수신자는 "갈릴리
의 폭 넓은 약속의 땅에 흩어져 있는 그리스도교 공동체 속에 자
리하고 있었다." 마태는 스스로를 "예수의 계획과 동일시하고 아
주 유사한 컨텍스트를 가지고 있었다." 예수의 "바리새주의에 대
한 투쟁은 예를 들면, 마태공동체의 유대교에 대한 투쟁과 유비가
있다."(65) 그 융합은 마태복음 28장의 끝에 갈릴리가 미래의 기
초가 되는 것에서 명확히 관찰된다. 여기서 갈릴리가 주제화된 것
은 "선교위임에 있는 전반적 보편성에 대한 강한 상징을 제공한
다."(95)
　현실에 대한 반영은 세례명령이 세 번째 층에 놓여있다는 것에
서 뿐만 아니라, 이제 우리를 위해서 첫 번째 "지평"에서 묘사되었
고 또한 거기에서 πάντα τὰ ἔθνη가 이스라엘을 포함한다는 것을
알 수 있다.(119) "첫 번째 지평의 해석자는 마태의 세 번째 지평에
있는 선교 대사명 텍스트와 오늘날의 컨텍스트에서 모든 민족을
향한 거룩한 선교명령의 수행을 읽으면서 마태와 만난다."(125) 이
러한 관점에서 두 번째 지평은 선교적 교회이어야만 하는 교회의

"지평"이며(128-142), 또한 그곳에서 교회는 다양한 상황 속에 처해 있다.(143-150)

허틱의 방법론적 시도가 마태의 현실을 이해하기 위해 그리 중요하지 않지는 않다. 동시에 그의 연구에서 받는 느낌은 텍스트를 분석하는 배경에, 말하자면 마태에게서 "재발견"될 수 있는 "선교적 공동체 설립"에 관한 개념이 있다는 것이다.

다음에 소개될 여러 책들은 좁은 의미에서 신학적 주제에 관한 것들이다. 심(David C. Sim)은 스탠톤(Graham Stanton)의 지도 아래 런던대학에서 박사논문을 완성했다. 비록 그는 그 주제의 틀에서 많이 벗어나긴 하지만 마태에 있는 "묵시적 종말론"을 연구했다. 먼저(I부) 그는 일반적인 묵시에 대해서 다루고(21-71), 이어서(II부) 마태에 있는 묵시적 종말론(73-177)과 마지막으로(III부, 179-243) 마태 공동체의 "사회적 배경"을 재구성하고 마태의 묵시적 종말론이 갖는 "기능"을 서술한다.

개요(1-19)에서 연구사가 간략하게 서술된다. 또한 심은 그가 사용하는 방법론을 소개한다. 마태를 주석한다는 관점에서 그것은 편집비평이라고 한다. 하지만 편집비평적 질문에서 꼭 필요한 것은 그것이 사회적 분석 방법에 의해서 보충되어야 한다고 보는 것이다. 말하자면 마태는 꼭 "책상 앞의 신학자"만은 아니며, 그와 그의 복음서는 "역사적, 지리적, 문화적 그리고 사회적 컨텍스트에 영향을 받았다." 그리고 그런 의미에서 사회학적 통찰은 마태-분석에 효과적이다. 물론 여기에서 조심해야 할 것은 "사회학적 방법은 … 역사적 자료를 사용할 때 우선하는 방법으로는 절대 사용해서는 안된다."(19, ThR 70 [2005], 340쪽 참조).

I부 1장에서 심은 먼저 2차 문헌과 원자료를 사용해서 묵시적 종말론의 기본적인 특징을 서술한다.(23-53) 다음에 2장(54-69)에서 심은 "사회적 배경"을 질문하면서 묵시적 일원론적 사고를 단순하게 적용하는 것은 불가능하다고 강조한다.(61f.) 심은 특히 이원론적 사고가 자신들의 입장을 합리화하는 도구로 사용되고 있음을 주장한다. "공동체는 자신들의 정체성을 밝히고 정당화하는 묵시적 종말론에 의지하고 있다. 이 기간에 의인은 보상을 받게 되고 악인이 벌을 받게 될 것이라는 것은 그들에게 희망, 위로, 위안이 되고 다시 폭압적인 사회에 복수하려는 욕구를 충족시킨다."(69)

II부에서 심은 마태를 주석한다. 마태복음에는 우주적 이원론의 요소가 있다고 한다. 이것을 천사와 악령에 대한 표현과 13:24-30 속에서 알 수 있다.(79) 또한 결정론도 22:14에서 발견되는데, 이것은 에스라 4서 8:3의 용법과 일치한다.(87) 그래서 예언 성취에 대한 인용이 그런 성향을 보여준다고 본다. "예수의 삶 속에서 구약의 예언이 성취되는 것과 예수가 예언한 말이 성취되는 것은 하나님이 그의 행위 안에서 역사적 과정을 자리하게 했고, 그들이 그것을 변경할 수 없음을 가정한다."(92) 묵시적이라는 것은 인자의 도래를 말하고, 이것이 마가를 수용한 마태의 특별한 의도라고 본다. 이런 관점에서 최종적 분리(129-147)인 심판이 인자에 의해서 수행된다.(110-128) 변화산에 있었던 마태의 예수에 대한 묘사(καὶ ἔλαμψεν τὸ πρόσωπον αὐτοῦ ὡς ὁ ἥλιος)는 13:43의 의인에 대한 묘사와 28:3의 천사에 대한 묘사와 일치하며 그 의미는 "예수는 그의 종말론적 말 속에서 의인과 마찬가지로 종말의 때에 빛나게 된다"는 것이다. 그래서 마태는 그의 생각을 "의인은 새로운 시대에 천사처럼 될 것이다"라고 설명한다.(145) 마태에서 특징적인 것은 "의인의 축복과 악인의 참담한 운명"에 대한 극명한 구분이다.(146f.) 또한 마태는 특히 16:28과 24:34에서 보여주는 것처럼(155f.) 철저하게 "긴박한 종말론"을 가지고 있었다. 24:20에서 μηδὲ σαββάτῳ를 첨가한 것은 마태가 그 사건을 아직도 극복해야 하는 일로 생각할 때에만 의미가 있다. 24:2에서 말하는 성전파괴에 대한 진술은 - 이것이 22:7에서 보여주듯이 마태에게는 이미 일어난 사건이다. - "성전이 지금 어떻게 하나님께 거절되었고 그 결과로 완전히 파괴되었다는 것을 보여줌으로서 적절한 결론 역할을 한다." 따라서 24:3은 "마태복음에서 완전히 새로운 부분으로 성전이 아무런 역할을 하지 못하는 파루지를 다루는 것"으로 시작한다는 것이다. 이것은 마가 본문에 대한 편집적 변경으로 마태에서 분명히 알 수 있다고 한다.(158f.) 마태복음 24:4-14는 정해진 묵시적 시간표의 수순이며, 전형적인 묵시 문학과 일치한다고 한다. "여기에서 우리는 다른 예언들이 성취되고 종말 전에 있을 사건들을 예언하는 과거가 가지고 있는 주도적 성격을 본다." 마태는 "이런 종말론적 상황 속에서 그의 독자가 어디에 서 있어야 하는가를 전달"하고 있다.(161) 가장 분명한 것은 24:11f.에 있는 거짓선지자에 대한 경고로, 이것은 마태가 "이 거짓 선지자들의 출현이 곧 종말이 가까웠음을 상징하고 그래서 그의 독자들이 알아야 한다고" 가정할 때에만 의미 있다. 또한 심은 심지어 "이 거짓 선지자가 그 [*마태]의 교회에서 활동하고 있다"고 추측하고, 그들이 마태복음 7:21-23의 거짓선지자와 일치한다고 본다.(164, 비교166f.) 마태복음 24:36-25:13은 긴박한 종말론의 관점에서만 읽혀질 수 있고, 그 사태에 대한 컨텍스트는 마태복음 10장이며, 특히 22절 이하에서 보여주고 있다.(166f.)

Ⅲ부에서 심은 마태공동체의 "사회적 배경"을 연구한다. 거기에서 그는 마태가 유대교에 속해 있다는 그의 논지를 확인한다. "마태공동체는 그들 스스로를 전쟁 이후 형성된, 아주 유동적인 유대교 안의 한 종파로 볼 때 잘 이해될 수 있다. 이들은 심각한 논쟁

이후 회당으로부터 분리되었고, 그들을 모체(parent body)와 마주하고 있는 종파로 정의하며 정당화하는 과정 속에 있다."(198) 만일 이방인과의 관계를 질문한다면 그것은 외부로부터 오는 공동체에 대한 위협이 그것을 보여준다.(24:9b: 제자들이 ὑπὸ πάντων τῶν ἐθνῶν 미움을 받게 된다. 마가 병행에서는 τῶν ἐθνῶν이 빠져있다). "마태 교회(ἐκκλεσια)는 … 의식적으로 보다 더 큰 유대세계와 보다 더 넓은 이방사회로부터 구별된다." "이 공동체는 스스로 이방민족들로부터 일반적인 미움을 받는다고 인식했다."(203과 204) 마태공동체 내부에 있는 이방인의 입장에서 심은 그들이 토라를 소유했었다고 가정한다. 또한 그는 마태복음 5:17-19에 있는 것과 같은 진술은 신중하게 받아들여야 한다고 본다. "마태 교회 안에 있는 이방인들이 토라를 그 전체로서 지켜야 하는 명령에서 제외되었다고 생각하기는 아주 어렵다." 심지어 마태복음 28:19 안에서 이방인들도 할례를 해야 한다는 것이 암묵적으로 전제되어 있다고 생각할 수 있다. 만일 마태가 "이 대다수 유대인의 관습을" 포기했었더라면 텍스트 안에 그런 과정을 대비해서 그것을 방어하려는 주장이 있었을 것이다. 그래서 23:15(바리세인들이 ποιῆσαι ἕνα προσήλυτον을 위해서 노력한다)에서도 할례가 언급되지 않는데, 그것은 그것에 일치하는 관행이 이미 당연히 전제되어 있기 때문이다. 마태복음 28:19도 "같은 방법으로 읽혀져야 한다."(209) "율법이 없는" 기독교를 마태는 단호하게 거절한다는 것이다. 서기관들과 바리새인에 대한 논박으로부터 "율법의 전체적인 유효성을 거부하는 사람들에 대한 일말의 동정심을 그가 가지고 있었을 것"이라는 결론이 도출된다.(215) 5:18과 13:25에 있는 비평은 때때로 짐작할 수 있는 것처럼 바울의 선교를 반대하고 있는 것이라고 한다. 그러나 "율법이 없는 기독교가 바울파에게서도 제외되지 않았기 때문에 그들이 다른 편에 속해 있었다는 것이 어느 정도 가능하다."(217) 마태는 근본적으로 이

세계가 두 그룹으로 구성되어 있다고 여긴다. "교회와 세상에 남은
자들"(219).

　결론부분("마태의 종말론적 묵시의 기능", 222-242)에서 심은 25:31-46
에 있는 심판에 대한 것을 다룬다. "제일 보잘 것 없는 형제"는
[*방랑] 선교사들이고 그들이 당한 모든 것을 위로하고 복수를 해
준다는 약속에 대한 것이다. "그들은 만족하게 되고 과거에 그들
을 함부로 대하고 거절했던 것에 대한 위로를 받고 그런 일을 하
려는 사람은 미래에 인자의 손으로 공평하게 형벌을 받게 될 것이
다."(234) 묵시를 말하는 사람들과 똑같이 마태도 왜 의인이 고난
을 받으며 악인들이 잘 사는가에 대한 질문을 종말의 관점에서 대
답한다. "교회의 대적자들은 종말에 무자비하게 형벌을 받게 될 것
이고 공동체의 구성원들은 하나님이 정의롭기 때문에 그 안위가
확실하게 보장될 수 있다." 의인들은 "하나님(또는 인자 예수)가 말세
에 회계장부의 대차를 맞출 것이고 확실하게 그들 편에서 복수하
실 것을 확신"하고 있다.(235) 동시에 마태공동체의 존재를 위해서
중요한 역할을 하는 것은 공동체의 구성원 간에 서로 연대하는 것
과 "마태가 심판의 위협을 사용해서 그것에 무게를 더하려고 시도
한다." - 공동체 내부에 있는 이단자들은 "적대자들과 같은 형벌을
받게 될 것"이다.(242) 오늘날의 관점으로부터 마태의 이런 사고를
판단하는 것을 잘못된 것이다. "마태는 문제가 있는 자신의 공동체
를 돌보는 목회자로서 복음서를 구성했다. 그는 그의 독자들이 현
재 당면한 위기와 문제가 전에도 있었다는 것을 보여주기 위해서
상징적인 세계를 구성했다."(249)

　심의 책은 아주 읽어볼 만한 가치가 있다. 특히 낯선 본문들을
발견하고 다루면서 그 주석적 결과가 지금 당장 "필요한 것"만을
도출한 것이 아니라는 것이 그 두드러진 특징이다.

이것과 다른 관점에서 루오마넨(Petri Luomanen)이 헬싱키에 있는 레이제넨(Heikki Räisänen) 밑에서 연구하고 1998년 논문을 출간했다. 이것은 마태가 가지고 있는 구원론의 관점에서 연구한 아주 읽어볼 만한 가치가 있는 박사논문이다. 주제는 "마태의 구원관에 있는 기본구조"이다.(3) 루오마넨은 방법론적 시도에서 "내러티브 비평, 독자반응 비평 그리고 사회과학적 연구가 전승 – 역사분석의 컨텍스트 안에서도 적절한 신뢰를 줄 수 있을 것이다 – 그렇지 않다면 그 목적은 아주 비역사적인 것에 있다"고 강조한다.(4)

루오마넨은 2장에서 연구사를 비평적으로 설명하며 한편으로 치우친 것에 대해서 의미 있는 경고를 한다.(7-36) 이 두 입장 사이에 있는 근본적인 차이점은 "좋은 소식"(good news)과 "좋은 일"(good work 혹은 covenant)이 "구원의 기초"라는 관점에서 서로 연관되어 있는 것이 보여줄 때 나타난다. 이어서 3장에서는 "방법론적 숙고"가 이어진다.(37-66) 질문해야만 하는 것은 구원의 관점에서 "들어옴"(getting in)과 "머무름"(staying in)이다. "만일 텍스트를 읽는 것에서 그것이 뿌리 내리고 있는 사회적이고 이데올로기적인 현실에 대한 결론을 도출하는 곳으로 이동한다면" 실제적 삶이 "상징적 세계"에 어떻게 관련되며 어떤 방향으로 가야 하는가라는 질문에서 세 가지 관점이 있다.(48) 루오마넨은 "내러티브의 통일성"에서 출발하지만 복음서 저자들은 "그의 최종 작업 속에 많은, 다소간의 완벽한 이야기들을" 필요로 했을 것이다. 그리고 "최종 저자의 내러티브 구성과 특정에는 또한 다른 저자의 내러티브 흔적이 그 텍스트 안에 있는 것"이 분명하다.(53) 만일 "편집비평" 방법 옆에 "독자 반응 비평"이 있다면 반드시 새로운 가능성을 열수 있다. 물론 "독자의 상황 – 1세기의 실제적 독자인지 현대의 독자인지 –

을 구성하는 것이 편집자의 의도와 작업을 재구성하는 것보다 더 가설적인가는 질문해야만 한다고 주장한다.(58) 또한 루오마넨은 단어통계를 방법으로 사용한다. 그는 아주 정확하게 증명할 수 있는 마태의 편집(마가자료)과 증명할 수 없는 마태의 편집을 구분한다.(64-66, 부록 1에서 루오마넨은 마태가 사용한 원자료의 개관을 제공한다, 287f. 또한 부록 2에서는 사용된 단어들을 보여준다, 289-300)

II부(69-260)의 "분석"에서는 "들어옴"과 "머무름"을 βασιλεία의 관점(viewpoint A)에서 그리고 예수와의 연합(viewpoint B)의 관점에서 질문한다. A를 위한 본문의 사례로 5:17-20이 "아주 '마태적' 인" 단계라고 루오마넨은 소개한다.(79) 여기서 다루는 것은 "유대인에 대한 마태의 엄격한 프로그램 선언"이라고 한다. 또한 그곳에서 이어지는 반제(Antithesen)는 마태가 예수의 말씀을 구약의 율법보다 실제로 더 중요하게 취급하고 있는 것을 보여주었다.(87) 분명한 것은 마태가 미래적인 βασιλεία의 입구를 행함으로부터 만들려고 한다. 그러므로 "마태에서 모든 종교적 삶에서는 하나님의 자비가 출발할 수" 없다고 말한다.(92) Viewpoint B를 위한 사례는 마태복음 8:18-27(100-109)라고 본다. "예수 공동체에 들어가서 그곳에 머무르는 것"은 예수를 위해서 모든 것을 버릴 수 있는 준비가 되어있는가 하는 것에 종속되어 있다. 특히 서기관들은 그들의 독보적인 지위를 버려야만 하고 "예수의 제자로서 박해를 견뎌낼 준비가 되어 있어야"한다.(109) 이런 맥락에서 루오마넨은 13:24-30, 36-43에는 분명히 마태가 만든 비유가 들어 있다고 파악한다. 동시에 그 텍스트를 "마태공동체가 처해 있는 직접적인 증거"로 이해하는 것은 잘못이라고 한다. 왜냐하면 거기에서는 그와 반대로 마태와 동시대 유대인들 간의 논쟁을 다루기 때문이다.(134와 138f., 272f.와 비교하라) 오히려 거기에서 구원받은 사람을 δίκαιοι라고 부른다면, 마태에서 중요한 주제인 하나님을 위해서 복종하는 것을 기억하는 교육을 위한 교훈이 들어 있다. "좋은 씨앗과 나쁜 씨앗을 나란히 말하는 비유는 마태가 자신의 공동체를 이해하는 것과 연결되어 있는 마태의 실제적 이해가 이중적임을 드러내는 것이다."(141)

마태복음 25:31-46의 심판이야기에서 루오마넨은 이 장면이 보편적 의미, 즉 그리스도인도 "세상의 필요 앞에 그들이 어떻게 행위 했는가에 따라서" 심판받는다는 보편적인 의미가 있다고 강조한다. 이 심판은 물론 아직 오지 않았다. 이것이 24:14에 있는 진술과 그것에 따라서 복음이 ἐν ὅλῃ τῇ οἰκουμένῃ εἰς μαρτύριον πᾶσιν τοῖς ἔθνεσιν 설교되고 그후에야 종말이 온다.(καὶ τότε ἥξει τὸ τέλος) 모든 백성들은 말하자면 회개할 기회가 있다.(192)

"Viewpoint C"(194-260)와의 맥락에서 루오마넨은 마태복음 28:16-20을 3:1-17과 10:5f.의 관점에서 분석한다. 그는 28:19b에 있는 삼위일체적 세례형식이 마태 자신으로 소급된다고 추측한다. 이 말들은 "그의 복음서 최종구절 속에 있는 마태 자신의 의도는 그의 공동의회에서 사용되는 세례이해와 완전히 일치한다고 볼 수 없는 사실"을 드러내고 있다. 그리고 만일 그 형식을 "삼위일체신학"으로 읽지 않는다면, 그 용례는 필시 1세기 말이라는 추측이 가능하다.(198) 루오마넨은 마태복음 28:16-20이 그 음절이나 구조에 있어서 다니엘 7:17 LXX, 신명기 4:39f. LXX 그리고 역대하 36:23 LXX와 깊은 관련이 있을 것이라고 본다.(202f.) "유도 구절인 16절을 제외하면 거의 모든 특정 단어와 어구[마태복음 28:16-20에 있는]들이 이 세 권의 구약성서의 구절이나 마태의 특징적인 표현으로 소급된다."(204) 마태 스스로가 세례보다는 예수가 지속적으로 함께 한다는 약속을 더 강조하고 있다는 것이다.(215)

Ⅲ부 "종합"에서 루오마넨은 먼저 마태공동체의 "실제적 삶"에

대해서 말한다. 한편으로 분명한 것은 "사회적 분리"라는 경향과 다른 편으로는 "이상적인 일치"를 추구하는 것이 있다.(264) 마태공동체는 지역공동체의 규모를 가지고 있으며, 그들은 이제 유대교에서 막 분리된 자기이해를 가지고 있다고 본다. 하지만 그들은 사회 속에서 전체적으로 비교적 좋은 관계를 유지하며 교류하고 있다.(22:1-14, 13:44-46) 그래서 일반적으로 "공동체의 주축은 바깥세상과 평화적으로 살 수 있었다."(267) 마태공동체의 지리적 위치에 대해서 루오마넨은 안디옥은 아닐 것이라고 생각한다. 왜냐하면 만일 그렇다면 바울의 선교와 밀접한 관계가 있을 수 있기 때문이다. 그래서 혹 다마스커스와 같은 "어떤 대도시"가 아닐까 추측한다.(276) "상징적 세상"의 관점에서 루오마넨은 당시 이스라엘은 "새로운 백성"이라는 개념으로 재해석되었을 것이라고 생각한다. "이 새로운 하나님의 백성으로의 가입은 마태가 주로 회개의 행위라고 이해하는 세례를 통해서 가능했었을 것이다." 따라서 공동체에 합류하는 사람은 "하나님의 이전 백성들이 실패한 사명을 넘겨받아 그것을 성취해야 한다."(278) 마태가 가진 이런 관점으로부터 여전히 그들의 조상과 모세가 하나님과 맺은 계약이 문제라는 것이다.(281) 예수가 주님이시라는 것은 이제 마태공동체와 유대교와의 경계에 이르렀음을 보여준다.(283)

루오마넨은 마태복음의 본질적인 내용은 회개로의 부름과 율법의 선포라고 결정한다. "마태의 관점에서 보면 오직 예수를 통해서만 하나님과 그 관계를 깨뜨렸던 그의 백성 이스라엘은 관계회복이 가능하다." 그래서 예수의 중요한 의미는 하나님을 향한 복종을 가능하게 했다.(285)

두 연구가 명시적으로 마태와 구약과의 관계를 다룬다. 노우리스(Michael Knowles)는 마태에 있는 예레미야의 상(像)을 연구하고 밀르(Jean Miler)는 예언의 반영(Reflexionzitat)이 갖는 기능을 묻는다.
이런 점에서 이 두 연구는 2:17과 27:9에 있는 예언의 반영이 이미
예레미야에게 소급된다는 것과 관련이 있다. 노우리스(1993년)는
예레미야가 신약성서에서 단지 마태에만 그 이름이 언급된다는
것을 지적한다.(마 2:17, 16:14, 27:9) 그래서 이 두 예언의 반영에 대한
묘사가 질문을 던지고 있다. 왜냐하면 2:17f.에서 텍스트는 원래의
예레미야 31:15절과 상충되기 때문이다. 그리고 27:9절의 인용은
전혀 예레미야에서 유래된 것이 아니라는 것이다. 그 가정은, 마태
의 텍스트는 지금 여기에서 예레미야가 토지를 산 것과 관련을 가
지고 있는데(예 32:6-15), 예레미야에서는 "그 이야기를 포로에서 귀
환하는 희망의 상징으로 구성"하고 있고, 반면에 마태는 "그 반대
의 목적을 해결하기 위해서 나타나기" 때문에 그 사실관계가 서로
일치하지 않는다.(16)

1장에서 노우리스는 원래(예레미야)와 지금(마태)의 컨텍스트에
속한 세 부분에 대한 주석을 한다. 마태복음 2:17에서 그는 라헬
의 무덤에 대한 두 가지 전승이 있음을 보이는데, 첫째는 라마전승
이며(삼상 10:2; 렘 31:15 비교), 둘째는 베들레헴 전승(창 35:19, 48:7)이
라고 한다. 그는 마태가 이 두 전승을 결합했을 것이라고 추측한
다. "라헬의 통곡은 그래서 예레미야 31:15 안에 있는 라마와 예수
의 출생지인 베들레헴을 연결시키는 일반적 요소가 된다." 예레미
야 31:15는 유대교의 전통이 예언자의 운명을 해석할 때, 그의 백
성 그리고 예루살렘성과의 관련 속에서 이루어진 것을 묘사한 것
이다. "이런 이유에서 한 사람의 통곡은 또 다른 사람의 통곡이다."
이런 관점이 "마태가 예레미야 31:15를 사용해서 예수와 예레미야
의 유비를 가정하고 있다"(49f.)는 것을 함의하며 마태에게서 나타
난다. 즉, 마태는 예레미야 31:15의 본래적 의미를 완전히 무시하

고 있다. 그는 오히려 "이스라엘의 아이들이 포로기에 당하는 고통(모세의 유아기 수난과 이집트에 있는 이스라엘 유아들의 수난에서 보여주는 유비처럼)과 헤롯 치하에 있는 이스라엘 아이들이 당하는 고난의 일치, 즉 마태의 눈에는 이스라엘의 어머니들이 이 모든 재난 때문에 운다"고 주장하며, 그 울음은 또한 메시아와 그 백성들이 포로기에 당하는 운명까지도 포함한다.(52) 그와 같은 것이 또한 이사야 11:12f.를 인용하는 27:9f.에 나타난다. 아마도 여기에서 마태는 예레미야 19:11; 32:14을 암시한다는 것이다. "예레미야의 이름으로 완전한 성취를 인용한다는 사실은 전형적으로 예언자 전체를 특징짓는 것이다", 그래서 2:17f. 와 27:9f.(77) "편집적인 이 두 구절이 강조하는 것은 메시아를 자기 백성이 거부했다는 사실을 변증하고 논박하려는 의도를 가지고 있다."(81) 그래서 마태복음 16:14에 있는 예레미야에 대한 언급("거절된 예언자로서")이 삽입되어 있는 것을 마가복음 8:28로부터 설명할 수 있다.(94f.)

2장에서 노우리스는 예언자들의 거부를 먼저 유대교 안에서(96-109, 주전 2세기에서 주후 6세기 안에 있는 묵시문학과 랍비문헌은 "예루살렘을 덮친 비극"이 "국가적인 죄악 - 그 한 요소는 하나님이 보낸 사신, 예언자를 거절했다는 것", 109) 신명기적 모티브로부터, 그리고 어록자료 Q(110-148)에서 연구한다. 이러한 기초에서 그는 "마태의 예수상은 거부된 예언자"(148-161)라고 쓴다. 그 이유는 예수가 공공(21:11, 46)으로부터 그리고 그 자신의 의식으로부터(물론 암묵적으로 13:57) 예언자로 보였기 때문이다. 이것은 예수와 이전의 예언자들을 비교하는 것에서도 알 수 있다.(요나 12:40f., 세례요한, 엘리야, 예레미야 16:14, 익명의 사자들 21:34-39, 23:37) - "그들은 모두 자신들이 신적인 선택을 받았다는 사명으로 고난을 받았다."(160)

3장에서 노우리스는 마태에서 암묵적으로 발견되는 비교적 많은 예레미야 전승이 어떤 역학적 관계에 있는가를 질문한다.(말하자면 마태복음 11:29/렘 6:16; 23:8-10/렘 31:34) 4장에서는 마태에 있는 "모형론적 연관성"에 대한 주제를 다룬다. 이 모형론은 엘리야, 아브라함, 다윗, 모세, 요나와 노아로부터 온다고 본다.(230-244) 예레미야 모형론은 이 예언자의 운명이 예수의 삶과 거의 완벽하게 모사된다는 점에서 특별하게 증명될 수 있다. 이것은 특히 예레미야 31장과의 연관(새 계약)에서, "특히 그것이 가지고 있는 '죄의 용서'와 하나님에 대한 보편적 지식에 대한 준비에서 그렇다고 본다. 마태는 여기에서 예레미야 안에 있는 심판의 형태뿐만 아니라, 신앙 공동체의 회복과 재건에 관련된 한 사람을 보고 있다. 따라서 바로 예레미야는 새로운 시작을 예언하고, 예수는 그것을 성취하는 것이다."(245) 5장에서 노우리스는 특히 볼프(Chr. Wolff, 초기 유대교와 원시 기독교에서의 예레미야, 베를린 1976)의 연구에 의존해서 "마태 시대의 예레미야"를 그려낸다. 여기에서 - 파괴와 몰락(246-256)의 두 관점이 관찰되어야 하지만 또한 복귀와 귀환 (256-264)도 주목해야 한다고 이해한다.

6장은 "마태의 예레미야 환상"을 다루는데, 노우리스는 거기에서 마태가 예레미야에게 가지고 있는 주요 관심이 기독론이라기보다는 "오히려 변증적, 계약적 그리고 교회론적"이었고, 그것은 신명기적 시도였다는 점을 강조하고 있다.(265, 289.) 이런 관찰로부터 노우리스는 마태가 유대교에 있었던 종교적 혼란기에 "자기 공동체의 존재를 신학적으로 규명하기 위한" 기회로 사용하고 있다고 추론한다.(289) 이것을 증명하기 위해서 노우리스는 이제 마태에 있는 "사회적 정황"을 묻는다. 그는 이 대답을 마태에 나타나는 논쟁이 서로 연관되는 세 단계의 지층을 1) 예수와 "유대 지도층", 2) 이스라엘과 로마, 3) 마태공동체와 유대공동체 - 묘사하고 있다고 제시하며 답한다.(294) 그러나 거기에 네 번째 논쟁이 추가될 수 있는데 말하자면, "기독교 공동체 안에 있는 추종자들의 믿음이

있는가, 혹은 없는가에 대한 것('참' 예언자와 '거짓'예언자)"에 관한 것
이다. 이것이 바로 "신명기의 일반적 관점"에서 온 것이고 마태는
"적어도 예레미야의 이름, 사례 그리고 약속을 모든 논쟁에 적용
하지는 않을지라도 최소한 그것으로 주의를 촉구하고 있다."(304)
예루살렘 성전의 파괴는 마태에게 "하나님의 첫 번째 백성들이 심
판을 받았고, 하나님의 관심이 이제 예수를 따르는 자들에게 옮겨
졌다. 마태의 예레미야 인용은 이런 사건들에 대한 관심을 불러일
으키는 역할을" 하는 증거로 보인다.(309) 그래서 마태는 예레미
야 전승을 기독론과 교회론, 즉 "예수의 경험과 그의 첫 번째 제자
들의 경험을 그들 공동체의 경험으로 연결"하는 다리로 사용하였
다.(310)

부록에서 노우리스는 교회와 회당의 관계에 대한 연구사를 특
히 "신명기적 모델"이라는 관점에서 설명한다.(312-323) 이어서 그
는 기독교 예언자들에 대한 박해로부터 마태가 "'모든 백성'으로
이루어진 기독교 교회는 이전의 참 '이스라엘'과 연속성 속에 있고
그것에 반하지 않는다"는 인식을 획득한다고 이해한다. 박해가 증
명하는 것은 한편으로 "그들의 선포가 갖는 유효성"이고, 다른 한
편으로는 "그들이 거절되기 전에 가졌던 공통의 정체성"을 증명한
다는 것이다.(323)

밀르(Jean Miler)는 알레티(J.-N. Alette)의 지도아래 로마에서 연구
한 박사논문(1999)에서 특히 마태에 나오는 예언의 성취인용에 대
한 연구를 한다. 그의 연구 목적은 각 인용에 대한 분석과 주석이
아니라 그것을 마태 전체의 맥락에서 그것도 독자의 수용적 관점
에서 해석하는 것이다. 밀르의 논지는 "마태가 시도한 것은, 공동
체 구성원들의 하나님이 그의 백성들과 모든 민족에게 임마누엘
로 명백하게 보여주신 예수를 어떻게 이해하는가를 밝히는 것이

다. 예수가 완성한 구원은 부가적인 선물이다. 이 계시는 이스라엘 백성에게 있는 폭력과 다른 민족들이 이루어야 하는 과제를 해결한다.” 마태는 제자들을 위해서 이전의 길에서 새로운 길로 가야 하는 것을 쓰고 있고, 이제 그들이 지금까지의 한계를 넘어서 모든 백성에게 향하는 부활의 복음을 경청해야 한다.(11)

밀르는 일반적 개요에 따라 8장에 걸쳐있는 10개의 예언 성취에 대한 구절을 연구한다. 그는 거기에서 특별한 문제를 가지고 있는 부분에 대한 짧은 “설명”으로 시작한다. 이어서 그 인용이 가지고 있는 본래의 구절과 그 신학적인 분석을 그것과 연결되어 있는 사건들과 연관해서 보여준다. 그리고 마지막 부분에는 각각의 요약을 싣고 있다. 밀르는 이 예언 성취인용들이 이전의 예언을 보여주지만 또한 그것이 자신의 독자들에게도 이미 알려진 사실이라는 것을 거듭해서 확인한다.

일례로 마태복음 27:3-10은 유다의 죽음에 대한 것이 아니라, 오히려 대제사장들과 장로들이 유다가 되돌려준 돈을 받지 않았던 사건에 대한 것이다. “그들은 하나님의 뜻에 일치하게 처신하고자 한 것이다. 말하자면 그들은 그 돈 속에 있는 핏값 때문에 거절한 것이고, 그 이유에서 토기장이의 밭을 사서 나그네의 묘지로 활용하는 방안을 내세운 것이다.”(255f.) 이 이야기의 인용을 통해서 마태는 지도층의 행위를 고발한다. 그는 스가랴 11:13의 배후에 있는 밭에 대한 이야기를 인용하지만 그것이 5절에 있는 것과 연결되지 않게 배치하면서, 더 나아가 유다와 지도층의 행위가 같은 의미를 가지고 있음을 보이면서, 그리고 동시에 인용된 구절의 1인칭 단수 동사를 3인칭 복수 동사로 변경하면서,[49] 독자들에게

---

49) 27:9절에 있는 동사의 형태 e:labon 은 복수로 이해될 수 있다는 것이다. 즉 단수 (“내가 받았

"예수를 거절한 그들(말하자면 지도층)의 본성"을 보여준다. 마태는 예레미야 인용을 통해서 예레미야 19:15와 스가랴 11장은 하나님이 이스라엘의 목자들의 행위를 심판하고 있다는 점에서 연관성이 있다고 거론한다. "그들은 주님을 위한다는 신앙의 이름으로 무고한 피를 흘리게 했다.(렘 19장) 그리고 하나님이 그들에게 보낸 목자들을 돌려보냈다."(272) "나레이터는 대제사장들이 예수를 넘겨주는 대가의 메타포, 즉 그 피의 값을 토기장이의 밭을 사는 것에 투자했고 그들이 그 땅을 피로 물들게 했다는 것에서 그 피의 무죄함을 이야기한다."(273) 따라서 마태는 예레미야 19장만을 암시할 뿐 아니라 명시적으로 인용함으로 예레미야와의 실제적인 관계성을 밝힌다.(276)

밀르는 그 다음 장에서 이 예언 성취인용구가 마태 전체의 이야기 구조 속에서 어떤 의미를 가지고 있는가에 주목한다. "예언 성취인용구가 독자를 예수이야기로 안내하는 색다른 요소가 아닐까? 즉, 이스라엘의 예언자들을 통해서 전달된 하나님의 말씀이 예수의 삶을 통해서 성취되었다는 이야기를 통일성 있게 읽도록 돕는 것이 아닐까?"(278) 중요한 것은 이 인용이 독자를 위한 것이며, 그들에게 이야기 속 주인공의 행위를 통해서는 파악할 수 없는 정보를 준다는 관찰일 것이다. 그래서 밀르는 마태에 나타나는 예언의 선포와 그 성취 사이에 있는 시간적 관계에 대해서 질문한다. 복음서 저자는 단순하게 예수의 출생 전과 그 이후라는 도식으로 보지 않을 뿐 아니라 새로운 것에 의해서 옛것이 모든 해결되었다고도 말하지 않는다. 오히려 그는 "그 성취는 바로 그 옛 구절 안에 새로운 것이 자리하고 있는 것이며 하나님의 말씀이 역사 속에서

____
다")가 아니라 복수("그들이 받았다")라는 것이다. 같은 곳에 인용된 주석들을 참고하라.

실재화되는 것"을 보인다.(292)

　　이런 토대 아래 밀르는 먼저 마태 1-4장(292-305)안에서 다양한 형태로 빈번하게 나타나는 예언 성취인용과 마태 5-28장(306-317)에 나타나는 사례를 관찰한다. 마태 서문에 나타나는 인용은 "마태가 예수의 삶에 대한 이야기를 해석하고 그 사건의 의미들을 안내한다. 복음서의 서막은 예수의 전 생애, 즉 처음부터 마지막까지 예언의 성취라는 것을 드러낸다. 그것은 그의 모든 사역이 예언의 성취를 의미하고 예수의 생애를 통일적 관점에서 이해하는 것을 말한다."(304f.) 마태 5-28장에서는 그 인용들이 다른 기능을 가지고 있다고 본다. 마태복음 5-16:20에서 예언 성취인용은 "사건 -〉 반응"의 구조 속에서 사용되는 데(8:17, 12:18ff., 13:35), 그것은 또한 마태복음 21-25(21:4f., 27:9f.)에서도 마찬가지이다. 이 두 부분에서는 "절대로 예수에 대한 예언이 그에게 이루어졌다고 말하지 않고, 그의 마지막이 어떻게 된다는 것을 명시적으로 드러낸다." 반면에 마태복음 16:21-20:34과 26-28장에서는 그 구조가 강하게 "예언(예수에 의한) -〉 성취"의 형태로 나타난다고 본다.(316, 325의 개관을 참조하라) 그래서 여기에는 모든 예언 성취인용구가 빠져있다. "예언 성취인용구들은 예수의 존재와 사역을 인식하는 과정에서 나타나는 한 요소"이다.(317)

　　이어서 밀르는 예언 성취인용구들은 예수를 특징 있게 보여주거나(즉 1:22f.; 2:15; 2:23; 4:14-16; 8:17; 12:17-21; 13:35; 21:4f 속에서) 그 권위 있는 행위들을 조명하기 위해서(즉 2:17f., 27:9f.) 사용되었다고 파악한다. 이 인용들은 한편으로 예수와 관련되어 있고, 다른 한편으로 구약성서를 설명한다는 점에서 이중의 해석적 기능을 가진다. 그래서 그것은 뒤를 돌아보고 또한 앞을 바라본다.(356의 개요 참조) 그것은 자체로 예언의 성취라는 역할을 하는 것이다("… font réaliser le travil d'accomlissement", 357) 결론적으로 이 구절은 예수 안에서 실현된 구원사의 마침으로 이해될 수 있다. 이것을 예수가 임마누엘로 나타나는 1:23과 28:20의 테둘룸이 여실히 보여준다. 밀르는 예수가 이스라엘 안에서 하나님의 뜻을 성취한 후에 그 백성과 백성의 지도자들이 그를 버렸다는 것은 모든 민족을 향한 구원으로 연장되는 것을 의미한다고 본다. "이 구원은 이스라엘 안에 있다. 그러나 그것은 이스라엘을 넘어서 모든 민족에게 향한다."(359)

이 책은 다양한 형태로 인용되는 구약성서 인용(히브리어 텍스트, LXX, 마태복음 2:15과 탈굼에 있는 호세아 11:1)과 그 암시를 개괄하면서 끝을 맺는다.(361-367) 그리고 참고문헌과 색인을 포함한다. 이 책은 전체적 구성이나 개별본문에 대한 해석을 고려할 때 아주 중요한 연구라고 할 수 있다.

이와 좀 다르지만 2000년에 출간된 작은 연구서인 샤레트(Blaine Charette)의 마태에 있는 성령에 대한 연구도 중요하다. 그는 마태가 누가나 요한처럼 성령을 비중 있게 다루지 않지만, "성령의 활동에 대해서 깊이 숙고하며 그 뉘앙스 전달"에 신중을 기하고 있다는 것을 보이고자 한다. 마태가 서술하고 있는 종말론적 구원은 비록 복음서 저자가 성령을 지칭하기 위해서 "경세적"(economical)으로 다루고 있지만(11), "하나님의 영이 직접 활동한 결과"이다. 또한 마태는 구약성서에 강한 영향을 받고 있기 때문에 "마태가 구약성서와 그것의 성취라는 관점에서 성령을 어떻게 이해하고 있는가"를 조심스럽게 연구해야 한다. 또한 동시에 구약의 정경화에도 유의해야 한다. 이 질문에서 전승과 편집이 중요하게 다루어지지 않는데 그것은 "마태가 전승 자료를 그의 독자적인 신학적 관점에 따라 창조적으로 구성하고 변경"했기 때문이다.(19)

　1장에서 샤레트는 마태의 기독론을 다룬다. χριστός 호칭에 대한 강조는 구약성서와의 밀접한 관계, 특히 제왕-이데올로기를 보여준다. 이것은 기적적인 수태와 또한 세례 받을 때 있었던 성령강림에서 알 수 있다. 여기에서 비둘기로 형상화된 성령은 제물로 드려지는 번제물이 생각나게 한다.(레 5:7,11과 12:6, 8 등과 일치하게) 예수가 세례 받을 때 그것이 백성들의 죄와 동일시되기 때문에 "이 취임식과 같은 사건에서 죄사함을 보여주는 비둘기가 나타나는 것으로 표현된 것"은 납득할 만하다. 그래서 분명해지는 것이 성령은 여기에서 "예수의 사역에 있는 희생적 측면을 드러낸다."(47) 이것은 또한 성령을 통해서 유혹 받게 된다는 점에서도 일치한다.(56) 마태는 예수를 "하나님의 구원 사역의 중심으로 보내심을 받은 기름 부음을 받은 자"로 "성령이 예수의 모든 삶과 그 사역과 연결되어 있다는 관점"에서 이해한다. "비록 성령에 대한 특별한 지칭이 결여되어 있을지라도 예수의 사역이 바로 그 원천으로부터 유래된 지혜와 힘을 통해서 완수되었다는 사실이 중요하다."(57)

　2장은 성령과 구원에 관한 것이다. 여기에서 주목할 것은 축귀의 기능이라고 한다. 축귀는 "하나님이 그의 백성들을 해방하고 그의 적들을 물리치는 구원의 역사를 반영한다. 이 귀신 쫓는 사건 속에서 하나님 나라의 복음이 확실하게 드러난다."(66f.) 만일 바알세불-논쟁에서 예수의 축귀가 사탄에 기인한다는 비난을 들어야 했다면 그 비난은 "그가 행한 사역의 한 부분으로 … 이스라엘을 잡고 있는 사탄의 세력이 파괴되었다"는 말로 폐기되어야 한다.(82) 샤레트는 난제의 하나인 마태복음 27:51b-53을 자세히 다룬다. 예수가 십자가에서 숨을 거두는 순간에 - 예수의 부활 후 - 부활한 자들이 예루살렘에 나타났다는 마태의 표현은 "마태가 예

수의 죽음과 부활을 종말론적 사건의 토대로 보고 있다"는 것에
서 이해할 수 있다.(88) 그 표현 전부는 또한 에스겔 37:1-14로부
터 설명할 수 있다. "메시아의 시대는 이 부활사건에 의해서 새날
이 밝아왔다."(90) 27:50(ἀφῆκεν τὸ πνεῦμα)에 있는 말은 아마도 "오순
절의 성령강림을 은유적으로 미리 보여주는 것"으로 이해할 수 있
다. 예수는 자기의 영을 자기의 죽음과 함께 다시 세워지는 공동체
에게 주었다. 그리고 그것이 또한 에스겔 37:1-14에 일치하게 성
령과 부활한 ἅγιοι들의 특별한 관계를 확증한다.(95)

3장(성령과 교회)에서 샤레트는 교회를 이미 5:14 그리고 16:18에
서 "새로운 성전"으로 이해한다.(103-115) 그는 28:16-20의 파송과
세례명령은 역대하 36:22f.와 "히브리 정경의 결론"으로 서로 유
비관계에 있다. 그것은 또한 마태복음 1:1(샤레트는 역대하가 마태시대
에 구약성서의 마지막 부분이었는가에 대한 질문에 짧게 논쟁한다. 그는 마태복
음 23:35이 역대하 24장에 나오는 사가랴에 대해 언급하고 있다는 사실에 주목하
여 조사한다, 112 각주 33)과도 연관이 있다고 본다. 세례명령 중에 ἐπὶ
τὸ ὄνομα는 "교회가 하나님의 종말론적 성전으로서 기능하는 것을
… 세례는 '그 이름 안에' 그리고 구원 받는 공동체의 일원에 가입
하여 동일한 영적인 실제라는 것을 의미한다."(119) 샤레트는 세례
의 지침이 "이 계약적 관계는 어떤 의무를 수행하고 있음을 포함
하며, 이제 그 관계의 성립은 또한 그 속에 포함된 은총이 언제나
그 요구에 선행한다"는 점을 강조하고 있다고 주장한다.(137) 샤레
트는 "오순절 신학사상과 그 실천에 관한 예상"으로 그의 연구를
마친다.(142-146) 마태는 가르침에 특별한 의미를 두고 있는데 이것
은 오순절운동을 위한 중요한 가치를 가져야만 한다는 것이다. "하
나님 나라는 그것이 성령의 은사 안에서 말과 실천으로 가장 잘
선포될 수 있다. 그것은 상호 보완적이며, 그래서 서로를 완전하게
하고 강하게 할 수 있다."(144f.) "성령사역은 복음 선포로부터 절연

되어서는 안 될 것이다."(145)

이 연구는 의도적으로 오순절 계통의 관점에서 쓰였지만 대체로 텍스트를 분석할 때 필요한 유용한 관점을 보여주고 있다. 유감스러운 것은 마태의 원자료에 대한 질문을 간과했다. 부분적으로 보이는 설명 속에는 단순히 마태가 마가로부터 자료를 넘겨받았다는 전형적인 수준이다. 또한 아쉬운 것은 마태의 관점에서 마가를 어떻게 변경하고 있는가에 대한 좀 더 세밀한 편집적 관찰도 빠졌다.

이제 1996년과 1997년에 출간된 두 권의 연구서를 소개하고자 한다. 이 두 연구는 마태에 나타난 "지혜"를 다루고 있다. 수녀회(Sister of Our Lady of Sion)에 속해 있는 드춰(Selis M. Deutsch)는 마태가 예수를 "인격화된 지혜"(personified Wisdom)로 이해하고 있다고 본다. 서론에서 그녀는 마태가 이 여성적 메타포를 예수와 연결하고 있다고 설명한다. "실제로 여성형으로 신격화된 미덕을 남성의 카리스마적 형태로 동일시하는 것이 널리 퍼져있다."(2) 방법론에서 "문학비평적 방법과 인식 그리고 사회학적 방법과 여성 신학적 성서연구를 사용하지만 구성과 편집, 비평은 이 연구의 틀로" 사용하지 않는다.(3) 드춰는 마태를 다른 유대문헌으로부터 읽는데, 그 서두에 그녀가 사용하는 기술적 전문용어들을 정의한다. "지혜"에 관하여 개별적으로 말하는 그룹을 말하고자 할 때 그녀는 "class"라는 개념 보다는 "단순히 '배우는 그룹'(learned groups)"이라고 표현한다. "scribe"라는 용어도 "현자"나 "선생"으로 나타나는데 "배우는 자들의 이상은 전승을 배우고 해석하는자"라는 것이다.(4) 드춰는 "마태 그룹"이 "회당"으로부터 나와서 "유대교"로부터 배제되었다는 그 어떤 언급도 하지 않는다. 만일 마태가 "그들의 회당"이라는 표현을 쓴다면 그것은 "다른 도시에 있는 회당을 말하는 것이지, 그로부터 배제되거나 소속되었다는 것"을 말하는 것이 아니라는 것이다.(5) 논쟁대화들은 동시대의 문학양식과 비교해서 "어느 정도는 형식적 이탈"이 있다.(같은 쪽) 저술 장소는 그리스어를 사용하는 유대인과 이방인이 사는 시리아나 혹은 북부 팔레스타인으로 추측한다. 아마 그곳에는 "적어도 서로 적대적인 두 개의 유대 종파가 존재하는데, 하나는 '서기관과 바리새파'에 의해서 그리고 다른 하나는 '마태와 그의 동료들'에 의해서 이끌어졌다." 또한 그들은 "배우는 그룹"을 위해서 경제적 그리고 지식적 자원을 제공했어야만 했을 것이다. 끝으로 거기에는 "팔레스타인 환경에서 익숙한 할라카적 토론과 묵시적인 진술들이 '일상적'" 이었는데 그런 문제는 아마도 안디옥과 세포리스 그리고 티베리스에서도 대두되었을 것이다.(7)

1장에서(9-41) 드취는 자신의 관심사를 위해서 유대교 안에 있는 용어 "여성적 지혜"(Lady Wisdom)을 연구한다. "교사의 가장 독보적인 역할은 공적으로 보통은 남성들과 사회적 유대관계를 갖는 것"이다. 그러나 그것을 충족하기 위한 다른 역할들도 있었을 것이다. "예언자, 집안의 가장, 어머니와 유모, 애인, 신부와 부인, 딸".(10, 40) 이 메타포들은 "그들 스스로 전통의 수호자라고 얘기하는 배우는 자들"(learned circles) 안에서 그것도 "상위 남성계층"에서 생성되었을 것이다. 아마도 이 메타포들이 "현자들이 자연, 윤리 그리고 계시에 대해서 질문하는 것을 이해하고, 또 그 속에는 신과 사물을 투영하는 기능이 있다는 설명을 합리화"하는데 사용하지는 않았다. 그러나 이 신적 질서 안에 "공부한 남성 엘리트의 탁월함이 포함되어 있다"고 본다.(40f.)

2장(42-80)에서 드취는 마태가 명시적으로 σοφίαι 개념이 나타나는 곳에서 뿐만 아니라 예수의 일정한 거주지가 없음을 말하는 8:18-22에서도 예수를 "지혜"로 이해하고 있다는 점을 보인다. 이것을 위해서 병행구인 (잠언 1:20ff, 에디오피아 에녹서 42, 94:5)와 원자료 Q - 누가복음 7:31-35 전제되어 있다고 하며, 누가복음 10장의 "컨텍스트는 [*일반적] 지혜에 대한 거부와 예수에게 있는 지혜를 수용한 제자들을 강조하고 있다."(45) 그래서 마태복음 11:19는 마태가 예수를 지혜로 여기고 있다고 설명해야 한다는 것이다. 마태에게 있어 예수는 지혜처럼 "선포와 회개를 위한 예언자이며, 지혜처럼 그를 받아들이고 거부하는 것이다."(53, 에녹-묵시록에서처럼 마태에도 지혜와 인자는 밀접하게 연결되어 있을 것이라고 본다, 18f 참고) 이렇게 지혜로 이해해야만 하는 곳이 또한 마태복음 11:25-27이다. "따라서 Q는 지혜의 속성과 기능을 예수에게 대입하면서 예수가 인격화된 지혜라는 것을 암시한다."(56) 마태는 28-30에 안에 편집적 추가를 함으로 이것을 더욱 강조한다. "마태는 우리에게 예수가 숨겨 있는 지혜이고 … 그의 가르침은 그가 지혜라는 사실을 정당하게 드러낸다."(59) 마태는 이미 Q에서 볼 수 있는 지혜에 대한 사유를 더욱 강화한다. 하지만 거기에 지혜가 선재했고 창조의 수단이라는 관점은 빠져있다. 마태는 "여성적 지혜"의 상(Bild)을 - "시적 의인화나 사물의 근본원리 혹은 경외" - 속에서 계속 발전시키는 것이 아니라, "그의 취지는 역사적 것으로, 높여져 있을 남성(male)"상이라는 것이다.(77, 원문의 강조를 따름). 예수는 우리에게 지혜의 본질에 대해서 말하고 지혜는 다시 예수가 누구인지를 말한다.

그래서 3장에서는 "예수-지혜, 교사"를 다룬다.(81-110) 드쥐는 마태의 여러 부분에서 그 연관성을 찾는데 28:18-20에서 11:25-30 Q와 분명한 병행을 이루고 있다. 특히 28:18b-19a는 다니엘 7:14로부터 해석할 수 있다고 본다.(107f.) 4장("예수-지혜, 제자와 지혜자", 111-141)은 제자들과 관련이 있는 본문에 관한 것이다.(드취는 8:18-22, 11:2-13:58 그리고 23:34-36, 37-39을 다루는데 11:2-13:58 비유의 말 속에는 συνίημι가 편집적으로 다섯 번이나 나타난다고 강조한다[119]) 그는 또한 제자들에 대한 교훈이 종종 지혜-메타포를 사용해서 표현된다고 하더라도("그들이 배우고 가르치는 것을 정당하게 하기 위해서") "마태공동체의 영역 안에 여자들이 학자로서 공적인 역할을 했다는 그 어떤 증거도 없다"고 생각한다.(141)

이어서(5장, 142-147) 드취는 마태가 지혜-메타포를 "예수의 정체성, 사역 그리고 그의 이야기를 서술하기 위해서" 사용했다. 그는 마태가 "신적 내재와 초월, 계시 그리고 예루살렘과 제2성전의 파괴와 같은 역사적 사건에 대한 질문을 정리"하려 했다고 설명한다. 지혜를 토라와 동일시하며("묵시적 신비, 예언적 심판, 할라카") 발전한 유대교에 반하여 마태에게 예수는 그 상징적 체계의 중심에 들어오신 자라는 것이다.(145) 결국 예수의 상(Bild)은 기적을 행하는 자, 묵시적 선견자, 예언자, 지혜자 그리고 율법학자로서 그의 가르침을 이어가는 제자들과 분리할 수 없다는 것이다. "그런데 그들은 남자들로만 지도자 그룹을 구성하였을것이다. 그들의 가르침이 정당하고 참된 이유는 그 가르침이 그들을 파송한 예수의 지혜에 기인하기 때문이다. 그들은 또한 그들을 거부하는 반대자들에 직면하는데 그것은 예수-지혜의 운명이 그러하기 때문이다."(146)

풍부한 각주(153-213), 참고문헌과 증빙을 제시한 이 연구가 그렇게 참신한 것은 아니지만, 방대한 자료만으로도 마태의 기독론과 교회론을 신학적으로 그리고 역사적으로 해석할 때 많은 도움이 되는 책이라고 생각한다.

1997년에는 마태에 나타난 지혜의 특별한 측면을 란스마(Jon Laansma)가 애버딘(Aberdeen)에서 출판했다. 마태복음 11:28-30와 히브리서 3장 이후에 대해서 란스마는 "쉼"(Ruhe)을 하나님으로부터 예언된 거룩한 것인가를 묻는다. 또한 이 질문은 다시 암시적으로 때론 명시적으로 신약성서의 "쉼"개념이 영지주의의 영향을 받은 것이 아닌가를 다룬다. 하지만 란스마는 히브리서의 관점에서 그것은 맞지 않다고 본다.(많은 적절한 이유를 보이면서) 하지만 이런 증거 제시가 연구의 목표는 아니다.(360)

쉬트라우스(D. F. Strauß)로부터(2-13) 시작되는 두 연구 본문에 대한 짧은 연구사와 연구방법에 대한 개요(14-16)에 이어서 란스마는 2장과 3장에서 "쉼"-모티브가 히브리 성서(17-76)와 LXX(77-101)에서 어떻게 다르게 나타나는지를 기술한다. 4장(102-153, 영지주의 전설에 나타나는 "쉼"이 부록에 첨가되어 있다, 154-158)은 주로 유대와 기독교 문헌을 다룬다.(먼저 위문서, 쿰란, 필로, 랍비문헌; 이어서 솔로몬 신탁, 이그나티우스, 바르나바서, 클레멘스 2서와 히브리복음서, 사도서신서, 알렉산더의 클레렘서와 영지주의 문서[50]) 란스마는 유대와 기독교 텍스트 안에서 "쉼"이 구속론적 상징으로 중요하게 나타나는 모든 증거본문의 상이점을 신중하게 요약한다.(152f.)

5장에서 란스마는 마태복음 11:28-30과 마태의 지혜론을 다룬다.(159-208) 마태복음 11:28-30에 놓여있는 말씀어록과의 관계에 대한 간단한 문제제기 후에 "지혜전설"을 서술한다.(163-167) 그리고 마태복음 11:28-30이 "그 어떤 선재론, 창조론 혹은 사절(en-

---

50) 여기에서 란스마는 "후기의 영지주의 신화와 같은 것이 주후 2세기 이전에 있었을 것이다"라고 하면서도 신약성서에 사용된 쉼-모티브와 영지주의 관계는 분명한 증거자료가 있을 때에만, 즉 "그 증거가(더 이상 존재하지 않지만) 그 남아 있는 모티브 자체로서만 유추될 때" 주장될 수 있다고 한다.(151)

voys)의 거부와 관계가 없다"는 결론에 이른다. 따라서 그것은 "한 편으로 마태에게 있는 지혜 기독론에 대한 인상을 강화하면서", 비록 마태에서 법과 지혜의 연관성을 증명하지 못할지라도 "다른 한 편으로는 우리에게 지혜가 어느 정도 법으로서도 기능한다는 것을 상기시켜 주기 위한" 말이라고 한다.(166f.) 란스마는 마태복음 11:19, 25-27, 23:34-36/눅 11:49-51 Q와 23:37-39/눅 13:34f. Q를 가지고 마태의 지혜 기독론을 연구한다. 마태에게 지혜는 중요한 개념이었음에도 그는 예수를 지혜와 동일시하여 표현하는 것에 관심이 없었을 것이다. 이 점을 명확하게 보이는 곳이 바로 마태복음 23:34-39로 예수를 지혜로 동일시할 수 있는 가장 적절한 곳이라고 한다.(란스마는 "마태의 독자적인 기독론과 그의 복음서에 있는 기독론"에 차이가 있다고 생각한다.[185] 예를 들면 전자는 마태복음 23:34에서 암시한다. 하지만 기독론적 아젠다와 지혜를 동일시하여 지적하지 않는다.[183]) 또한 마태복음 11장이 바로 같은 증거를 보여준다고 한다. 마태는 11:28-30에서 예수를 절대로 "인격화된 지혜(in persona sapientiae) 속에서 말하는 자"로 표현하려고 하지 않았다. 그런데 "실제로 그가 그렇게 하지 않았던 바탕에는 말씀어록 자체에 대한 신중한 검토가 있었던 것이다."(186, 29c절과 아마 29b절은 편집 작업이었을 것으로 짐작한다, 187-95) 란스마는 이어서 마태복음 11:28-30과 시락서 51절 사이에는 아무 연관이 없다는 것을 보인다, "Q 지혜-기독론의 열쇠로 고려되고 있는 마태복음 11:27에서 아들을 지혜로 소개하는 것은 마태의 의도가 아니다. 오히려 그곳에서는 아들을 - 어느 정도 지혜의 연장(extent)으로 지혜를 통해서 비추어 지는 - 이스라엘 최후의 대표자로, 아마 모세보다 더 위대한 자로 - 소개하고 있다."(207)

6장에서 란스마는 쉼에 관한 신적인 예언과 관련되어 있는 "온유한 왕"에 대한 상(Bild)을 조사한다.(209-251) 마태복음 11:28-

30의 관점에서 란스마는 여기에 비록 지혜에 관한 진술과 모티브가 분명한 연결점을 이루고 있지만, 그 표현은 "마태가 그 말 속에서 지혜 기독론을 먼저 보고 있다기보다는 더 근본적으로 그 속에서 구약성서에 담겨있는 야훼 하나님의 약속을 회상하는 것이고 그래서 마태는 궁극적이며 참 다윗의 자손인 인물의 사역 속에서 그 말을 변경한다"는 사실을 확증하는 것이라고 주장한다. 말씀어록은 "지혜가 육화된 상"(picture)을 보여주는 것이 아니라 예수를 "βασιλεύς πραΰς 다윗의 자손, 성령의 기름부음으로 지혜의 메시아적 교사라는 역할을 통해서 종말에 ἀνάπαυσις τῷ λαῷ τοῦ θεοῦ로 이끄는 솔로몬보다도 더 위대한 자로 그리고 있다."(234) 가벼운 "멍에"에 대한 약속은 당연히 할라카와 관련이 있다. 그러나 "예수가 말하는 '멍에'는 nova lex"를 말하는 것이 아니라, 예수가 "자기의 백성을 위해서 약속을 성취하고자 하는" 하나님의 의도를 선포하고 있다. - 그 텍스트는 "새로운 출애굽"을 말한다.(243) 이것이 11:28-30에 있는 마태의 편집이 의미하는 것으로 마태는 이 본문을 "구약적 희망의 배경인 다윗왕조, 남은 자, 성전 그리고 안식일"과 직접 연결하고 있다. 인상적인 것은 "군사, 지리, 윤리적인 언급이 생략되어 있다." 그 자리에 "오랫동안 기다리던 하나님 나라의 현재가 온유한 왕의 가르침과 치유의 사역으로 자리한다."(247f., 원문의 강조를 따름)

7장(남은 약속, 252-358)에서 란스만은 여기서 자세히 다루지는 않지만, 히브리서 3-4장에 있는 유비를 연구한다. 마지막으로(8장 "결론", 359-366) 두 본문의 구성에 일치하는 요약이 뒤따른다.

란스만은 몇몇 곳에서 드취(Celia M. Deutsch)와 논쟁한다. 하지만 최근에 간행된 그의 연구서(위를 보라)를 다루지는 못했다. 두 저자는 사실 엄밀히 말해 마태에게 "신화적"으로 추론된 지혜 기독론이 없다는 사실에서 그들의 연구를 시작하기 때문에, 두 연구결과에 대한 신중한 비교는 그들이 그렇게 서로 다른 주장을 하고 있다고 보이지는 않는다.

5. 산상설교

THOMAS BERGEMANN, Q auf dem Prüfstand. Die Zuordnung des Mt/Lk-Stoffes zu Q am Beispiel der Bergpredigt(FRANT 158). Vandenhoeck&Ruprcht, Göttingen 1993, 319 S. - HANS DIETER BETZ, The Sermon of the Mount. A Commentary on the Sermon on the Mount, including the Sermon on the Plain(Matthew 5:3-7:27 and Luke 6:20-49). (Hermeneia - A Critical and Historical Commentary on the Bible). Augsburg Fortress, Minneapolis 1995, xxxvii+695 S. - DANIEL PATTE, Discipleship According to the Sermon on the Mount. Four Legitimate Readings, Four Plausibel Views of Discipleship, and Their Relative Values. Trinity Press International, Valley Forge PA, 1996, xiii+416 S.

공관복음서 연구동향을 집필하는 기간에 나에게 놓여있는 산상설교에 대한 연구는 3가지에 불과하다. 그 중 오랫동안 기다렸고, 이제 막 백과사전적으로 출간된 베츠(H. D. Betz)의 주석이 있다. 이 책에 대한 소개는 특별히 충분한 지면을 할애해서 다루기로 한다.

베르게만(Thomas Bergemann)의 연구는 말씀어록 Q에서 이미 짧게 언급했었다.(ThR 69 [2004], 245) 함부르크대학의 훈칭어(C.-H. Hunzinger) 밑에서 연구된 이 박사논문은 Q를 어떻게 정확하게 결정할 것인가를 다룬다. 그래서 이 연구를 여기에서 논하는 것이 적절하다고 여겨진다. 베르거만은 단지 산상설교와 평지설교의 기초가 되는 "원-설교"(Grundrede)에 대해서만 질문하지 않는다. 그는 마태와 누가에서 원-설교의 형태로 짐작되는 것은 "최소한 문자적으로 일치하는 특징"이 있고 그것이 "Q안에 포함되어 있는 핵심자료"일 것이라고 생각한다. 또한 이것은 Q로부터 독립적인 자료라는 가정을 도출하고 그것이 "두 자료설의 융통성 있는 적용"이라고 한다.(11)[51]

I장에서 베르거만은 먼저 홀쯔만(H. J. Holzmann) 이후의 연구사를 개관한다.(14-47) 그후에 "Q를 정의하기 위한 시도"(47-60)가 뒤따른다. Q는 누가와 마태에 문자적으로 일치하며 존재하는 것처럼, 확실히 문자로 기술된 문서라는 것이다. 그 원형태가 아람어로 기록되지는 않았을 것이라고 본다. 그러나 "원-설교"의 관점에서는 다르게 볼 수도 있다. 왜냐하면 거기에는(J. 예레미아스와 일치하게) 번역의 차이로 설명할 수밖에 없는 산상설교와 평지설교의 불일치를 보이는 텍스트 형태가 있기 때문이다.[52] 그의 논지는 상이한 Q-수용 혹은 Q-편집을 거부한다. "오직 Q 혹은 Q-아님이 있을 뿐이다!"(60) - 하지만 이러한 투의 주장은 반론을 절대로 수용할 수 없다는 표현으로 볼 수밖에 없다.

II장에서 베르거만은 단어의 통계적 분석방법을 가지고(61-73) 누가의 평지설교 전체를 마태- 병행구와 비교하여(73-229), "원-설

---

51) 베르거만은 이 연구를 위한 적절한 보조도구로 컴퓨터 프로그램인 "Gramcord"를 언급한다. 이것은 "신약성서 문서의 그 외형까지 정밀하게 코드화한 것으로 분석기능을 제공하는 기초도구이다", 12.

52) 그래서 눅 6:23의 σκιρτήσατε와 마 5:12의 ἀγαλλιᾶσθε이 "쌓다" 혹은 "기뻐하다"를 의미하는 아람어 어근 קוז 로 소급된다; 벨하우젠(Wellhausen)이 이미 관찰한 것 처럼 누가의 οἱ πατέρες αὐτῶν과 마태의 τοὺς πρὸ ὑμῶν에는 아마도 아람어 대본 קדמיהיוו 을 읽었을 가능성이 있고 그것을 προφήτας의 병기(Apposition)로 이해했을 것이다. 반면에 누가는 קדמיכוו 으로 읽고 그 속에서 그 문장의 주어를 보았던 것이다(55).

교의 핵심에 있는 평균 10개의 예외 중에 단지 한 개만이 마태 혹은 누가의 것으로 보인다"는 결론을 얻는다.(232) 그래서 만일 마태-이전의 편집 혹은 누가-이전의 편집이 "전승의 전달자들이 왜 전승의 일부를 불일치하게 전달했는가 혹은 왜 그렇게 원치 않는 변경들이 발생했는가에 대한 해명을 하지 못한다면 그런 전제는 더 이상 아무 도움이 될 수 없다."(233) 따라서 원-설교의 핵심은 "독립적인 문서구성체", "Q에 종속되지 않은 원자료"일 것이다.(235, 236)

베르거만은 이것을 보충하기 위해서 "난해한 텍스트들"을 다룬다. 누가복음 6:43-45와 마태복음 7:15-20, 12:33-35 병행의 경우 복음서 저자들에게 "유사한 전승과정 속에서 두개의 문학적으로 완전히 독립적인 서로 다른 형태"가 있었음을 보여주는 것이므로 그 둘은 아주 다른 방식으로 존재했다는 것을 말하고 있다.(246) 누가복음 6:41f./마태복음 7:3-5의 경우에 "물을 필요도 없이 Q의 일부"인 단어는 그것이 어떻게 해서 산상설교와 평지설교라는 현재의 자리에 오게 되었는지 설명하기가 매우 어렵다. 아마도 여기에는 Q와 원-설교라는 두 개의 판본이 있었을 가능성이 있다. 그리고 두 복음서 저자가 각각 독립적으로 Q-자료로 결정했었을 수 있다.(247f.)

베르거만에 따르면 "근본설교"는 문자적 텍스트로 구성된 형태였을 것이라고 하며(텍스트 재구성을 위한 개요, 255f.), 제자들만이 구분할 수 있었을 것으로 여긴다. 그래서 마태와 누가는 "듣기를 원하는 많은 사람"을 위해 확장된 것 중에서 그 의미만 살려서 현재의 모습으로 결정했을 것이라는 것이다. 여기에서 베르거만은 또한 오늘날 주석가들이 흥미 있어 할 경향이 있음을 발견한다.(261) 원-설교의 구조를 관찰하면 거기에는 "경고성의 '종말론적 관점'과 함께 광범위한 명령법적 주요부에 이어서 직설법적 시작이 뒤따르는 것"이 눈에 띈다. 이것은 세례의 배후에는 "세례를 통해서 그리고 그 세례와 함께 한 사람의 상황이 근본적으로 바뀌는 사건이 일어나는데, 이것은 마치 축복선언의 전제와 같기 때문이라는 것"이다. 축복선언에(6:20-23) 이어서 이제 그 말을 하는 의도가 세례 후 교훈으로 6:27 … 47에 나온다. 이것이 세례와 연결된다는 증거는 47절일 것이라고 한다.(πᾶς ὁ ἐρχόμενος πρός με κτλ) 또 46절에서 "놀라운 것은 … 이 말이 로마서 10:9에 있는 유명한 세례자의 고백 κύριος Ἰησοῦς에 나오는 말과 문자적으로 일치하게" 발전되어 나타난다. "따라서 이 글의 수신자 그룹은 세례에 의해서 결정되며, 결국 모든 그리스도인이지 다른 사람들이 아니라고 본다. 원-설교는 세례 중에 축복선언을 받는 모든 사람들을 위한 것이고, 경고적으로 추가된 종말론적 심판의 말은 일상생활에서 특히 확장된 윤리의식의 적용을 보여주는 것이다."(274, 275)

마지막으로 베르거만은 "공관복음서에 나타난 원-설교"를 제공하는데, 거기에서 짧지만 클로펜보그(J. Kloppenborg)의 "Q-병행" 그리고 나이링크(F. Neirynck)의 "Q-공관비교"와 논쟁을 시도한다.(277-306) 참고문헌(그리 많지는 않지만, 307-315)을 이어 색인과 그리스어단어 ἀγαθοποιέω부터 ὡς까지의 분석을 제공한다.(316-319)

베르거만의 논지와 관찰 그리고 그 모든 가설들이 반드시 올바르다고 할 수는 없을 지라도 평지설교와 산상설교에 대한 주석을 할 때 고려해야만 할 것이다.[53]

---

53) 클로펜보그([J. Kloppenborg]의 Verbin, Excavating Q(ThR 69[2004] 262-265를 보라)는 베르거만과의 토론을 시도하는데(62-67), 특히 베르거만이 두-자료설을 더 복잡하게 만들었다고 비판한다. 그것은 맞는 말이기도 하지만 그것이 꼭 베르거만의 생각을 반대하는 적합한 주장이라고 보기는 어렵다.

1995년 베츠(Hans Dieter Betz)는 산상설교와 평지설교에 대한 주석을 출판했다.[54] "Hermeneia"시리즈의 편집인 콜린스(Adela Yarbro Collins)역시 이 주석 시리즈의 편집회의에서 "초기 기독교문서의 형식 속에 들어 있는 중요한 구전전승이며 문서자료"라는 평가와 함께 서양문화에 있어 산상설교가 가지고 있는 특별한 의미를 시사했다.(xxxvii) 이 책은 약어와 주로 인용된 참고문헌에 대한 개요 (xvii-xxxvi)에 이어 세 부분으로 나뉜 본문으로 구성되어 있다. 먼저 베츠는 상세한 서론을 제공한다.(1-88) 이어서 마태복음 5:3-7:27을 주석하는데, 8장으로 나누어져 있다.(91-567) 이어서 누가복음 6:20b-49를 3장에 걸쳐서 주석한다.(571-640) 마지막으로 참고문헌을 폭넓게 소개하고(643-663) 자세한 증거들을 싣는다. 헤르메네이아 주석의 특징인 본문과 각주의 이단처리는 외형적으로 산상설교를 다룬 이 책에 잘 어울리는 것 같지는 않다.

각각의 주석은 다음과 같은 일정한 형식에 따라 시도되었다. "개요", "분석", "해석" 그리고 또한 이 책은 주석적, 역사적 문제를 다룬 많은 부설을 포함하고 있다. 베츠는 주석하기에 앞서 자신의 주석에서 산상설교(Sermon on the Mount, SM)를 "배타적이지 않은 세계문학의 한 부분"으로 보고 있다고 강조한다. SM뿐만이 아니라 평지설교(sermon on the Plain, SP)는 "그 기원을 유대교에 가지고 있다. 그런데 이 유대교는 나사렛 예수에 의해서 충격과 영감(개인의 관점에 종속적인)을 받았었다."(1) 여기에 놓인 이 상당한 영향력을 지닌 텍스트에 대한 주석은 더 이상 "이해를 돕기 위한 정보를 제공하는 안내서"가 아니다. 베츠는 여기에 객관적인 역사적 자료들을

---

54) 1985년 출간된 베츠의 산상설교에 대한 7편의 연구에 대한 것은 ThR 59(1994) 166f.를 참조하라

제시하고 그 이해를 위한 몇몇 적절한 가설을 정립한다.(3f.) 그는 자신이 사용하는 개념들을 아주 정확하게 정의한다. "저자"(author) 란 그에게 있어 "'실제적'(actual) 저자 혹은 저자들"로 두 텍스트의 저자를 말한다. "편집자"(redactor)란 "원자료를 정리, 적용 혹은 변경하는 사람으로 원문이 그에 의해서 작성되지 않았다"것을 의미한다. "원자료는 편집자에 의해서 획득되고 포함된 텍스트"를 말하고, "전승(tradition)은 묘사된 자료들을 덜 참조하는 것" 그리고 "마태적"이라는 것은 "활동, 표현 혹은 복음서 저자 마태의 교리적 이해"만을 말한다.(4) 복음서의 수용자들이 "독자"(readers)이지만, 원래 텍스트는 큰소리로 읽혀졌기 때문에 원자료들에서는 "청중"(hearers)이라고 말한다. 즉, 그것은 "일차적으로 구술되었고 이차적으로 기록되었다."(5)

이어서 베츠는 이 연구에 중요한 문제제기를 한다.(5-44) 그는 두 설교에 영향을 받은 신약성서 본문을 먼저 다룬다. 처음에 그는 마태와 누가가 그들의 복음서에서 가장 중요한 위치에 이 설교를 배치했다는 점을 지적한다. 혹시 SM 또는 SP가 바울에게 영향을 주었는지 -종종 그렇게 간주한다 - 아니면 야보고서에 영향을 주었는지 의심스럽다고 한다.(6f.) 다음에 베츠는 이 설교에 대한 고대교회(sermo domini in monte의 개념은 어거스틴에게서 처음 나타난다), 중세 그리고 개혁시대(여기에서 베츠는 칼뱅이 SM과 SP의 성격을 "공관적 예수의 가르침과 제자들을 위한 경건하고 거룩한 삶의 가이드"로 인식했다는 점을 강조하는데 그 논지는 바로 "예수가 SM에서 유대인의 율법을 선포하면서 그의 독자적인 특별한 해석"을 하고 있다, 17), 19세기의 연구동향(20-32)과 20세기의 연구동향이 특히 Q-가설과 함께 자세하게 소개된다.(32-44)

"문학적 구성"에서 베츠는 자신이 무엇을 주석하고자 하는지를 보여주는데, SM과 SP가 마태와 누가가 아니라 "공관복음서 이전의 저자"에게로 소급되어야 한다고 강조한다. SP가 "더 통일적"이고 SM은 반대로 "더 구성적 성향을 가진 작업으로 그 속에 한 명 이상의 원저자가 구별될 수 있다."(45) 이러한 맥락에서 베츠는 특히 어거스틴과 에라스무스의 해석 그리고 1788년 처음으로 SM을 근대적 편집방법으로 연구한 포트(David Julius Pott)의 박사논문을 소개한다.(45-48)

"개요"(Conspectus)에서 두 설교에 대한 자세한 분석이 나온다.(50-58 또는 66-68) SM은 4부분으로 이루어진다고 본다. I. 서론(5:3-16, 여기에 주요부 A. 축복선언 5:3-12, 주요부 B. "두 선언" 5:13-16, II. "본문: 인생의 길"(5:17-7:12, 여기에 주요주제 A. 토라해석 5:17-48, 주제 B. "제의의 실재" 6:1-18 과 주제 C. "일상생활 안내" 6:19-7:12), III. 종말론적 경고(7:13-23, C. "자기기만" 7:21-23), IV. 요약적 결론(7:24-27, 여기에 두 개의 비유 "성공과 실패"가 7:24-25와 7:26-27). 이것은 또한 SP에서도 같다. I. 서론(6:20b-26), II. "제자적 삶을 위한 안내"(6:27-45), III. 요약적 결론.(6:46-49)

"문학적 장르"에 대한 질문(70-80)에서 베츠는 자세한 해석사를 설명한 후에 자신의 논지를 강조한다. SM은 하나의 "발췌"로 에픽테트(Epiktet) 혹은 에피쿠르스 학파 퀴리아이 독사이(Kyriai Doxai)의 요약된 가르침(Encheiridion)과 비교할 만하다고 한다. 베츠는 그것은 또한 시락서, 포킬리데스의 시편(Ps-Phocylides), 필로의 Hypohetica 그리고 솔로몬의 지혜서등과 같은 유대-헬레니즘의 책들과도 같은 형식을 갖는다고 강조한다.(74) "발췌"의 의미는 SM과 SP가 "특별한 목적을 위해서 조직적인 방법으로 특정한 예수의 말을 선택"하여 그의 가르침을 표현한 방법이다. 그래서 다양한 원자료가 발견된다. "'반제'(마 5:21-48)와 같은 커다란 단락이나 '제의적 가르침'(6:1-18)은 그래서 Q가 아닌 문서자료에서 유래했을 것이다."(80)

"문학적 기능"에서 베츠는 마태의 SM은 "단지 네 명의 제자들을 개인적으로 교육하기 위해서가 아니라 모든 제자들을 위해서 말한 것"이라는 점을 강조한다. 5:1f.에서 7:28f.로의 변경은 "교회에서 SM이 사람들에게 중요한 역할을 했다"는 것을 보여준다. 그역할이 이제 전 교회 속에서 오늘날까지 발견되어진다.(81) SM과 SP가 문서텍스트로 작성되었을지라도 그 형태 속에는 "구술적 특징과 기능"이 있고 마태와 누가는 그것이 바로 예수의 말이라는형식으로 나타날 때, 변경시키지 않았다.(83) SM과 SP가 여러 명의 저자에게로 소급될 수 있는 가능성이 있는데, "그것은 각기 다른 교회의 전통과 또 그 고유의 독립적인 기능을 반영하고" 있다.그러나 동시에 "두 설교가 동일한 기원을 갖고 있으며 동일한 저자로부터 유래한다는 가정이 가능하고, 처음에는 그 일반적인 목적이 서로 다른 구성요소를 갖는 제자들을 가르치기 위한 교재로사용되었을 수"도 있다.(86f.) 베츠는 결론적으로 이 두 발췌물(Epit-omai)이 각기 다른 목적을 가지고 있었다고 추측한다. SM은 "유대교로부터 전환을 교육하기 위한" 목적으로, SP는 "헬라적 배경을가진 사람들을 교육"하기 위한 것으로 볼 수 있다는 것이다. 아마도 두 텍스트는 "두 방향성을 가진 선교전략과 같이 상호 보완적인 의미를 가지고 있었을 것이다." 예수의 가르침은 유대적 사고의범주 안에서 그리고 또한 헬라적 개념 안에서 재전달되었을 것이라고 강조한다. "그러나 이 가르침으로부터 제자들에게 기대되는에토스는 의심 없이 같았다." 베츠는 SM과 SP가 "초기 기독교 운동 중에 바울의 서신(주후 50년)들 보다 더 우위에 있으며 경쟁관계에 있다는 사실을 반영한다"고 추측한다.(88)

이 주석은 말할 필요 없이 본문의 문학적 구성과 신학적 내용을위한 최대한의 정보와 2차문헌을 제공한다. 예를 들면 베츠는 마태복음 5:3에 있는 οἱ πτωχοὶ τῷ πνεύματι라는 표현 속에서 영성의 취약함을 과격하게 비판하는 것으로 보는 것은 잘못된 것이라고 한다. 이 표현은 "지적 통찰력이 인간의 조건"임을 지적한다. 그리고 베츠는 유대(쿰람)와 그리스-헬라적 텍스트에서 이해하는 "가난"이 인간이 영위하는 삶의 현실에 대한 표지라는 많은 사례들을 보여준다.(115-119) 또한 베츠는 SM도 마태처럼 "하나님 나라"대신에 ή βασιλεία τῶν οὐρανῶν라고 말한다는 것을 지적한다.(118f.) 하지만 그는 어떻게 해서 이런 언어적인 일치가 오게 되었는지에 대한 설명을 하지는 않는다. 이것을 마태가 SM으로부터 넘겨받았던 것일까? - 마태복음 5:19에서 베츠는 이 진술은 "SM공동체 안에 있는 교사들을 위해서 예수가 행한 토라해석에 내재한 힘을 구축하는 것"이라고 강조한다. 다가오는 하나님 나라에서 교사들의 위치는 "예수의 가르침을 따르는 충성도에 따라서 결정된다." 그래서 ἐλάχιστος κληθήσεται ἐν τῇ βασιλείᾳ τῶν οὐρανῶν라는 표현은 아마도 바울을 말하는 것이다.(비교 고전 15:9, ἐγὼ γάρ εἰμι ὁ ἐλάχιστος τῶν ἀποστόλων) "SM은 자신과 다른 신학적 원리에 따라 그리스도인을 교육하는 방식이 있었고 그 다른 방법이 부정적 평가를 받고 있다는 것도 인식하고 있다."(189, 이 다른 가르침을 그렇다고 꼭 7:15-20의 거짓 선지자나 7:21-23의 οἱ ἐργαζόμενοι τὴν ἀνομίαν를 말하지는 않는다, 각주 152 참조) 만일 신실한 교사가 하늘나라에서 μέγας라는 호칭을 받는다면 그것은 "SM의 저자가 바로 자신의 소명을 그런 개념 아래 표현한 것"으로 생각할 수 있다.(189) - 반제에 나타나는 ἐγὼ δὲ λέγω ὑμῖν 형식은 "랍비적"으로 볼 것이 아니라 "반-바리새적 의도에서, 즉 이것은 다른 개념의 전승, 해석 그리고 방법을 전제한다. 이렇게 제안된 해석의 교정은 모든 '전통적' 해석들과는 정반대의 입장을 취한다."(209) 그래서 이렇게 유도된 진술은 "방임적인 설명이 아니라 율법 구절에 대한 해석이며 … 이것은 전통적 해석의 사슬을 제거하는 것이다." 동시에 화자(Sprecher)는 계시에 기대지 않는데 "그 이유는 예수의 해석 뒤에는 이성적 이해와 대화를 여는 것"이 전제되어 있기 때문이다.(같은 곳) 5:23에서 베츠는 이것은 분명히 성전에서의 제물드림을 의미한다고 본다. "이 본문은 50년경 예루살렘에 있던 그리스도인들의 성전예배에 관한 중요한 정보를 담고 있다."(222f., 베츠는 자신의 이런 관측, 복음서저자인 마태가 이런 진술을 어떻게 이해하고 있었는지에 대해서는 더 질문하지는 않는다)

베츠가 저술한 논문은 기본적으로 현재까지 마태복음 5:3-7:27 혹은 누가복음 6:20b-49의 주석에서 중요한 모든 질문에 대한 대답을 한다. 그리고 이것은 오랫동안 중요한 주석이 될 것이다. 하지만 베츠가 SM이 마태 안으로 혹은 SP가 누가 안으로 통합되는 것을 다루지 않은 것은 방법론적으로 문제가 있다. 우리에게 전승된 것은 산상설교 혹은 평지설교가 아니라 바로 마태와 누가이다. 그래서 주석은 복음서 안에서 사용된 원자료들이 - 만일 그것들이 정말 하나의 변경도 없이 전달되었다면 - 바로 지금의 컨텍스트 안에서 분석되어야만 한다. 베츠가 주석에서 이런 관점을 배제했다는 것은 정말 유감스러운 일이다. 또한 베츠가 마태의 산상설교가 전혀 아무 변경도 없이 문자적으로 사용되었다고 가정하는 것은 전혀 납득할 수 없다. 이점에서 이 주석은 각각의 구절들에 제기되었던 다양한 비평적 질문을 다루지 않았다고 할 수 있다. 따라서 이 논문은 이전의 연구들이 보여준 관점을 뛰어 넘지는 못한다.

베츠의 연구를 반박하는 근본적인 비평이 이미 전에 언급했던[55] 앨리슨(Dale C. Allison)의 저서 "Q안에 있는 예수 전승"에 있다.(67-77) 앨리슨은 마태복음 5-7장 안에 있는 편집-구성적 원리들과 똑같은 것을 마태의 다른 부분에서 찾을 수 있다고 강조한다. 즉, 마태에는 3단계의 구성이 여러 번 발견된다.(8:1-22/8:23-

---

55) ThR 69(2004) 255-257a.

9:17/9:18-38, 여기 이 세 부분의 결미에 각각 예수의 말이 다시 첨가되어 있다고 본다) 7:13-14, 7:15-23, 7:24-27에 있는 결론적인 경고의 말이 마태복음 10장의 마지막 부분(32-33, 34-39, 40-42), 13장의 결미(44, 45-46, 47-50) 또한 마태복음 24-25장(25:1-13, 14-30, 31-46)과 아주 유사하다. "그래서 마태의 종말론적 결론은 마태의 이야기구조 법칙이다." 또한 그것은 동시에 "공통적인 형태는 공통적인 기원을 암시한다고 할 수 있을까?"라는 질문을 제기한다.(72) 앨리슨은 사용된 용어에서 다시 유사한 것을 보여준다.(72-74) 당연히 마태가 산상설교의 저자로부터 강한 영향을 받았다고 가정할 수 있을 것이다. 하지만 그 전제는 보다 더 "마태복음 5-7장을 마태복음에 첨가한 저자의 영향 아래 있기 때문에 마태적인 것"이다.(74) 마태복음 6:1-6, 16-18에서 베츠는 산상설교의 편집자가 6:7-17과 결합된 오래된 원자료를 발견한 것이다. 그러므로 6:1ff.와 마태복음 23:1-12을 비교하면 그곳에는 내용과 형식면에서 병행적인 진술을 포함한 편집적 구성형태를 찾을 수 있다. "이 두 부분은 같은 저자나 해석자에 의한 작업이었다." 그리고 이것은 아마도 무명의 마태-이전의 편집자로 소급되기 보다는 복음서 저자를 말하는 것이라고 주장한다.(77)

1987년 구조분석을 근간으로 해서 마태복음 주석을 펴낸,[56] 패트(Daniel Patte)가 1996년 내놓은 산상설교에 대한 분석은 아주 실험적 성격을 갖고 있다. 그는 이 연구에서 특히 산상설교와 관계된 "윤리적 실천으로의 제자도"라는 주제를 특정한 관점에서 다룬다. 현재의 다문화적인 상황에서 산상설교와 제자도란 주제가 "우리 유럽-아메리카의 남성 독자들이 비평적 성서 읽기를 할 때 an-

---

56) ThR 59(1994) 180을 보라.

drocritical, multidimensional 방법(1, 원문의 강조를 따름, 패트는 이 개념을 서론의 거의 모든 페이지에서 사용한다)을 왜 필요로 하는가"란 질문을 다룬다. 패트는 "우리 성서학자들이 '자기변호적'이며, 또 과거에도 그랬고 장래에도 그 연장 속에 있다"는 것을 보이며, 이제 다른 해석의 가능성을 여는 "진정한 대화"를 위해서 그의 "androcritical 분석은 … 유럽-아메리카의 남성 성서학자들을 '주변화'하는" 시도라고 한다 - "거기에는 여성주도의, 아프리카-아메리카의 그리고 2-3 세계를 변호하는 학자들의 해석이 놓여있다."(5) 이 프로그램을 수행하기 위해서 패트는 "유럽-아메리카의 남성 성서학자들이 행한" 4부류의 산상설교 분석(해석)을 선택하며 이 연구들은 "모두 정당하고 납득"할 만하다고 "인정(이 연구들은 길드 [guild]) 허락으로 그 출판이 인정된 것 같다)"을 받았다.(7) 그 외의 주석들이 보인 전제와 관심은 그들 밖에 있다. 그러나 그것들도 주목되어야만 한다고 생각한다.(17-19) 또한 "신학 안에 포함되어 있는 이데올로기 때문에" 종종 거부되는 "다층적 비평연구"도 그 정당성을 인정받아야만 한다고 주장한다.(27)

1장(29-57)에서 패트는 산상설교에 대한 다양한 접근방법에 따른 진술들이 동일한 가치로, 또한 신학적 작업으로 인정받아야 한다고 생각한다. 만일 어떤 텍스트를 주석할 때 그것이 "나를 위한 하나님의 말씀"으로 증명된다면 "다른 해석은 내가 구체적이며 우연한 역사적 맥락 속에서 자신을 계시한 하나님에 관한 근본적인 신학적 확신을 가지는 것처럼, 그것은 내가 아닌 다른 어떤 사람을 위한 말씀"을 의미하지는 않는다. 여기에는 "하나님의 말씀은 개인의 사건에서서처럼 공동체를 통한 검증이 필요"함을 보여야 한다.(56, 57)

2장에서 패트는 "텍스트의 내용이 무엇이고 그것이 무엇을 말하는가"(다르게 질문하면 "텍스트의 가르침" 또는 "텍스트의 가르침에서 도출되는 비교가치를 위한 결론", 59; 참조 24)를 다룬다. 서두("part 1")에서 그는 마태가 그의 제자이해를 역사화하면서 "반복할 수 없는 거룩한 과거"(쉬트레커)로 혹은 초월적 의미에서 "제자도의 비전을 제공한다.(직관적 윤리의 실천으로)"(68, 비교70f.) 이어서 패트는 마태복음 4:18-22를 "역사적"으로 읽는 쉬트레커(Strecker)와 킹스베리(Kingsbury)를 소개한다. 또한 그는 서로 다른 대답을 내놓고 있는 루쯔(Luz)와 쉬트레커를 비교한다.("Reading A", 72-74) 이어서 에드워드(R. A. Edwards)가 연구한 마태의 예수이야기(1985)가 나오고, 그의 방법에 따라 독자에게 깊은 의미가 있는 마태복음 4:18-22을 "이야기를 털어놈(역사를 밝힘)"으로 읽는다.("Reading B", 74-76) "Reading C"의 예로는 "텍스트를 상징적 차원"과 연관시키는 루쯔와 데이비스/앨리슨(Davies/Allison)의 사례를 들고(87-89), "Reading D"에서는 패트 자신이 그의 주석에서 다룬 "우선순위는 텍스트 내부의 의미구조에 주어져 있다. 즉, 그 구조를 나타내는 내부의 의미구조와 확신의 체계에 이미 주어져 있다."[57] 패트는 짧은 요약(101-103)에서 이 모든 네 가지 유형의 해석이 "기본적으로 유효하다"고 강조한다. "part 2"에서는 4:18-22를 이해하기 위해 제자도란 무엇인가라는 질문을 던지며, 각각의 분석이 갖는 결론을 정리한다. 그의 결론은 여기에서 발견된 이 네 가지 유형의 관점이 서로 다르지만, 그럼에도 불구하고 등가의 가치를 가지고 있다.(118)

이렇게 서론을 다룬 뒤에 그는 첫 번째 주요부("Part I", 123-260)에서 위에서 다룬 "Readings" A부터 D의 관점에 따라 산상설교를 제자도와의 연관 속에서 분석한다. 그는 거기에서 위에서 언급한 학자들의 분석을 인용하고 소개한다. 하지만 세세한 부분에서 서

---

57) 읽기A,B 그리고C,D는 서로다른 활자로 인쇄되었다.

로 다른 결론이 도출된 그들의 결론이 그렇게 중요하게 작용하지는 않는다. (내가) 전혀 이해할 수 없는 것은, 패트가 왜 자기 자신의 분석마저도 비평하고 "보고"(referiert)하고 심지어 "객관화"하며 거리를 두는가 하는 것이다. - "Part II"(261-350)에서는 산상설교("Reading A"와 "Reading B"가 "하나님의 뜻을 행함"이라는 범주 아래 "탈존재론적 그리고 귀납적 제자도", C와 D는 "모방: 두 완벽주의자의 제자도"라는 범주 아래)에 있는 "네 가지 유형의 해석 가능한 제자도"가 비유적 설명으로 다루어진다. - "Part III"(351-396)에서는 이 네 가지 유형에 대한 해석이 "상대적 가치"로서 시험된다.("나는 이전의 연구에서 무엇을 배웠는가? 그 중 한 목표는 내 자신의 해석에 스스로 비평적 이해를 제공한다.", 354) 그래서 패트는 자신이 선택한 하나의 해석이 다른 나머지 세 가지 해석보다 더 큰 가치가 있다는 결과에 도달한다. "나의 선택은 나의 확신, 흥미, 관심을 반영한다. 물론 이것이 나만의 것은 아니다. 나는 이것을 임의의 해석적 공동체와 공유한다. 이제 그것은 전적으로 개인적인 것이다."(355) 따라서 독자들은 이 개인적인 해석을 고민해야 하는 곳으로 초대를 받는다. 그리고 그 의미는 바로 "성서연구를 위한 다각적 훈련"에 이르는 것이라고 볼 수 있다. 다시 말해서 "우리들의 인본주의적, 유럽중심적 해석에서 이탈"하는 곳으로 초대받는다. 왜냐하면 이것은 "가부장주의, 식민주의, 탈처녀화(apartheid) 그리고 자유주의(전통주의자들의 형식, 하층계급을 소외시키는 의미로)에 봉사하고 그들의 기득권(a priori)에 의해서 다른 모든 해석들은 부적절하고 유치하다는 기각판정을 받기 때문이다."(361) 그가 주장하는 해석은 "절대적이진 않지만 상대적인 가치를 지니고 있다. 그것은 내가 그것을 나 자신을 위한 하나님의 말씀으로 여기기 때문에 나는 그 말씀으로 살아가고 있다고 말할 수 있다."(367)

　이런 바탕에서 패트는 자신이 왜 다른 "읽기들"을 선택하지 않았는지 설명한다. "Reading A"에서 그는 산상설교를 "성(sex)에 배타적인 가부장적 가르침"으로 이해한다. 그리고 만일 그런 읽기가 옳은 것이라면 그것은 하나님의 말씀일 수 없다고 한다. 그래서 마태복음은 "자신의 정경에 들어올 자리가 없는 지푸라기 복음"이 될 것이라고 말한다.(371) "Reading B"는 "제자들이 예수의 사역을 이어 받아서 수행하고 있으며, 그들이 착한 행실을 통해서 하나님의 선하심을 선포하고 제자를 만드는 것"을 말하는 것이다. 하지만 그럴 때 제자들은 "잃어버린 자, 저주받은 자 그리고 나약한 자에게 구원을 주는" 자로써 "모든 종류의 차별"을 용인해야 하는 어려움에 봉착한다고 말한다.(376과 377) "Reading C"는 아주 구체적인 현실적 상황 속에서 결정될 수 있는데, 그것은 구체적인 교회의 상황을 설명할 수 있을 때 가능하다.(380) "Reading D"에서는 "제자도"를 예수를 쫓는, 하나님 나라와 그 정의를 선포하는 사람들의 표상인 "신앙의 모험"으로 소개되기 때문에 그들이 선택된 것이다 - 그러나 이것이 교회의 한계를 말하는 것은 아니다 - 이 설명은 루쯔의 이해와는 좀 다르다.(381) 이 모든 해석들은 다른 것과 서로 공통적이며, 그래서 "소통"을 이루고 있다.(391)

이 논문은 쉽게 읽을 수 없다. 그것은 과도한 부가적인 설명이 계속 반복되어 그 논지의 전개를 쫓아가기가 어렵기 때문이다. 기본적으로 "인정" 받고 있는 네 가지 유형의 해석적 관점에서 흥미있는 것은 산상설교에 대한 패트가 "인정하지 않는" 분석이 있을 수 있다는 것이며, 그렇다면 과연 어떤 척도로 그것을 취사선택해야 할 것인가에 대한 문제가 여전히 남는다. 이런 형태의 연구에서 인상적이고 중요한 것은 주석을 통한 주장에 있는 "상대성"과 모두가 기본적으로 인정하는 주석의 결과를 강조해야 한다.

옮긴이의 후기

이 원전은 독일 튜빙겐의 모어 지벡사(Mohr Siebeck)가 계간으로 발행하는 Theologische Rundschau에 2004년부터 2005년까지 연재한 Literatur zu den Synoptischen Evangelien 1992-2000을 『공관복음서 연구의 새로운 동향: 1992-2000』이란 제목으로 모아서 번역한 것이다. Theologische Rundschau의 편집장이기도 한 이 글의 저자 안드레아스 린데만(Andreas Lindemann) 교수는 「Die Mitte der Zeit」라는 논문으로 누가신학의 기원을 이룬 한스 콘첼만(Hans Conzelmann) 교수의 수제자로 그 학문적 업적을 계승한 분이다.

Theologische Rundschau는 그 타이틀이 말하는 것처럼 "신학의 전반을 두루 살핀다"라는 의미를 가지고 있다. 이번에 번역한 『공관복음서 연구의 새로운 동향』은 Theologische Rundschau에서 40여 년간 지속한 중요한 섹션으로 1970년대는 콘첼만 교수가 집필하였고, 그의 사후에 린데만 교수가 그것을 이어받아 1980년대, 1990년대 그리고 2000년대의 중요한 연구방법, 연주주제, 주석, 단행본 및 논문들을 망라하여 평가하는 작업을 하였다. 이 일련의 글 중에서 1980년대의 연구동향은 이화여대 박경미 교수가 『공관복음서 연구의 최신동향』이란 제목으로 번역하여 소개하였다. 옮긴이는 이번에 린데만 교수가 이 연구동향을 의욕적으로 확대하여 2004년과 2005년 연속으로 기고했던 총 5편의 글 중에서 첫 번째 글인 "방법론과 주요주제에 대한 토론"과 다섯 번째 글인 "마태복음"을 번역하여 합본하였다.

미국 보스턴대학에서 발행하는 NTA(New Testament Abstracts)는 매년 전 세계에서 출간되는 신약전문연구서를 평균 3,000여 권으로 산정하고 그 중 각 분야별로 약 850여 권을 선별하여 소개한다. 이 수치는 오늘날 신약연구 분야의 방대함이 한 연구자의 역량과 한계를 뛰어넘고 있음을 보여주는 것이다. 이런 맥락에서 공관복음 연구에 관한 한 시대의 중요한 연구동향과 그 흐름을 정확하게 정리하고 명쾌한 평가를 내린 린데만 교수의 작업은 신약연구의 길에 접어든 모든 사람들이 숲에서 헤매지 않게 하는 이정표가 되리라 확신한다.

사실 편역자는 린데만 교수의 지도로 박사학위논문을 시작하던 2004년 성탄절에 2000년대의 연구동향만을 따로 인쇄한 특별판을 선물 받고 많은 도움을 받았다. 그래서 학위과정의 막바지인 2009년 초 신약논단에 린데만 교수의 첫 번째 글을 『공관복음서 연구의 새로운 동향 1992-2000(1): 주요주제에 대한 방법론과 설명』이라는 제목으로 번역하여 기고했다. 하지만 그 나머지 글들을 번역하여 소개하지 못하여 부담을 갖는 중에 신약논단에 실은 "주요주제에 대한 방법론과 설명"을 수정, 보완하고 마태복음 부분을 추가하여 이렇게 번역하게 되었다. 다소 늦은 감이 있지만, 이 번역서가 신약을 공부하는 모든 분들에게 도움이 되기를 바라고 또 나머지 글들(Q, 마가복음, 누가복음)도 번역하여 소개할 것을 약속한다.

끝으로 이 책의 출판을 허락하여 주신 서울신학대학교 노세영 총장님과 출판위원장 최형근 교수님께 감사드리며 옮긴이의 변을 삼는다.

주강생 2016년 종교개혁기념일에
김 영 인

07.07.15
Lieber Prof. Lindemann,

es ist schon ein Jahr vorbei, (...)

Übrigens können Sie sich daran erinnern, dass ich schon lange dabei bin Ihre Artikel „Literatur zu den Synoptischen Evangelien 1992-2000" in Theologische Rundschau zu übersetzen? Und zwar möchte ich „Methodendiskussion und Darstellungen übergreifender Themen"
und „Matthäusevangelium" in Form eines kleinen Buchs veröffentlichen.
So möchte ich Sie als Autor des Artikels und Herausgeber der Zeitschrift wegen des Urheberrechts fragen. Können Sie mir bitte dafür eine Erlaubnis geben und ein schönes Vorwort für das kleine Buch schreiben.
Ich glaube, dass die übrigen Artikel im nächsten Jahr übersetzt und veröffentlicht werden, wenn ich viel Zeit habe.
Ich bedanke mich bei Ihnen immer für Ihre nette und hilfreiche Betreuung, als ich Ihr Schüler war.
Schönen Grüsse bitte an Ihre Frau!

Mit lieben Grüssen
Ihr Young in Kim

08.07.15
Lieber Herr Kim,
vielen Dank für Ihre mail. Es ist schön, dass es Ihnen und der Familie gut geht. Was mich als Autor der ThR-Artikel angeht, so gibt es beim Urheberrecht natürlich gar kein Problem; beim Verlag werde ich mich erkundigen, aber auch da sehe ich eigentlich keine Probleme. Es ist ja beeindruckend, dass Sie sich so viel Mühe machen. Ich melde mich, sobald ich vom Verlag Näheres weiß.
Herzliche Grüße
Ihr Andreas Lindemann

09.07.15
Lieber Prof. Lindemann,

vielen Dank für Ihre sofortige Antwort!
Dann warte ich auf das Ergebnis

Herzliche Grüße
Ihr Young-in Kim

14.07.15
Lieber Herr Kim,
nun hat auch der Verlag reagiert – er sieht keine Probleme. Sie sollten freilich auf das Ersterscheinen hinweisen: Mohr Siebeck Tübingen.
Herzliche Grüße und viel Erfolg
Ihr Andreas Lindemann

공관복음서 연구의 새로운 동향 1992 - 2000
안드레아스 린데만 지음 / 김영인 옮김

2016년 12월 31일 초판발행
발행처: 서울신학대학교 출판부
발행인: 노세영
등 록 : 1988년 5월 9일 제388-2003-00049호
주 소 : 경기도 부천시 소사구 호현로 489번길 52(소사본동)서울신학대학교
전 화 : (032)340-9106
팩 스 : (032)349-9634
홈페이지 : http://www.stu.ac.kr
인쇄·홍보 : 종문화사 (02)735-6893
정 가 : 20,000원
©2016, Seoul theological university press printed in korea
ISBN : 978-89-92934-83-1 93230

「이 도서의 국립중앙도서관 출판예정도서목록(CIP)은 서지정보유통지원시스템 홈페이지
(http://seoji.nl.go.kr)와 국가자료공동목록시스템(http://www.nl.go.kr/kolisnet)에서
이용하실 수 있습니다.(CIP제어번호 : CIP 2017000429」